이 책을 내 아들 노아에게 바친다

노동 없는 미래

팀 던럽 지음 ┃ 엄성수 옮김

비즈니스맵

"그러나 그들 중 많은 사람을 설득해, 그들이 하는 일의 일부는 빈둥 거리는 다른 사람을 부양하는 데 쓰이지만, 열심히 일하는 게 자신의 의무라는 직업윤리를 받아들이게 할 수 있었다."

– 버트란트 러셀(Bertrand Russell)

아침에 조금 일찍 일어나 운 좋게 러시아워를 피한다 해도, 내 가족이 사는 멜버른에서 나의 부모님이 계시는 시드니 북쪽 교외까 지 가는데 무려 10시간이 걸린다. 나는 지난 몇 년간 900*km*에 달하 는 그 길을 자주 오가고 있는데, 조금 먼 길이긴 해도 항상 멋진 드 라이브를 즐기곤 한다. 물론 스스로 운전하는 무인 자동차를 타고 차 시트에 편안히 기대어 여행하는 일(점점 더 실현 가능성이 커지고 있는 일이지만) 또한 상상만 해도 즐거운 일이긴 하다. 하지만 너무 앞서가지는 말자.

나는 2012년경에 '일의 미래'라는 주제에 관심을 두게 되었고, 그 이듬해인 2013년 부모님 댁에 가 있는 동안 이 책의 초고를 쓰기 시작했다. 어느 토요일 오후에 6,000자 정도 되는 초고를 끝냈으며, 그다음 날 새벽 5시 30분에 일어나 차를 몰고 우리 집으로 향했다. 대여섯 시간 뒤 잠시 앨버리에 들러 점심을 먹고 차에 기름도 넣었는데, 그때 문득 머릿속에 이런 생각이 떠올랐다. '아침에 일찍 일어나 출발하려고 스마트폰 알람을 이용했지. 홀을 지나 화장실로 갈 때 스마트폰에 있는 플래시 앱을 이용했고. 멜버른으로 돌아가는 길을 알아내는 데도 스마트폰에 있는 지도 앱을 이용했어. 차 안에서는 스마트폰을 블루투스 스피커에 맞춰 다운로드 받아놓은 음악과 팟캐스트를 들었고. 오, 그리고 앨버리에 도착해서는 스마트폰으로 전화해 아내에게 언제쯤 도착할 건지를 알려주었고.'

그 당시 나는 이미 몇 년째 스마트폰을 이용하고 있었지만, 그 조그만 마법 상자가 내 삶에 얼마나 중요한 존재가 됐는지를 제대로 느낀 건 그때가 처음이었다. 게다가 그 같은 이른 아침의 일상이 내 스마트폰이 할 수 있는 일의 전부는 아닌 듯했다. 누구나 잘 아는 사실이지만, 우리는 스마트폰을 이용해 유용한 정보들이 담긴 방대한 데이터베이스에 접속할 수도 있다. 그리고 이런저런 게임들도 할 수 있고, 영화도 볼 수 있으며, 사진을 찍어 즉시 공유할 수도 있고, 책을 읽거나 쓸 수도, 또 근처에서 어떤 영화들이 상영 중이며 어떤 식당들을 이용할 수 있는지도 알 수 있다. 그뿐만이 아니다. 내 친구들이 어디서 무얼 하고 있는지도 알 수 있고, 가장 가까운 공중 화장실이 어디 있는지도 알 수 있으며(그렇다. 실제로 그런 앱이 있다), 자동차에게 나를 어디까지 태워다주라고 지시할 수도 있고, 세 코스짜리 팬시 레스토랑 요리를 우리 집까지 배달되게 할 수도 있다. 심지어 핸드폰을 통해 우리 자신의 일자리를 만들 수도 있다.

물론 이런 기술들은 분명 태양처럼 우리를 비춰준다. 하지만 빛이 있다면 그림자도 있는 법. 가끔은 멋진 일들과 끔찍한 일들이 서로 거의 구분이 안 되기도 한다. 또한, 우리가 주머니 속에 넣고 다니는 장치들 때문에 다른 사람들이 우리를 추적할 수 있어서 우리가 어디 있으며 어디를 갔다 왔는지, 어떤 것들을 봤으며, 어떤 것들에 돈을 썼는지, 어떤 사람과 얘기를 했으며 또 얼마나 오래 얘기했는지, 그리고 어떤 책과 음악, 음식, 심지어 어떤 성도착적인 콘텐츠를 검색했는지도 알 수 있다. 우리의 가장 은밀한 개인적 정보들이 정부와 보안 기관들 그리고 민간 기업들의 손에 모두 들어가고 있다. 그들은 우리의 개인 정보를 추적하는 것을 우리를 각종 위협과 테러로부터 보호하기 위해서라고 말하고 있으며, 기업들의 경우에는 우리에게 '더 나은 사용자 경험'을 안겨주기 위해서라고 말하고 있다. 이런 현상이 여러 면에서 우리를 불안하게 만들고 있지만, 우리는 스스로 '빅 브라더'를 흔쾌히 받아들여 왔다. 위치 정보와 클라우드 메모리, 전자 지불, 검색 기능 등을 가진 스마트폰을 갖고 다님으로써, 우리 스스로 감시받는 걸 허용하고 있기 때문이다. 게다가 사람들과의 의사소통 기능, 이것저것 기억하는 메모지 기능, 친구나 가족들과 사진 등을 공유하는 기능 등, 스마트폰이 가진 기능들은 아주 편리하고 유용하며 흥미진진하다. 빅 브라더가 '빅 산타'이기도 한 것이다.

이 책은 우리 서로 간의 관계, 우리와 자연계와의 관계, 자연계에 대한 우리의 통제 능력 등을 변화시키고 있는 각종 기술 간의 관계를 이해하려는 시도의 연장 선상에서 쓰인 것이다. 이 책은 특히 '일' 분야에 초점이 맞춰져 있으며, 기술 발달로 점점 더 많은 일상적인 일들이 자동화되고 있는 세상에서 산다는 게 어떤 의미인지에 대해서도 깊이 파고들고 있다. 일은 우리가 생각하는 삶이란 개념의 중심에 있지만, 보수를 받는 일자리는 점점 드물고 불안정해져 가고 있으며, 설상가상 그 보수가 평생 인간다운 삶을 유지하는 데 필요한 보수에도 못 미치고 있다. 이런 상황이다 보니, 내게 일은 실제의 유용성보다 더 오래 살아남길 기대하는 어떤 이상적인 개념 같아 보인다. 또한, 이제 풀타임 일의 시대는 끝나고 어떤 마법 같은 순간에 일자리들이 되살아날 것이라는 헛된 기대 또한 접어야 할 때가 된 게 아닌가 싶다.

스마트폰은 오늘날 일어나고 있는 많은 일의 중심에 자리 잡고 있지만, 우리의 삶을 변화시킬 것으로 보이는 많은 기술의 극히 일부분에 지나지 않는다. 수많은 논문과 책이 로봇이 할 수 있거나 할 수 없는 일들을 파헤치고 또 놀랄 만큼 많은 기술을 소개하고 있다. 실제로 이식을 해도 무방할 것 같은 인간의 뼈를 만드는 3D 프린터,

세상의 모든 운전사를 실업자로 만들지도 모를 무인 자동차, 외상 후 스트레스 장애를 진단하고 치료할 수 있는 휴머노이드 인공지능 프로그램 등이 그 좋은 예라고 할 수 있다. 그리고 이런 기술의 발전 때문에 우리는 미래에 대해 적잖은 두려움과 불안감을 느낄 수밖에 없다. 어떤 이야기들에 따르면 우리는 지금 〈젯슨 가족(The Jetsons, 우주의 자동화된 주택에 사는 젯슨 가족을 중심으로 벌어지는 일상사를 담은 애니메이션 - 역자 주)〉에서와 같이 기분 좋은 중산층의 미래를 향해가고 있는 것이고, 또 어떤 이야기들에 따르면 영화 〈터미네이터(The Terminator)〉에서와 같이 살벌한 로봇들의 세상으로 곤두박질치고 있는 것이다. 또한, 과학자 스티븐 호킹(Stephen Hawking)이나 전기차 테슬라로 잘 알려진 일론 머스크(Elon Musk) 같은 이들의 말은 귀에 못이 박힐 정도로 자주 인용되는데, 그들은 인공지능이 언젠가는 인간의 의식을 갖게 될 것인지 아닌지, 또 우리 인간보다 더 똑똑해져 인간의 일을 다 빼앗아갈 것인지 아닌지 하는 것과 관련해 이런저런 주장들을 내놓고 있다. 그러나 사실 로봇이 우리 일을 대신할 것인가 하는 질문은 잘못된 질문이다. 그리고 그런 식의 잘못된 질문은 잘못된 답을 도출하게 한다.

만약 당신이 알고 싶은 게 단 하나, '언젠가 로봇이 내가 하는 일을 대신하게 될 것인가?' 라는 것이라면, 내가 그 질문에 대신 답할 수 있다. 답은 '그렇다'이다. 로봇이나 다른 어떤 종류의 기술이 당신의 일을 대신하게 될 것이다. 그리고 그런 일은 이미 일어나고 있다. 세계 대전이나 외계인의 지구 침공, 생물권(생물이 살 수 있는 지구 표면과 대기권 - 역자 주)의 붕괴, 또는 우리 모두를 순식간에 석기시대로 되돌려놓을 어떤 사건이 일어나지 않는 한, 기술의 발달은 일에 의해 우리가 이해하는 것들과 일자리를 갖는다는 게 의미하는 것들을 근본적으로 변화시킬 것이다. 물론 그런 변화가 일어날 시기에 대해서는 아직 많은 논란이 있으며, 또 새로운 일자리들이 생겨나 낡은 일자리들을 대체할 것인지에 대해서도 이런저런 논란이 있다. 그러나 그 어떤 논란에도 불구하고, 때가 되면 이런 기술들이 현재 우리가 하고 있는 일과 그 방식을 근본적으로 변화시킬 거라는 사실에는 변함이 없다.

일단 우리가 그런 변화를 겪게 된다는 걸 인정할 경우, 그다음엔 '로봇이 내 일자리를 가져가는 게 좋은 일일까 아니면 나쁜 일일까?'하는 더욱 중요하고 큰 의문이 남게 된다. 막대한 유산을 물려받은 패리스 힐튼(Paris Hilton) 같은 부자들을 제외한 거의 모든 사람의 경우, 일자리는 우리 스스로 경제적으로 독립하고 가족을 부양하고 각종 편리함을 누리며 살 가능성을 갖게 해주는 수단이며, 그래서 로봇 때문에 그런 일자리를 잃는다는 건 결국 나쁜 일이다. 그런데도 나는 이 책에서 그 반대되는 주장을 펴기 위해 많은 지면을 할애하고자 한다. 이 책의 핵심 내용은 우리가 굳이 일하지 않아도 좋은 미래를 맞이할 수 있다는 것이다.

그 점에 대해 굳이 여러분을 설득하려 하진 않겠지만, 최소한 이런 논의를 통해 여러분이 일을 다른 관점에서 보게 되길 바란다. 유급 일자리라는 것이 원래 우주의 자연스러운 상태가 아니라 여러 세기에 걸쳐 굳어진 정치적 결정들의 산물이며, 그래서 우리가 마음만 먹는다면 그 모든 걸 변화시킬 수 있는데, 그런 사실을 이해하지 못하는 한 그 어떤 것도 변화시키지 못할 것이다. 이런 생각을 뒷받침하기 위해 나는 일의 미래에 대해 추측해보려면 먼저 일의 과거와 현재에 대해 어느 정도 이해할 필요가 있다는 주장으로 시작하고자 한다. 이 책의 첫 두 장에서 다루는 내용이 바로 그런 것이다. 이 두 장의 요지는 일에 대한 우리의 생각이 영원한 진리가 아니라 사회적으로 만들어지는 것이라는 점을 보여주자는 것이다. 오늘날 우리는 유급 일자리를 우리 삶의 중심으로 생각하고 있으며, 그런 생각은 비교적 최근에 만들어진 것인데, 이런 사실을 알고 나면 일의 미래를 다른 관점에서 생각하는 게 보다 쉬워진다.

그다음 두 장은 기술 및 일과 관련된 중요한 의문들을 다루고 있다. 세 번째 장에서는 기술적 실업과 관련된 이런저런 주장을 자세히 살펴본 뒤, 이 근본적인 의문에 답하기 위한 여러 연구 가운데 가장 신뢰할 만한 연구 결과를 소개할 것이다. 그 연구 결과를 보면, 선의를 가진 진지한 사람들조차도 아주 다른 결론들에 도달할 수 있음을 알 수 있다. 어떤 사람들은 우리는 지금 기계의 출현으로 인해 막대한 일자리 손실 위기에 직면해 있다고 주장하고, 또 어떤 사람들은 그런 결론은 '기술적 불안'에 불과하다면서 파괴되는 일자리만큼이나 많은 일자리가 새로 만들어지게 될 것이라고 주장한다.

다시 말하자면, 어떤 사람들은 일의 미래를 기술적인 문제, 그러니까 기술 그 자체에 의해 생겨나고 해결될 문제로 보고 있다. 그러나 또 어떤 사람들은 일의 미래를 정치적인 문제로 보고 있다. 그러니까 일의 미래는 단순한 기술적 문제가 아니라, 그 기술을 어떻게 활용할 것인지를 누가 결정하느냐는 정치적 문제이기도 하다는 것이다. 나는 정치적 문제라는 의견에 동의한다. 기술 그 자체가 우리가 일을 하는 사회의 여건들을 근본적으로 바꿔놓을 것이기 때문이다. 트랙터가 농부와 땅의 관계를 바꿔놓고, 무인 자동차가 우리와 도시의 관계를 바꿔놓을 듯 말이다. 새로운 기술들로 인해 비단 일만 다른 방식으로 이루어지는 게 아니라, 그런 기술들이 자리를 잡게 되면 사회 역시 다른 방식들로 조직화되는 것이다.

4장에서는 운송 네트워크 업체 우버(Uber)나 숙박 공유 사이트 에어비앤비(Airbnb) 같은 기업들이 일이 조직화되는 방식에 어떤 영향을 미치는지를 자세히 다루고 있다. 이른바 공유 경제(내가 비판적으로 보는 용어지만)란 단순히 새로운 일자리들을 만드는 일일 뿐 아니라, 일과 부의 창출을 이해하는 방식을 재조직화하는 일이기도 하다. 그리고 그 결과 생겨나는 문제는 직접적인 일자리 손실보다는 새로 만들어지는 일자리들과 더 관련이 깊다. 이는 미래의 일이 얼마나 안전할 것인가 하는 것에 지대한 영향을 미친다. 이미 중산층의 일자리들은 하나둘 사라져가고 있으며, 국부는 점점 더 급여보다는 수익 쪽으로 나가고 있다. 사람을 기계로 대체하고 정규직을 단기 계약직으로 대체하고 있는 기술은 그런 추세를 더 악화시킬 뿐이다. 그러니까 단순히 과거의 근무 여건을 미래의 기술 발전에 접목한다는 관점으로 생각할 수만은 없다는 뜻이다. 우리 사회를 조직하는 기본 방식들에 대해 재고해봐야 한다. 이런 주장에 대해서는 그다음에 나올 '기본소득' 장에서 좀 더 자세히 살펴볼 것이다.

기본소득이라는 제도 아래에서는 사람들에게 매월 일정 수준의 생계비가 주어진다. 어떤 경우에도 매월 소득이 생기는 것이다. 이런 개념은 워낙 중요해져서, 기본소득에 대한 최소한도의 고려조차 없는 일의 미래란 생각하기도 힘들 지경이다. 기본소득의 인기가 높아지면서 사람들의 인식까지 변화되어, 이제 사람들은 지금의 평범한 월급으로는 남부럽지 않은 생활을 하기 어렵다고 생각한다. 이 '기본소득' 장에서는 실생활에서 기본소득이 어떤 기능을 하는지, 또 기본소득이 어떤 형태들을 취하게 되는지를 자세히 살펴볼 것이며, 이게 가장 중요한 것이지만, 기본소득제도의 시행이 고용주와 고용인의 관계에 어떤 변화를 주는지에 대해서도 살펴볼 것이다. 여기서도 역시 중요한 것은 단순히 현재의 우리 일 처리 방식들에 대한 해결책을 찾자는 게 아니라, 그 해결책을 통해 그런 일 처리 방식들을 변화시키자는 것이다.

일단 기본소득이라는 개념을 이해하고 나면, 우리는 기술과 일의 미래에 대한 다른 접근 방법들을 생각해볼 수 있게 된다. 그래서 그다음 장 '미래에 이르는 세 갈래 길'에서는 세 가지 견해를 살펴볼 것이다. 나는 그 세 가지 견해를 '평상시와 마찬가지', '미래로 되돌아가기', '탈 노동'이라 부른다. 여기서 기억해야 할 중요한 점은 기술이 발전하는 과정에서 각 견해는 하나의 도박이며, 또 각 견해에는 위험과 기회가 동시에 따른다는 것이다.

솔직히 말해 나는 이 책을 쓰기 시작했을 때, 특히 이 장을 쓰기 시작했을 때, 아직 어느 견해를 따를 것인지 마음을 정하지 못했다. 그러나 각 견해에 대한 장단점을 살펴보는 과정에서 뭔가 결론을 내려야 한다는 생각을 하게 됐는데, 내 경우 '탈 노동' 견해가 그중 가장 마음에 와 닿았다. 이는 내가 꼭 우리가 일이 더 이상 존재하지 않는 미래로 향해 가고 있다고 생각해서가 아니라, 다른 두 견해가 내재적 모순들 때문에 문제가 있기 때문이다. '미래로 되돌아가기' 견해는 일의 산업적 기반이 급속도로 사라져가고 있다고 주장하며, '평상시와 마찬가지' 견해는 근본적으로 정치적인 과정에서 정치성을 배제한다. 반면에 '탈 노동' 견해는 근본적으로 다른 방식으로 세상을 이해하며, 그 결과 우리는 달리는 생각해낼 수 없을 해결책들에 대해 생각할 수 있게 해준다. 이 견해는 기술적이며 동시에 정치적인 견해로, 우리 생각 속에 희망과 기대감을 불어 넣어준다.

마지막 장에서는 기술이 새로운 일자리 창출에 직접적인 영향을 미치는 것 외에 다른 어떤 방식들로 우리 사회에 영향을 미치는지를 자세히 살펴볼 것이다. 새로운 기술들이 우리 일자리를 위협하는 것과는 별도로, 새로운 기술들이 쏟아진다는 사실만으로도 우리 삶은 변화될 수밖에 없다. 예를 들어 자동차가 발명된 후 단순히 주유소만 생긴 게 아니라 직접적으로는 카센터, 공업사 등 자동차 수리와 관련된 산업이 발달했고, 간접적으로는 숙박시설 휴양시설 등 가족 여행과 관련된 새로운 라이프스타일이 생겨났다. 앞으로 자동차와 트럭이 사람 없이 달리게 될 때 어떤 일이 일어날지 아직 알 수 없겠지만, 그 영향력 내지 파급 효과가 적지 않을 것이라는 점은 짐작할 수 있을 것이다. 다국적 회계 컨설팅 기업인 프라이스워터하우스쿠퍼스(PricewaterhouseCoopers)가 예견한 것처럼, 어쩌면 도로 위를 달리는 자동차 수는 무려 99%까지 줄어들고, 사람들은 자동차를 소유하는 대신 애플리케이션을 통해 호출할 수 있는 무인 자동차를 이용하게 될지도 모른다.

요는 이렇다. 나는 우리가 기술 혁명을 받아들여야 한다고 생각한다. 우리는 약간씩 적응해가는 방식으로 일하지 않는 미래에 적응할 수는 없다. 그보다는 다가올 변화들이 워낙 클 것이므로 우리 역시 생각을 크게 할 필요가 있다. 현재 일어나고 있는 모든 것들이 일이라는 주제에 대한 우리 생각이 실제적인 면을 뛰어넘어 신화적인 것이 되어야 한다는 걸 보여준다. 실제로 어떤 작가들은 우리가 이미 그들이 말하는 '인류세', 그러니까 인간 때문에 지구의 삶 전체가 변화되는 시기로 접어들었다고 말한다. 그 사람들은 인간이 초래한 기후 변화 때문에 생물권(지구 생명체들이 살아가는 생태계)이 워낙 심하게 파괴돼 되돌릴 길이 없다고 주장한다. 로이 스크랜턴(Roy Scranton)은 자신의 저서 『인류세에서 어떻게 죽어가는가?(How to Die in the Anthropocene)』에서 "우리는 다 끝장났다. 이제 남은 의문은 단 하나, 얼마나 빨리 또 얼마나 비참하게 끝나느냐 하는 것이다"라고 말했다. 이런 상황에서 신화적이고 큰 생각은 유토피아적인 게 아니라 실제적인 것이다. 로이 스크랜턴은 딱 잘라 이렇게 말한다.

"우리는 이제 새로운 신화와 새로운 이야기, 현실에 대한 새로운 개념적 이해, 탄소 연료에 기초한 자본주의가 상품화와 동화를 통해 무력화시킨 인류 문화의 뿌리 깊은 다(多)언어 전통과의 새로운 관계 등을 필요로 하게 될 것이다. 그러니까 이제 자본주의를 뛰어넘어 우리의 집단 존재를 생각할 새로운 사고방식이 필요해지는 것이다. 우리가 누구인가에 대한 새로운 비전도 필요하다. 새로운 인문주의, 그러니까 인문학에 대한 새로운 관심으로 뒷받침되는 새로운 철학적 인문주의가 필요한 것이다."

나는 우리와 일 간의 관계를 재고할 때 새로운 인문주의가 가장 잘 발전된다는 점을 강조하고 싶다.

미래에 로봇이 내 일자리를 빼앗아갈 건지가 궁금하다면, 지금 당장 일의 본성에 대해 대화를 해봐야 하며, 또 로봇 토크(robot talk. 키패드 소리를 켜놓고 문자 메시지를 타이핑할 때 나는 소리 - 역자 주)는 민주주의 토크를 대변한다는 것도 이해해야 한다. 그건 정치인들이 간과하기 쉬운 논의를 시작할 방법이기도 하며, 평등과 관련해 전 세계적으로 시급한 대화의 한 갈래이기도 하다. 기술적 실업에 대한 두려움 밑에는 기계들의 급부상이 그 기계를 가진 일부 소유주들 외의 다른 사람들에겐 전혀 득이 되지 않는다는 추정이 깔렸다. 우리가 그런 추정을 하는 건 자본주의 국가에서는 경제가 그런 식으로 돌아가기 때문이며, 그게 또 우리가 사회를 조직해온 방식이기 때문이다. 우리는 그런 사실을 세상 돌아가는 이치로 또 거의 자연스러운 일로 받아들인다. 그러나 그건 결코 사실이 아니다.

결론은 이렇다. 일은 더 이상 신뢰할 수 있고 유용한 부의 재분배 방식이 아니다. 이제 일은 최저 생활 임금을 확보하기 위한 몸부림에 지나지 않으며, 그 몸부림은 기술이 발전하면서 점점 더 처절해져 가고 있을 뿐이다. 현재 우리는 힘겨운 과도기를 지나가고 있는데, 북아프리카에서 유럽으로 다시 또 호주로 전 세계를 강타하고 있는 난민 위기에서, 영국 노동당 당수 제러미 코빈(Jeremy Corbyn), 미국 대통령 도널드 트럼프(Donald Trump), 미국 상원의원 버니 샌더스(Bernie Sanders) 같은 정치인들에 대한 예상 밖의 지지에서 표출되고 있는 노동자 계층의 불만에서, 또 취업을 앞두고 지속적인 고용 전망이 없다고 믿는 젊은 세대의 불안감 등에서 그런 현실을 감지할 수 있다.

학자이자 작가인 코리 로빈(Corey Robin)은 한 멘토링 프로그램을 통해 일부 학생들과 연관된 '자코뱅(Jacobin. 프랑스 혁명 당시의 과격 공화주의자들 - 역자 주)' 관련 글을 쓰고 있는데, 다음과 같은 그의 경험에서 내가 지금 거론하고 있는 절망감 같은 걸 엿볼 수 있다.

"이 모든 남녀 젊은이들이 작가의 꿈 같은 걸 갖고 있었지만, 그들 중 누구도 작가가 되겠다는 계획은 물론 심지어 야심도 갖고 있지 않았다. 경제적인 차원뿐 아니라 실존 차원에서도 평생 직업 또는 평생 목표에 대한 계획이나 야심(유급 노동 형태로 표현되거나 사회적 확인을 받을 수도 있는)이 없었다. 그들이 직업을 갖고 싶어 하지 않아서가 아니라, 가질만한 직업이 없기 때문이다. 그리고 이는 비단 저널리즘 분야뿐 아니라 다른 많은 분야에서 일어나고 있는 현상이었다.”

　이들 젊은 세대와 생계를 꾸려나간다는 건 곧 자신의 노동력을 파는 것이라는 생각에서 벗어나지 못하는 그 나머지 우리 모두의 희망은 어디에 있는 것일까? 일자리들이 다시 생겨날 것이니 그냥 참고 기다리라는 끝없는 약속들 속에 있는 것일까? 내 경우 그런 견해엔 부정적이다. 내 생각에 그것은 소위 ‘일의 거부’란 것을 둘러싸고 점점 더 커지는 움직임을 의미한다. 일하는 것을 거부하는 것이 아니라 경제적 생존과 개인적 성취는 급여에 대한 대가로 기꺼이 일하는 것과 직결된다는 명제를 받아들이길 거부하는 것 말이다. 그러니까 일을 중심으로 한 경제 시스템 외에 사람들에게 생계 수단을 제공하는 다른 방법들이 있어야 한다는 것이다.

　‘탈 노동’의 미래란 오늘날 우리가 일이라고 부르는 것 비슷한 것들을 더 이상 하지 않는 그런 미래가 아니다. 그보다는 우리가 생존하기 위해 급여를 받고 일할 수밖에 없는 상황으로부터 자유로운 미래이다. 이런 관점에서 봤을 때, 로봇 관련 의문은 자본주의의 발명 이후 처음으로 그런 가능성에 힘을 실어준다. 영국 정치 평론가 아론 바스타니(Aaron Bastani)는 이렇게 말했다.

　“우리가 만약 일하지 않게 만들어주는 기술들을 두려워하지 않고 수용한다면, 그리고 우리 사회를 그 기술들을 중심으로 조직화한다면, 우리는 일주일에 10시간만 일하는 멋진 삶을 살 수도 있고……. 그러고도 모두 최고급 브랜드인 까르띠에와 몽블랑, 끌로에 등을 이용하게 된다.”

어떤 사람들은 이런 상태를 완전히 자동화된 화려한 공산주의라 부르는데, 물론 그것은 반(半) 농담일 뿐이다. 다행히 나는 더 나은 미래를 기억할 수 있을 정도로 나이가 들었다. 그래서 이 책은 로봇들이 가까운 지평선 위에 모습들을 드러내는 순간에도, 우리에겐 그 로봇들을 어떻게 맞이할 것인지를 결정할 선택권이 있다고 주장한다.

차

례

일의 과거

The past of work

"일할 수 있는 남자나 여자가 일하길 거부하고 3일간 빈둥거리며 지 낸다면, 그 남자나 여자는 뻘겋게 단 인두로 가슴에 V자 낙인을 찍히 게 될 것이고, 또 그 게으름뱅이를 신고한 사람 밑에서 2년 간 노예로 지내라는 판결을 받게 될 것이다."

- 영국 구민법 1552년

우디 앨런(Woody Allen)이 스탠드업 코미디언(혼자 공연하는 코미 디언 - 역자 주)으로 일하던 시절에 즐겨 하던 농담이 있다. 그의 농담 은 자기 아파트 내의 모든 기기를 한 자리에 불러 모아 놓고 앞으로 처신을 잘하라고 요구하는 등, 기계적인 대상들과의 걱정스러운 관 계에 관해 쓴 초현실적인 논문이나 다름없었다. 그것은 우리와 기술 의 관계를 아주 간단히 그리고 멋지게 풍자한 것으로, 미루어 짐작

건대 앨런이 오늘날 그와 관련된 논문을 쓴다면 아마 토스터나 시계 겸용 라디오 대신 아이폰이나 핏비트에 대한 언급이 나올 것이다.

앨런의 농담은 이런 식으로 끝난다. "이야기의 결말은 이렇다. 아버지가 해고당하신 날, 나는 아버지와 어머니께 전화를 드렸다. 아버지가 다니던 회사에서 요만한 크기의 작은 기계를 투입했는데, 그게 아버지가 해온 모든 일을 대신 한다고 한다. 그것도 훨씬 더 잘. 특히 더 맥 빠지게 하는 건, 우리 어머니도 달려나가 그걸 사 오셨다는 것이다."

이런 주제에 대해 친구나 가족 또는 동료들과 얘기할 때마다 느끼는 것 중 하나는 사람들이 일의 본질이 변화하고 있는 것에 분노한다는 것이다. 가슴 벅찬 기술 발전에 대한 얘기를 시작하면, 대부분의 사람이 황홀해 한다. 무인 자동차나 자가복제 3D 프린터 또는 가정에 전기를 공급하는 재충전 태양 전지의 가능성에 대해 말할 땐 흥분하기도 한다. 그러나 현재 인간이 하고 있는 많은 일을 대신하게 될 로봇이나 인공지능에 대한 얘기를 시작하면, 곧 사람들의 표정이 어두워진다.

그렇다. 그들은 그런 변화들로 인해 자신이, 특히 자기 자식들이 수입을 거둬 이 세상에서 남부럽지 않은 삶을 사는 데 문제가 생기는 건 아닌가 걱정하는 것인데, 그들의 걱정은 사실 그보다 훨씬 근원적이다. 누군가 "이봐, 중국에는 24시간 안에 한 블록의 땅 위에 집 열 채를 출력해 놓을 수 있는 새로운 3D 프린터가 있대"라고 말한다면(그런데 실제 그런 프린터가 있다), 우린 경탄하면서 동시에 경악하게 된다. 달로 날아가거나 복권에 당첨되길 바라는 우리 마음의 일부는 이렇게 생각한다. '멋지군! 정말 흥분되는데.' 그러나 우리 마음의 다른 일부, 그러니까 담보 대출금을 갚아나갈 생각을 하고 또 현재 하고 있는 일에 자부심을 느끼고 있는 일부는, 우리 자신의 기술적 노후화와 사회적 의미의 축소를 뜻하는 이 불길한 징조들 앞에서 눈앞이 캄캄해진다. 우디 앨런이 그랬듯, 우리는 일자리를 잃게 되고 '요만한 크기'의 기계에 철저히 밀려나게 되는 걸 두려워하는 것이다.

우리가 기술과 일의 관계를 인식하는 방식에는 모순이 있다. 우리는 한편으로는 로봇이나 그 유사한 기술들의 발전으로 밀려나는 걸 두려워한다. 그러면서도 다른 한편으로는 그런 기술의 발전으로 인해 생길 것으로 보이는 시간 외 노동에 찌들어 사는 걸 기꺼이 감수하려 한다. 우리는 이메일 같은, 아니 더 꼭 집어 말하자면 스마트폰 같은 기술 때문에 일과 우리의 나머지 삶이 뒤섞이는 걸 아주 싫어한다. 현재 많은 근로자가 이전 세대보다 훨씬 더 많은 탄력적 근무 시간을 이용하고 있으며, 이는 종종 기술 발전의 많은 혜택 가운데 하나라고 얘기한다. 그러나 그 '혜택'을 누려본 사람이라면 그 혜택에는 어두운 면도 있다는 걸 잘 알고 있다. 주머니 속 휴대폰 때문에 '늘 접속된 상태'이니 말이다. 우리는 일주일에 며칠씩 집에서 일하기도 하는데, 이는 곧 밤늦게는 물론이고 가끔은 자다가도 이메일이나 문자에 답해야 한다는 걸 뜻한다. 인텔에서 일의 미래에 대한 연구를 하는 수석 엔지니어 멜리사 그레그(Melissa Gregg)는 이

주제와 관련해 명쾌한 글들을 써왔다. 자신의 저서 『일의 친밀감(Work's Intimacy)』에서 그녀는 기술이 어떻게 사람들을 일에 더 심취하게 하는지를 이렇게 적고 있다.

"오늘날 인간이 만들어낸 많은 문화적 유산들 가운데 컴퓨터나 네트워크화된 장치들은 가족 관계에서부터 무역, 심지어 데이트 관행에 이르는 온갖 사회적 변화를 보여주는 신축성 있는 지수로 남아 있다. 그러나 그 어떤 것도 온라인 연결로 인해 일에 대한 중산층의 심취가 극대화되는 것보다 더 분명하면서도 정치적 논쟁과 거리가 먼 것은 없다."

여기에서 심취라는 말을 쓴 것은 아주 적절한데, 그건 심취라는 말이 우리와 일의 관계 그리고 우리와 기술의 관계가 가진 강박적인 특성을 제대로 나타내기 때문이다. 사람들은 직장에서 퇴물 취급받으며 밀려나게 된다는 두려움 외에 기술 덕에 재택근무를 할 수 있게 되면서 더 열심히 더 오래 일해야 한다는 걱정까지 떠안게 되는데, 그것이 왜 일이 어디에나 존재하고 무거운 화젯거리가 되는지를 잘 설명해준다. 학자이자 작가인 마크 데이비스(Mark Davis)는 〈가디언(the Guardian)〉지에 실린 한 기사에서 이렇게 말했다.

"몇 해 전만 해도 모든 사람이 스포츠나 부동산 가격 얘기를 하고 싶어 했다. 그러나 요즘엔 오직 한 가지, 즉 일 얘기뿐이다."

이처럼 오늘날의 인간 존재와 일상생활에서 차지하는 일의 중요성이 워낙 분명해, 우리는 일의 중요성에 대해 깊이 생각한 적이 거의 없지만 실은 그런 과정이 필요하다. 일이라는 것이 우리가 하는 다른 모든 것들과 어느 정도 뒤얽혀 있는지를 명확히 하지 못할 경우, 로봇 공학과 인공 지능, 각종 애플리케이션, 정보 기술 등이 일이 의미하는 것 또는 일자리를 갖는다는 것의 의미를 근본적으로 변화시키는 상황에서, 우리는 절대 그 엄청난 변화에 제대로 대처할 수 없을 것이다. 사회학자 캐시 위크스(Kathi Weeks)는 다음과 같은 말로 이 문제를 명쾌하게 요약했다. "

오늘날 일이란 자본주의 경제 체제의 핵심으로…… 대부분의 사람이 의식주를 손에 넣는 방법이고…… 사회적 신분을 가르는 기본적인 수단이기도 하며, 또 대부분의 사람이 의료보험과 퇴직수당을 받는 방법이기도 하다."

그러면서 그녀는 이런 중요한 말도 덧붙였다.

"일은 소득과 자본을 만들어낼 뿐 아니라 잘 훈련된 개인, 통치하기 쉬운 국민, 훌륭한 시민, 책임감 있는 가족 구성원도 만들어낸다."

일의 이런 측면, 그러니까 사람들을 관리하기 쉬운 시민들로 바꿔놓는 측면이야말로 아마 유급 노동의 가장 당연시되는 측면인지도 모른다. 거의 논의조차 되지 않을 정도로 말이다. 말하자면 정부나 기업들이 계속 일이 우리 삶의 핵심이라고 주장하고, 또 이른바 사회 엘리트층이 '탈 노동' 후의 미래를 아주 두려워하는 데는 이런 숨겨진 동기가 있는 것이다. 일이 없는 세상은 통치하기 쉬운 국민을 만들기가 더 어려운 세상이기 때문이다.

일이 우리의 삶 속에서 이런 기능들을 하는 데는 그럴 만한 역사적 배경이 있다. 이를 이해하기 위해서는 내가 말하는 '일'과 '노동'의 차이를 알 필요가 있다. 이 구분은 철학자 한나 아렌트(Hannah Arendt)가 사용하는 것으로, 그녀가 쓴 책 『인간 조건(The Human Condition)』의 핵심 개념이기도 하다. 한나 아렌트에 따르면, 일과 노동의 근본적인 차이는 이렇다. 먼저 '노동'은 우리가 한 인간으로서 삶의 정상적인 과정에서 그야말로 생존을 위해 하는 것이다. 그런 활동들은 모두 필요에 의해 행해지며, 삶을 지속하기 위해 반복적으로 행해져야 한다. 따라서 노동은 우리 인간의 자유를 침해하는 노예 상태와 흡사하다. 한나 아렌트는 『인간 조건』에서 고대 그리스 시민들이 노예들을 활용해 어떻게 노동으로부터 스스로 자유로워졌는지를 상세히 기술하고 있다. 그녀의 말을 들어보자.

"고대 사회에서 노동과 일은 노예들이나 하는 짓이어서 경멸의 대상이었다는 견해가 있는데, 이는 현대 역사학자들의 편견에서 비롯된 것이다. 고대인들은 다른 방법을 모색해봤으며, 결국 삶을 유지하는 데 필요한 것들을 제공하는 모든 직업이 갖고 있는 천한 속성 때문에 노예를 소유하는 게 필요하다고 생각했다."

다시 말해, 노동은 인간을 동물 같은 행동의 영역 속에 밀어 넣는 것이며, 그래서 그리스 시민들은 인간성을 잃지 않기 위해 노동을 포기하고, 이를 노예들에게 넘긴 것이다. 그리스 문명은 그야말로 노동을 배제한 삶의 형태였던 것이다. 또한 노예들에게는 노동을 하지 않을 자유가 없었기 때문에, 노예가 된다는 건 인간 이하의 미개한 인간이 되는 거나 다름없었다. 게다가 이런 관점에서의 노동은 사적인 영역에서 이루어지는 것이었으며 공적인 삶의 일부가 아니었다. 공적인 삶에 참여하는 것은 시민이 누릴 수 있는 최고의 소명이었고, 그래서 노동은 공적인 영역에서 배제되었다.

이와 관련된 얘기들은 일에 대한 한나 아렌트의 정의를 살펴본 뒤 좀 더 자세히 다룰 예정이니, 머릿속에 잘 기억해두길 바란다.

일은 무엇보다 먼저 인간의 활동이다. 일은 노동처럼 자연 속에서의 생물학적이고 동물적인 필요성에 의해 행해지지 않는다. 사실 일은 인간의 욕망과 계획이라는 이름 아래 의식적으로 자연을 변화시킨다. 그런 계획과 의도가 포함되었기 때문에, 일은 본질적으로 자유로운 활동이며, 시민 즉, 자유인(고대의 시민들은 남자들뿐이었다. 절대 잊지 말라)이 온전한 시민권과 인간적인 성취를 추구하려고 행해지는 활동이다. 일은 또 공적인 활동이라는 점에서 노동과는 다르다. 그러니까 자연과는 별개로, 우리가 세대를 이어 계속 공존할 수 있는 공동의 세계를 창조하는 것이다. 일 그 자체는 정치적인 것이 아니지만, 일이 만들어 내는 것들은 정치적인 삶에 필요한 전제 조건들을 제공해준다.

일과 노동 간의 이 같은 차이를 오늘날 우리가 이해하기 어려울 수도 있다. 여러 면에서 우리가 21세기에 하고 있는 일들에 대해 생각하는 것과는 정반대이다. 우리는 이제 더 이상 노동을 피하기 위한 한 방법으로서의 노예 제도에 찬성하지 않을 뿐 아니라, 노동 그 자체를 옛날처럼 그렇게 부정적으로 생각하지도 않는다. 물리적인 환경 자체가 워낙 많이 변해, 한나 아렌트가 말하는 의미에서의 일과 노동은 상당 부분 그 경계가 희미해졌다. 그래서 우리는 적어도 어느 정도 노예 제도의 성격을 갖고 있는 일을 나름대로 자긍심을 갖고 하고 있다.

오늘날 우리는 '임금 노예'라는 말을 가끔 듣게 되는데, 사실 그 말은 미국 건국 초창기에 더 자주 들을 수 있었던 말이다. 당시 '건국의 아버지들'은 다른 누군가를 위해 일하는 임금 노예들의 국가가 아닌, 독립된 자작농들과 기타 다른 자영 노동자들로 이루어진 국가를 꿈꿨다. 그러나 이해하기 어려운 일이지만, 아이러니하게도 우리는 노동으로부터의 자유보다는 일을 통한 자유라는 관점에서 생각하는 경우가 더 많다. 그러니 우리 대부분이 미래에는 일을 전혀 할 필요가 없게 된다는 사실에 환호하기는커녕, 기계가 우리 일을 대신할 수 있게 된다는 걸 겁내고, 또 로봇들이 우리 일자리를 빼앗아갈 거라는 실존주의적 두려움을 갖는 것도 무리는 아니다. 그러니까 우리는 지금 아주 양면적인 태도를 보이고 있는 것이다.

일이나 노동에 대한 우리의 생각에 얼마나 근본적인 변화가 있었는지를 생각해보라. 오늘날 일이나 노동은 인간 이하의 노예들이나 하는 짓에서 인간 가치를 규정하는 중요한 특징으로 변화되었다. 오늘날에는 후자의 생각이 아주 일반적이며, 그래서 현대에 들어와 일과 그 존엄성을 찬양한 정치인들은 굳이 멀리서 찾을 필요도 없다. 중도 좌파 성향의 호주 노동당 당수로 호주 총리에 올랐던 줄리아 길러드(Julia Gillard)의 말을 상기해보자.

"나는 열심히 일하는 것이 얼마나 중요한지 잘 압니다. 생활비를 벌기 위해 최선을 다하는 것은 우리 자신과 남들에 대한 우리 모두의 의무이죠. 일은 우리의 삶에 방향과 목적을 부여합니다. 일이 없으면 목적의식 없이 소모될 뿐이죠. 그리고 일을 잃으면 존엄성 또한 잃게 됩니다."

아마 이런 말을 고대 아테네 시민들이 들었다는 기겁했을 것이다. 그럼 도대체 일과 노동에 대한 우리의 생각은 어떻게 해서 그리 철저히 바뀌게 된 걸까? 그 이유를 찾으려면 한나 아렌트가 말하는 '공적인 삶'과 '사적인 삶' 간의 차이를 알 필요가 있다. 공적인 삶은 특정 목적 아래 정치를 행할 수 있는 물리적이며 법적인 장소를 만들어내기 위한 노동이 아닌 일의 영역이었다. 공적인 세계는 그 세계에서 쫓겨난 노예들에게나 적합한 노동에서 완전히 해방되어 자유가 보장되는 영역이었고, 그래서 그 영역에 사는 것은 아테네 시민의 가장 큰 꿈이었다. 사적인 세계는 그런 공적인 세계를 만들지 못한 야만인들이나 여성들이 머무는 영역이었다. 사적인 상태는 곧 궁핍한 상태로 받아들여졌다. 한나 아렌트의 말을 좀 더 들어보자.

"아리스토텔레스는 시민의 삶을 '올바른 삶'이라 불렀는데…… 그건 단순히 일반적인 삶보다 더 낫다거나 근심과 걱정이 덜하다거나 더 고상한 삶이 아니라, 완전히 다른 특성을 지닌 삶이었다. 그러니까 일반적인 삶에 필요한 것들을 마스터하고, 노동과 일에서 해방되고, 모든 생명체의 타고난 생존 욕구를 극복함으로써 더 이상 생물학적인 삶의 과정에 얽매이지 않을 만큼 '올바른' 삶이었던 것이다."

그리고 일이 공적인 영역과 관련되어 있고 노동은 사적인 영역과 관련되어 있듯, 정치는 공적인 영역과 관련되어 있고 경제는 사적인 영역과 관련되어 있었다. 한나 아렌트는 정치와 경제의 분리는 고대 그리스인들에겐 너무도 당연한 일로 받아들여졌고, 그래서 아마 오늘날의 '정치 경제학'이란 개념은 모순된 개념으로 여겼을 것이라고 말한다. 그녀의 이 같은 고찰은 다소 전문적이고 혼란스럽지만, 정치와 경제 분리의 중요성은 그리 어렵지 않게 찾아볼 수 있다. 그러니까 공적인 활동에 대한 고대인들의 관점에서 볼 때, 그 당시의 사람들(더 정확히는 시민들)은 노동이나 생계 수단과는 다른 그 무언가에 자신들의 개인 정체성 등 이런저런 의미를 부여했다. 그들을 타락시키고 또 자유인과 무관할 수도 있는 행동들을 하게 만드는 것이 바로 그런 저급한 노동이나 생계 수단들이라 믿었다.

일과 노동에 대한 우리 생각을 궁극적으로 변화시킨 것은 공적인 것과 사적인 것에 대한 개념의 변화이다. 이런 변화는 공적인 것과 사적인 것, 일과 노동의 차이가 흐려지는 삶에 대한 깨달음이 커지면서 생겨난다. 그래서 한나 아렌트는 '사회적인 것'의 출현에 대해 이렇게 말했다.

"사회적인 영역은 엄밀히 말해 사적인 것도 아니고 공적인 것도 아니며, 근대에 이르러 나타난 비교적 새로운 현상으로, 그 정치적인 형태는 고대 도시 국가에서 찾아볼 수 있다."

만일 사적인 영역 내에 있는 가정을 앞서 말한 것과 같은 경제적 삶의 중심으로 생각할 경우, 사람들이 그 가정들을 '사회' 속에 통합시키는 것을 공적인 삶으로 여길 때 사회적인 영역이 나타나며,

그리고 그 '사회'가 정치적으로 조직화되면 우리가 말하는 '국가'가 된다. 사회 영역의 발달은 특히 종교 개혁 당시에 나타난 교회와 농지의 전용과 관련이 있다. 이 같은 전용은 새로 시작된 경제 현대화의 중심에도 놓여 있고, 또 오늘날까지 사회적인 것에 대한 우리의 생각을 지배하고 있는 불안정성을 일으킨 것도 바로 그 전용이었다.

공적인 것과 사적인 것, 경제적인 것과 정치적인 것은 하나로 합쳐지거나 그 경계가 불분명해졌고, 그런 차이점들이 사라지면서 노동과 일 간의 차이점 역시 사라지고 있다. 그리고 오늘날 우리는 애증이 뒤섞인 일과 고용이라는 개념에 사로잡혀 있으며, 또 '로봇들이 우리 일자리를 빼앗아갈까?'라는 의문 속에 걱정하기 시작하면서 이런저런 두려움들이 솟아나고 있다.

고대에는 주로 여성과 노예들에 의해 행해진 집안일은 평가절하됐는데, 그것은 그런 일이 노예에게 적합했기 때문이 아니라 사적인 영역에서 행해졌기 때문이다. 집안일은 공적인 영역에서 행해지는 일처럼 인정도 받을 수 없고 영속성도 갖고 있지 못해 쓸모없는 것으로 평가절하된 것이다. 공적인 세계의 중요한 점은 그 세계에서 이루어지는 활동들은 그 활동을 하는 개인들이 수명보다 더 오래 지속될 수 있다는 것이다. 일종의 불멸성을 갖는 가치는 사적인 영역이 아닌 공적인 영역에서 자기 동료들이 다 지켜보는 속에서만 실현될 수 있다. 일부 사람들이 제시된 보수 외의 다른 방식들로 자신이 하는 일이 가치 있다고 규정하는 이유도 바로 이 같은 가치 창조에 있다.

영국 시인 셸리(Shelley)가 시인을 '제대로 인정받지 못하는 세계의 입법자'로 묘사하고, 미국 시인 에즈라 파운드(Ezra Pound)가 시인을 '나라의 안테나'라고 부른 것도 다 그렇게 가치를 비시장적이고 공적인 관점에서 보았기 때문이다. 물론 그런 가치들은 지금도 어느 정도까지는 유지되고 있지만, 문제는 사적인 영역에서 공적인 영역으로 넘어온 노동이 이제는 한 '인간'을 평가하는 척도가 되었으며, 또한 누군가 많은 급여를 받는다는 사실이 그가 행한 일에 내재된 다른 어떤 가치만큼이나 중시되고 있다는 것이다. 예를 들어 도널드 트럼프가 미국 대통령 선거 경선에서 공화당 후보로 나서는 데 성공한 것은 그가 엄청난 부자라는 사실에서 충분히 예견된 일이었다. 그의 그런 부가, 그가 가진 그 어떤 공식적인 자격이나 경험보다 더 공직에 나설만한 자격으로 보이니 말이다. 사람들이 우리 시대의 지배적인 경제 프로그램인 신자유주의를 비판적으로 보는 이유가 바로 이것이다. 신자유주의가 인간의 모든 행동에 시장 가치를 적용해, 인간의 모든 행동을 보다 본질적인 그 어떤 가치가 아닌 시장 가치로 전락시키고 있다. 그래서 영국 시인이자 소설가인 오스카 와일드(Oscar Wilde)는 "냉소가는 모든 것의 가격은 알면서 그 어떤 가치도 모르는 사람이다"라는 말을 한 것이다.

노동과 가치가 하나로 합쳐지고 둘 다 사적인 영역에서 공적인 영역으로 옮겨가면서 뭔가 다른 일도 일어난다. 현재 일이나 노동은 공적인 기준에서 판단되기 때문에, 뭔가 객관적인 기준과 비교 평가되어야 하는데, 그 객관적인 기준이 바로 생산성이다. 뭔가를 생산

해내는 노동력과 그렇지 못한 노동력 사이에 어떤 차이가 생겨나는 것이다. 그리고 그 차이는 시간이 지나면서 훨씬 더 세밀해진다. 한나 아렌트는 생산적인 노동과 비생산적인 노동 간의 차이에 관해 설명하고 있는데, 그 차이가 나중엔 숙련 노동과 비숙련 노동의 차이가 되고, 결국에는 정신적 노동과 육체노동의 차이가 된다.

그러나 이걸 명심하라. 생산적인 일과 비생산적인 일의 차이는 고대인들이 생각하던 일과 노동의 차이와 아주 비슷하며, 오늘날까지도 그 당시의 생각과 별반 다르지 않다. 한나 아렌트에 따르면, 사회 속에서 차지하는 일의 위상에 큰 관심을 보였던 경제학 이론 초창기의 두 거인인 애덤 스미스(Adam Amith)와 칼 마르크스(Karl Marx)는 여러 면에서 아주 다른 입장을 보였지만, 비생산적인 일을 경멸했다는 점에서는 기본적으로 같았다. 그럼에도 일과 노동 간에 근본적인 차이가 없어지고, 실제 노동자들의 생산성 또한 역사상 유래가 없을 정도로 높아지면서, 그런 구분은 일과 노동자를 우주의 중심에 놓는 믿음 체계 내에서 많은 문제를 일으키게 되었다. 만일 노동이 공적인 것이라면, 그에 합당한 사회적 지위가 부여되어야 한다. 더 이상 노예들에게나 적합한 것으로 볼 수 없는 것이다.

칼 마르크스는 잉여 가치라는 이론을, 그러니까 어떤 개별 노동자든 자신의 생존에 필요한 것보다 더 많은 걸 생산해낼 수 있다는 이론을 만들어냈다. 그래서 노동은 그것이 아무리 천하고 하찮은 호구지책이라 해도, 노예들이나 하는 활동이라는 인식을 뛰어넘어 단순한 개인적 생존 차원을 넘어선 유익하고 생산적인 일로 격상되었다. 이걸 잊지 마라. 일과 노동에 대한 한나 아렌트의 구분에서 노동은 그저 인간의 생존과 번식을 위한 것이었다. 그리고 특정 개인의 삶을 초월해 인류 문명을 지탱하는 세계를 만드는 데 일조한 것은 노동이 아닌 일이었다. 그러나 그녀가 말하는 이른바 '사회적인' 여건들 아래에서는 노동과 일의 차이는 완전히 사라질 것이며 모든 일은 노동이 될 것이다. 모든 것이 그 자체의 세속적이고 객관적인 특성 속에서 이해되는 게 아니라, 살아 있는 노동력과 삶의 과정에 따른 기능들의 결과로 이해될 것이기 때문이다.

말하자면, 만일 당신의 노동이 단순한 당신 자신의 생존 그 이상을 뒷받침한다면, 또 만일 그 당신의 노동 가치가 당신의 생존을 뒷받침해주는 공장 소유주들에 의해 사용된다면, 그 노동은 비생산적인 것이라 보기 어려우며, 심지어 개인적으로 자랑할 만한 일이 될 수도 있다. 한나 아렌트는 이렇게 말한다.

"노예 사회에서의 폭력적인 억압을 통해 또는 칼 마르크스 시대의 자본주의 사회 내 착취를 통해, 일부의 노동으로 모든 이의 삶을 충족시키는 방식으로 노동이 활용되기도 한다."

변화하는 일의 특성에는 논의가 필요한 또 다른 측면이 있고, 그걸 통해 우리가 어떻게 일에 대한 현재의 관점, 현재의 생각을 하게 됐는지를 알 수 있는데, 그게 바로 노동의 분배 또는 분업이라는 개념이다. 고대 사회에도 분업은 있었는데, 그건 오늘날의 관점에서 보자면 거시적 수준의 분업이었다. 그러니까 서로 다른 능력과 성향을 가진 다른 사람들이 서로 다른 일을 한 것이다. 플라톤은 자신의 저서 『국가』에서 이런 말을 했다.

"그렇다면 우리 국가는 어떻게 이 필요한 것들을 공급할 것인 가? 농부, 건축가, 방직공은 물론 아마 제화공과 우리 몸이 필요로 하는 것들을 공급해줄 또 다른 한두 명이 필요할 것이다. 따라서 국가를 만들려면 적어도 네 명에서 여섯 명이 필요하다."

그러나 애덤 스미스가 자신의 저서 『국부론(The Wealth of Nations)』에서 주장한 분업은 이와 달라, 훨씬 미시적인 수준의 분업으로, 한 가지 창조 행위를 보다 작고 단절된 많은 일로 나누는 것이다. 애덤 스미스의 경우, 분업을 워낙 비인간적인 것으로 보아 더 이상의 부작용을 막기 위해 정부의 개입이 필요하다는 점을 인정했다. 그러나 그는 또 산업화의 도래와 연결 지어 볼 때 분업이 엄청난 생산성 향상의 토대가 되었다는 점도 인정했다. 그리고 이 같은 기본적인 긴장감은 지난 수 세기 간 우리와 일의 관계에 대한 논의에 상당한 활력을 불어넣었으며, 일에 대한 오늘날의 우리 생각 속에 아직 그대로 남아 있다. 그러나 분업에는 우리가 이해하고 넘어가야할 또 다른 측면이 있다. 그것은 애덤 스미스의 관점에서 봤을 때 분업은 사적인 영역이 아닌 공적인 영역에서나 일어날 수 있고 또 잘 통할 수 있는 일이라는 것이다.

사적인 영역인 가정 내에서는 어떤 한 가지 작업을 여러 하위 작업으로 가족 구성원 모두가 달라붙어 할 수는 없다. 그런 분업은 공장 같은 데서나 가능한 일이다. 우리는 여기서 또 다시 일과 노동에 관련된 엄청난 갈등 속에 빠져들게 된다. 분업에서는 작업을 그야말로 별개의 활동 단위들로 나누게 되고, 그 결과 분업을 하는 사람들은 최종 제품에서 느끼는 성취감을 느낄 수 없게 되는데, 적어도 칼 마르크스 시대 이후 좌익 성향의 정치인들이 열변을 토하며 반대해온 것이 바로 분업의 이런 측면이다. 그러나 분업을 하든 하지 않든, 모든 활동이 사적인 영역에서 공적인 영역으로 옮아가면, 천한 노동도 동료들에게 제대로 된 평가를 받을 수 있는 생산적인 일로 바뀌게 된다. 그래서 사적인 영역에선 기대할 수 없었던 방식으로 분업에 공적인 가치와 성취가 따라붙게 된다. 오늘날의 노동자는 단순한 생존을 위한 노동에서 해방되어, 공적인 영역에서 일하고 정치와 사회에 참여할 여지를 갖고 있던 그리스의 자유 시민 정도는 못될지 몰라도, 어떤 일이 됐든 자신이 하는 일에 자긍심을 가질 수 있는 노동자이다.

물론 이 모든 걸 덮어버린 것은 자본주의의 출현이었다. 토지 수용으로 소작농들은 이런저런 형태의 고용인들이 되었고, 하루 벌어 하루 먹고사는 일용직 노동자들이 되었다. 예전의 토지는 '유동적인 재산' 즉, 자본으로 바뀌었다. 그리고 그 자본의 재생산과 증식은 각종 물질이나 품목의 보존에 의해서가 아니고 시민이 단순 노동에서 해방되는 안정적인 일의 공적 세계 건설에 의해서도 아닌, 이른바 '소비'라는 과정에의 지속적인 참여를 통해 이루어졌다. 한나 아렌트에 따르면, 이렇게 해서 꾸준한 부의 증가가 시작됐지만, 그러면서도 여전히 그것이 생겨난 세계 소외의 원칙에 얽매여 있었다고 한다. 그녀의 말을 좀 더 들어보자.

"따라서 부의 증가 과정은 그 어떤 세속적인 지속성과 안전성이 개입되지 않을 때, 또 세속적인 것들, 그러니까 생산 과정의 모든 완제품이 그 증가 속도를 촉진할 때만 가능해진다. 다시 말해 우리가 알고 있는 부의 축적 과정은 세상과 인간의 세속성이 희생될 때 비로소 가능한 것이다."

칼 마르크스가 말한 것처럼, 견고한 모든 것은 공기 속에 녹아드는 것이다.

노동자들에 대한 착취는 자본주의 출현 이전에도 있었다. 고대 그리스에서 노예와 여성들이 한 역할에 대해선 이미 간단히 살펴본 바도 있다. 노동자들은 금전적인 가치로 환산해 사고팔 수 있었으며, 이는 실제로 노예 매매와 여성들의 결혼 지참금 등 다양한 형태로 이루어졌다. 이런 과정은 늘 불평등한 사회관계 속에서 행해지며, 늘 한쪽이 다른 한쪽을 대상으로 힘을 행사한다. 또한 노동자와 고용주의 관계는 늘 사회적인 관계이며, 대개 그것은 지배의 한 형태이다. 그러나 자본주의의 출현과 더불어 이러한 사회적인 관계의 본질 또한 바뀌게 된다. 자본주의의 핵심은 고용된 노동자들이 창출한 잉여 가치를 활용해 재생산(또는 지속성) 여건들을 만들어낸다는 것이다. 따라서 자본주의의 특징은 노동을 상품으로, 그러니까 과거에 그랬던 것처럼 사고팔 수 있는 것으로 취급하되, 마치 노동자가 스스로 상품이 되는 걸 받아들인 것 같은 착각을 들게 한다. 이와 관련해 영국 학자 데이비드 하비(David Harvey)의 설명을 들어보자.

"이 시스템의 특징은 얼핏 보기에 속임수나 절도, 강도 또는 몰

수 등에 의존하지 않는 것 같다는 것인데, 그것은 노동자들이 일을 통해 자본의 생존에 필요한 잉여 가치를 생산하면서 동시에 '공정한' 시장 가치(현행 요금)를 부여받을 수 있기 때문이다."

노동자들은 자본가에게 상품처럼 제공할 수 있는 자신의 노동력에 대해 사적 재산권을 갖고 있으며, 그런 노동력을 자신이 원하는 누구에게든 '자유롭게' 제공할 수 있다는 논리이다. 이는 '떠날 권리'로 불리기도 하는데, 그러니까 자신이 어떤 직장에서 부당한 대우를 받고 있다고 생각할 경우 언제든 그곳을 떠나 다른 직장으로 가면 된다는 것이다. 누구도 그런 당신을 막을 수 없으며, 그래서 당신은 자유롭다는 것이다. 세상에 일자리가 많고 다 같은 가치를 갖고 있다면, 이 논리는 틀리지 않는다. 그러나 일자리가 귀한 세상에서 이런 '자유'는 환상이다. 또 심지어 가장 좋은 여건에서도, 노동자들은 먹고살기 위해 자신의 노동력을 파는 것 외에는 달리 선택의 여지가 없다. 고용주들(자본의 소유주 즉, 자본가)의 목표는 노동자들에게 그들의 노동력이 갖고 있는 시장 가치보다 더 큰 상품 가치를 생산하게 하는 것이다. 이는 곧 자본이 만들어지고 재생산되기 위해선, 노동자들은 자신이 갖고 있는 가치에 더 많은 가치를 추가해야 한다는 뜻이다. 그러면 자본가는 그 부가가치를 자신의 이익에 보태고, 그런 식으로 부가가치를 비축해 점점 더 큰 금력의 집중을 꾀하게 되는 것이다.

만일 노동자와 고용주 간의 사회적 관계가 그야말로 평등하다면, 한 노동자가 만들어내는 모든 가치 역시 평등하게 나뉠 것이다.

그러나 자본주의 사회에서 절대로 그런 일은 일어날 수 없는데, 그 것은 가치를 평등하게 나누면 이익이 사라지기 때문이다. 이익 창출 이야말로 자본주의의 핵심인데 말이다. 고용인과 고용주의 관계는 계약에 근거한 관계이면서 동시에 불평등한 힘을 가진 사회 계급 간 의 관계이기도 하다. 그리고 고용주의 힘은 자신을 위해 일하는 고 용인들에 의해 만들어진 잉여 가치(이익)로 생성된 부에서 나온다. 또한 노동자들은 개별적으로는 고용주의 힘에 맞서기가 힘들며, 바 로 그런 이유로 노동조합과 기타 다른 형태의 집단행동이 나타나게 된다. 고용주와 고용인 간의 관계를 평등하게 만들기 위해서는 국가 의 역할도 중요한데, 국가는 예를 들어 최저 임금을 정한다든가 하 루 또는 일주일간의 노동 시간을 제한하는 법 등을 제정함으로써 그 런 역할을 한다. 이는 곧 노동자들은 국가에 어느 정도 영향력을 행 사할 수 있어야 한다는 뜻이며, 그래서 아예 노동당이 생기거나 아 니면 미국에서처럼 적어도 노동자들의 관심사에 동조하는 정당이 생기게 된다. 정치적인 관점에서 볼 경우, 노동자들은 유권자가 되 어 특정 정치인을 선출할 수도 있다. 노동자들은 또 노동조합 같은 단체들을 통해 정치 활동에 자금을 대 정치권에 영향력을 행사하기 도 한다. 물론 이에 뒤질세라 고용주들 역시 자신들이 지지하는 특 정 후보에게 정치 자금을 댄다.

자 이제, 우리는 일과 관련된 역사적인 관점의 또 다른 측면을 고찰해봐야 할 것 같다. 그것은 독일의 사회과학자 막스 베버(Max Weber)와 관련이 있다. 그러니까 한나 아렌트의 분석은 자본주의 발달과 관련해 가장 중요한 이론을 펼친 칼 마르크스와 막스 베버의 접근방식을 적절히 조화시킨 것이라고 봐야 할 것이다. 캐시 위크스의 설명에 따르면, 두 사람의 접근방식에서 가장 큰 차이점은 다음과 같다.

"칼 마르크스는 재산을 가진 소유주들과 재산이 없는 노동자들 입장에서의 생산 수단과의 관계에 관심을 쏟은 데 반해, 막스 베버는 고용주와 고용인들 입장에서의 의식 발달에 관심을 쏟았다."

칼 마르크스는 자본 또는 자본주의가 재산을 소유하지 못한 사람들을 착취할 때 사유재산이 어떤 중요한 역할을 하는지를 강조하면서, 자본이 목적 달성을 위해 어떻게 그 힘을 사용하는지를 설명하고 있다. 그에 반해, 막스 베버는 물리적인 힘만으로는 노동자들의 행동 방식을 설명하기 어렵다고 말한다. 그러니까 임금을 위해 일하는 세계에서 순응하기 위해서는 일종의 도덕적 강제가 필요하다는 것이다. 그의 그 도덕적 강제는 오늘날 보통 '개신교 적 노동 윤리'라 불린다. 그 주제에 대한 그의 유명한 논문이 바로 〈개신교 적 윤리와 자본주의 정신〉인데, 이 논문은 자본주의가 '정기적인 규율에서의 자유노동의 합리적인 조직화'로 발전하는 과정을 집중 조명하고 있다. 여기서 막스 베버는 '합리적인'이란 '측정할 수 있고 반복 가능한 과학적 원칙들에 따라 조직화하는' 정도의 의미로, 그리고 특히 공식적인 부기 정도의 개념으로 쓰고 있다.

그러나 그의 이 같은 합리주의의 또 다른 측면은 '가정으로부터의 기업의 분리'이다. 그러니까, 막스 베버는 한나 아렌트가 말한 것처럼, 일(노동)을 가정이라는 사적인 영역에서 공개적인 관찰의 세계로 옮겨가는 것을 집중 조명하고 있다. 도덕적 관점에서 볼 때, 이처럼 사적인 영역에서 공적인 영역으로 옮겨가는 일이 왜 중요한지는 명약관화하다. 일이 더 이상 사적인 활동에 머물지 않을 때, 비로소 사람들에게 받아들여질 수 있는 행동의 사회적인 원칙이 나타날 수 있다. 다시 말해, 일 자체가 공개적으로 관찰되고 평가될 때 비로소 노동 윤리도 존재할 수 있다.

자본주의, 즉 이익에 따라 움직이는 시장 중심 경제는 일이 공적인 영역 속에 존재하고 또 합리적으로 조직화될 때만이 작동될 수 있다. 막스 베버는 그 두 가지를 하나로 아우르면서 다음과 같이 말했다.

"경제적 합리주의는 부분적으로는 합리적인 기법이나 법에 따라 그 발전이 좌우되지만, 동시에 자본주의가 필요로 하는 특정 형태의 실용적이고 합리적인 행동을 할 수 있는 사람들의 능력과 성향에 따라 결정되기도 한다."

문제는 자본주의가 필요로 하는 이익 중심의 경제학(그는 합리적인 행동이라고 말함)이 다양한 도덕적, 종교적 가르침에 의해 억제된다는 것이다. 그러면서 막스 베버는 이렇게 말했다.

"합리적인 경제 행위는 점차 종교적인 힘들로부터, 또 과거엔 늘 경제 행위에 가장 큰 영향을 끼쳤던 그런 힘들에 기초한 도덕적 의무 개념들로부터 심한 내적 저항에 직면하게 됐다."

특히 가톨릭교에서는 자본가들의 이익 추구에 필요한 합리적

역동성에 아주 강한 거부감을 보이는데, 이는 그런 역동성이 대개 탐욕이라는 죄악과 밀접한 관련이 있다고 믿었기 때문이다. 그러나 종교개혁으로 촉발된 새로운 개신교 운동의 신학 안에서 합리적 자본주의와 영적 도덕성 간에 타협의 여지가 생겨난다.

막스 베버의 관점에서 봤을 때, 구시대적인 개신교 정신과 현대적인 자본주의 문화 간의 내적 관계는 물질적인 또는 반(反) 금욕적인 삶의 기쁨 속에서가 아니라 순수한 종교적 특성들 속에서 발견되게 된다. 그리고 그는 자신의 전반적인 관점을 설명하기 위해, 미국 건국의 아버지인 벤저민 프랭클린(Benjamen Franklin)의 논문을 상세히 인용하고 있다. 그러니까 벤저민 프랭클린의 그 논문을 개신교와 자본주의가 적절히 타협하고 있는 전형적인 예로 보고 있는 것이다, 어쨌든 막스 베버는 자신의 논문에서 신용 거래와 대출 등을 통한 자본주의의 이익 추구를 지지하면서도, 다음과 같이 절약과 신뢰와 근면이라는 도덕적인 면들 또한 중시하고 있다.

"이걸 잊지 말라. 시간은 돈이다. 노동을 통해 하루에 10실링을 벌 수 있는 사람이 하루의 반을 외부에 나가 있거나 할 일 없이 빈둥거린다면, 그것은 기분 전환을 하거나 빈둥거리며 5실링을 버리는 거로 끝나는 게 아니라 추가로 5실링을 버리는 꼴이다. 잊지 마라. 돈은 많은 결실을 보는 자연과 같다. 돈이 돈을 낳고 그 돈이 또 돈을 낳는 식인 것이다. 5실링이 6실링이 되고 그게 다시 7실링 3펜스가 되고…… 그렇게 100파운드까지 불어난다. 돈이 더 많을수록 더 많은 걸 생산하게 되고, 그래서 이익은 점점 더 빨리 늘어나게 된다.

번식용 암퇘지를 죽이는 사람은 그 암퇘지가 낳을 수 있는 수천 세대의 후손들까지 모두 죽이는 것이다. 1크라운(영국의 옛날 주화 - 역자 주)을 버리는 사람은 그 돈이 생산할 수도 있었을 모든 것, 그러니까 수십 파운드를 버리는 것일 수도 있다."

벤저민 프랭클린은 '이익을 위한 이익'이라는 철학을 내세우고 있지만, 막스 베버는 그것은 탐욕의 철학은 아니라고 주장한다. 이는 곧 많은 제품을 사기 위해 이익을 내는 것이 아니라 이익 그 자체를 위해 이익을 낸다는 얘기이며, 그런 점에서 강점이 있다. 그러니까 방종이나 자기중심주의에 대한 얘기가 아니라, 신뢰할 만한 방식으로 검소하게 행해진 힘든 일에 대한 보상 얘기인 것이다. 따라서 벤저민 프랭클린에게 올바른 방법으로 행해진 이익 추구는 도덕적인 사회의 토대로 받아들여졌다. 정직한 사회, 그리고 열심히 일하는 사회가 도덕적인 사회인 것이다. 그것은 사회 구성원 각자 살면서 주어진 천직에 헌신한다는 뜻으로, 이것이 바로 막스 베버에 의해 개신교와 자본주의의 공통된 윤리적 토대들을 연결해주는 다리로 여겨진 천직이나 소명의 개념이다. 막스 베버는 이렇게 말하고 있다.

"오늘날의 경제 질서 안에서 돈을 번다는 건, 그것이 합법적으로 행해지기만 한다면, 천직과 연관된 덕과 능숙함의 결과이자 표현이다. 이것이야말로 자본주의 문화 속 사회 윤리의 가장 중요한 특징이며, 어떤 점에서는 그 사회 윤리의 근간을 이루는 토대이다. 또한, 이것이야말로 각 개인이 자신의 직업적 활동에 대해 느끼게 되는 의무이기도 하다."

이 '천직' 개념이 특히 중요한 이유는 그런 개념 덕에 어떤 종류의 일도, 그러니까 심지어 가장 천하고 쓸모없어 보이는 일까지도 존중받을 수 있기 때문이다. 이처럼 일을 천직으로 봄으로써, 우리는 일을 품위를 높여주는 행동으로 또 인간의 존엄성과 불가분의 관련을 맺는 행동으로 보게 되고, 그래서 일 자체에 대한 믿음을 갖게 된다. 사람들이 자기 일을 기계들이 대신하는 것에 대해 큰 거부감을 나타내는 것도 바로 이 때문이다.

그렇다. 기계들은 우리에게서 생계 수단을 앗아가기도 하지만, 사실 그보다 훨씬 더 많은 걸 앗아간다. 우리의 인간성도, 그러니까 가장 천한 일에서조차 느끼게 되는 인간성도 앗아가는 것이다. 따라서 어떤 일이든 공개적으로 또 정직하게 열심히 하는 것은 공정하고 도덕적인 사회의 토대이다. 그러므로 일을 저해하는 것은 사회 질서를 저해하는 것이다. 또 일하지 않는 사람은 늘 수상쩍은 사람 취급을 당하게 된다. 이는 그 사람이 스스로 일을 하지 않든 아니면 경제 사정이 안 좋아 일자리를 구할 수 없어서든 마찬가지이다. 그러니까 단순히 일자리가 부족하다는 것이 훌륭한 시민이 일하지 않고 빈둥거릴 핑곗거리는 되지 못한다는 것이다. 이런 사고는 오늘날까지도 그대로 이어져 오고 있다. 예를 들어 실업 수당을 받는 사람들은 사회의 다른 많은 사람으로부터 경멸의 눈총을 받게 되며, 또 급여가 적거나 천한 일을 하더라도 자리를 찾는 데 많은 시간을 투자하고 새로운 일을 위한 훈련도 받을 것을 요구받는 것이다.

우리가 사랑하는 것은 일하는 노동자들이 아니라 일 그 자체이다. 한나 아렌트는 몇십 년 전에 로봇들이 우리 일자리를 가져갈 것인가 하는 의문에 대해 나름대로 의견을 펼쳤지만, 자동화의 '위협'은 그 전부터 이미 존재했다. 실제로 자본주의 역사 자체가 자동화의 위협과 달콤한 약속의 역사이다. 적어도 사회가 탄생한 이래, 그러니까 일과 노동의 경계가 허물어지고 자유인과 노예에 대한 고대의 구분이 없어진 이래, 자동화의 위협은 늘 인간에게 생계 수단으로서의 일자리에 대한 큰 두려움을 안겨주었다. 이쯤에서 우리는 고대 그리스인들이라면 아마 기꺼이 로봇을 받아들이지 않았을까 하는 생각을 하지 않을 수 없다. 만일 그 당시 로봇이 있었다면, 그들은 노예 제도라든가 여성들의 역할에 대해 재고했을 것이고, 로봇이 괜찮은 도구라는 걸 알게 되면서 로봇을 받아들였을 테니 말이다. 하지만 이 얘기는 이 정도에서 끝내도록 하자.

우리가 우리 삶을 일이라는 개념을 중심으로 생각하다 보면, 그 일을 앗아가는 모든 기술을 위협으로 받아들일 수밖에 없게 된다. 물론 이는 현재 우리의 경제적 행복이 우리가 하는 일, 우리가 가진 일자리에 의존하고 있기 때문이다. 그러나 누차 얘기해왔듯, 우리가 갖고 있는 불안감은 더욱 뿌리가 깊으며, 그런 불안감이 러다이트(Luddite. 신기술 반대자)에서 라파엘 전파(Pre-Raphaelite)에 이르는, 또 마르크스주의자에서 개신교도에 이르는 모든 사람을 사로잡았다. 사회라는 영역 안에서 일은 우리가 생각하는 우리 가치와 워낙 긴밀히 연결되어 있어, 기계들은 늘 불신을 받아왔는데, 비단 개신교 신자뿐 아니라 모든 사람이 그런 불신을 하고 있다. 한나 아렌트는 자기 시대의 노동자들이 직면해 있던 그런 역설을 완벽히 이해하고 있었는데, 기계들이 점점 더 똑똑해지고 값도 싸지면서 그런 역설은 우리 시대에 이르러 특히 더 심해졌다. 그녀에 따르면, 사람들은 이제 모든 걸 자신이 하는 일로 규정짓는 존재로 변신해, 계속 발전 중인 자동화 때문에 반드시 일을 해야 한다는 당위성으로부터 풀려나게 될지도 모른다는 사실 자체가 기회보다는 위협으로 느껴지고 있다. 다소 냉소적이면서도 부러움이 담긴 어투로 그녀는 이렇게 말한다.

"우리는 지금 노동 없는 노동자들의 사회, 그러니까 사람들이 할 일이 없게 되는 사회를 목전에 두고 있다. 이보다 더 나쁜 것도 없을 것이다."

일에 대한 숭배는 워낙 뿌리 깊어(설령 노동자가 아니라 해도), 아마 일의 우위에 대해 이념을 초월한 합의가 이루어지지 않는 한 자본주의의 가장 최신 버전인 신자유주의의 성공 또한 기대하기 어려울 것이다. 일에 대한 고대인들의 생각에 대해 한나 아렌트의 설명은 일의 미래에 대한 논의에서 더없이 흥미롭고 또 중요한데, 그것은 그녀의 설명이 지극히 상식적이고 자연스럽다고 여기는 일에 대한 우리의 생각 또는 일의 중요성이 사실은 아무것도 아니라는 걸 상기시켜주기 때문이다. 모든 건 전적으로 우리가 살고 있는 사회적, 정치적, 기술적 환경에 따라 달라진다. 그렇다고 해서 일에 대한 현재의 우리 생각에 뭔가 인위적이거나 잘못된 게 있다거나, 의지를 조금만 발휘하면 이전의 생각으로 되돌아갈 수 있다거나 하는 얘기는 아니다. 그런 얘기와는 거리가 멀다.

중요한 것은 물리적인 환경은 일에 대한 우리의 사고방식은 물론 우리의 행동 방식에까지 영향을 준다는 것이다. 노동의 필요성(한나 아렌트의 관점에서 본)은 절대 사라지지 않으며, 그것이야말로 불변의 진리이다. 우리는 늘 살아남기 위해 의식주가 필요하며, 우리 사회가 더 북적댈수록, 그러니까 더 복잡해질수록, 단순한 방법으로는 변화하는 상황에 대처하기가 점점 더 어려워진다. 과거와 다른 것은 지금 우리는 노예 제도가 성행한 시대 이후 처음으로 일의 우위에 대한 우리 생각을 재고해야 할지도 모를 상황에 빠른 속도로 접근해가고 있다는 것이다.

나는 지금 만일 기술이 일부 사람이 주장하는 방향으로 발전해 많은 일자리가 사라지게 된다면, 우리는 결국 노동과 일에 대한 생각을 바꾸지 않을 수 없게 될 거라는 말을 하는 것이다. 아마 시민으로 산다는 것과 직업을 갖는다는 것을 동일시하는 노동관을 포기해야 할 것이다. 그러니까 우리는 지금 세상을 뒤바꿔놓을 모순 속으로 뛰어들고 있는 것이며, 시장 가치가 인간 가치에 대한 생각을 지배하는 걸 계속 용인한다면, 로봇이 우리 일을 빼앗아갈 거라는 생각에 계속 위협받게 될 것이다. 그다음 문제가 되는 것은 우리가 여전히 생계비를 벌면서 일의 다른 가치들도 높일 방법이 있느냐 하는 것이다. 그러니까 우리가 물질적으로 우리 자신과 가족을 부양할 능력만 있다면, 이 공적인 측면에서 모든 걸 제대로 해낼 수 있다는 것이다.

　기계가 우리 일을 대신하면서도 동시에 우리 역시 계속 일을 할 수 있는 그런 세상은 꿈꿀 수 없는 것일까? 우리는 일에 대한 현재의 우리 생각이 어떻게 생겨났는지를 살펴봄으로써 그 의문에 답하기 시작했다. 그러나 그 의문에 제대로 답하려면, 이제 일이 오늘날 우리 삶에서 하는 역할을 자세히 들여다보아야 한다.

일의 현재

The present of work

Chapter 2

"전반적인 인간의 본성 가운데 먹고 사는 문제에 미치는 힘은 자신의
의지에 미치는 힘과 맞먹는다."

- 알렉산더 해밀턴(Alexander Hamilton)

내 아내는 작년 어느 추운 날, 호주 멜버른에서 6시 30분부터
시작하는 어느 조찬 모임에 초대받았다. 그 모임의 주제는 '일과 삶
의 균형'이었다. 이처럼 선한 의도와 사람들의 실제 고용 여건이라
는 현실 간의 단절은 '일의 현재' 상황에서는 흔히 있을 수 있는 일
로, 일과 노동의 경계를 허무는 힘들과 일에 인간 가치 및 권위라는
신비스럽기까지 한 특성들을 잔뜩 채워 넣는 힘들을 자세히 살펴볼
필요가 있다.

　　우리는 늘 자신의 작업 여건에 큰 실망과 상처를 받고 또 취업

전망이 점점 안 좋아져 늘 불안감과 불확실성 속에 살아가는 노동자들을 만나게 된다. 그럼에도 우리는 성인이라면 반드시 일을 해야 하며 또 열심히 일하지 않는 사람은 미국의 미트 롬니(Mitt Romney)나 호주의 조 학키(Joe Hockey) 같은 정치인들의 말처럼 일종의 기생충이나 기피자 같은 사람이라는 생각에서 벗어나지 못하고 있다. 40여 년간의 시장 자유화와 기술 발전, 그리고 불균등 확대로 시스템이 예전처럼 보통 사람에게 혜택을 주지 못한다는 게 분명해지면서, 우리는 우리 자신과 다른 사람들을 실현 불가능한 참여 기준들에 옭아매고 있다. 이처럼 일을 우리 존재의 중심으로까지 끌어올린 것은 거의 일종의 정신병적 현상이다. 우리는 지금 시스템을 바꾸려는 방법들을 찾으려 하는 대신, 계속 일, 일, 일을 우리 가치와 의미의 원천으로 고착화시키는 결정들을 내리면서 최악의 국면을 개선하려 애쓰고 있다.

호주나 미국 또는 아이슬란드 같은 나라에 사는 우리가 생각하는 평범하면서도 괜찮은 삶의 물질적 조건들은 대개 서구에서 2차 세계대전 말부터 생겨난 사회적·경제적 환경의 산물이다. 그러니까 우리가 일하는 시간, 우리가 버는 돈, 그 돈으로 우리가 하는 일들, 우리가 은퇴하는 나이(그야말로 '은퇴'의 개념에서), 우리가 정부한테 바라는 각종 혜택이 거의 다 이 시기에 만들어진 것이다. 넓은 관점에서 보면, 이 모든 상황은 제조업에 토대를 둔 경제에서 볼 수 있는 것들이다. 직간접적으로 숙련된 사람과 비숙련된 사람을 대거 채용해, 그들에게 적절한 수준의 금전적 안정감을 즐기고 또 평균 수명 기간 중 일반적인 물질적 편안함을 누릴 수 있게 해주는 제조업 기반 경제 말이다.

이 모든 걸 뒷받침한 것이 자본가들의 성장에 기초한 자본주의 경제와 관련된 모든 위험과 필요를 정부에서 관리하는 복지 국가였다. 의료, 교육, 실업자들을 위한 금전적 지원, 은퇴한 이들에 대한 수당 등이 그 중심 정책들이었다. 물론 오늘날 같은 수준의 '복지 후생'은 아니었지만, 그런 것들이 대부분 시민이 생각하는 정부가 필요한 이유에 대한 물질적 표현이었다. 이는 정부 자체에 대한 애착과는 거리가 멀었으며, 모든 산업을 정부가 소유하는 집산주의와도 거리가 멀었다. 그보다는 개인적 자유에 대한 믿음의 실현에 가까웠다. 국가가 그처럼 기본적인 수준의 균등한 기회와 결과를 주려고 노력할 때 사회와 우리 모두가 더 잘 나아지고 더 자유로울 수 있다는 믿음 말이다.

그러나 복지 국가와 그런 국가가 진행한 부의 재분배는 단순히 민주적인 통치 방식이 낳은 필연적이고 이타적인 결과는 아니었다. 그 첫 번째 예로, 그 모든 건 평범한 노동자들, 또 때로는 노동조합과 기타 다른 압력 단체에 의해 쟁취되었다. 주말, 하루 8시간 근무, 연차, 휴일 급여, 병가, 초과 근무 수당, 점심시간, 아동들의 탄광 강제 근무 금지 등은 무슨 자명한 이치들이 아니라 필요성을 주장하고 때로는 몸을 던져 쟁취해야 하는 근무 조건들이었다. 도시 국가의 부상은 소위 엘리트들이 자신들이 혜택을 보고 있는 사회적 불평등을 완화해 그 혜택을 계속 누리기 위한 고육지책이기도 했다.

1, 2차 세계대전의 대살상과 파괴를 거친 이후, 서방 세계의 시민은 더 이상 모든 걸 당연시하지 않았다. 예를 들어 윈스턴 처칠(Winston Churchill)은 전승국 영국의 영웅이었지만 전쟁 직후 치러진 선거에서 패배했다. 복지 국가, 부의 재분배, 광범위한 평등 노력을 수용함으로써, 선진국 엘리트들은 중국과 러시아에서 일어난 공산주의 혁명 같은 것들을 차단하려 했다. 그렇게 해서 생겨난 혼합경제와 복지 국가는 이를테면 백인 중심의 가부장 제도, 환경 파괴, 서방 제국주의의 예전 식민지들에 대한 착취 등의 문제로 여전히 완벽하지 못했지만, 과거의 상황과 비교하면 이 용감한 신세계는 거의 유토피아나 다름없어 보였다. 적어도 현재의 우리 관점에서 보면 그렇다.

　　자본주의는 성장과 번영의 엔진으로 자리 잡았지만, 여전히 사회의 주인이 아니라 사회의 하인으로 받아들여졌다. 그리고 특정한 결과들(완전 고용 같은)을 도출하기 위해 각종 정책이 수립됐는데, 그것이 경제적 모델들의 추정에 따른 것은 아니었다. 국가가 시장 속에 포함된 오늘날과는 달리 시장이 국가 속에 포함됐다.

　　그렇게 자본주의가 발전하면서, 중요한 사회 제도와 관행들이 도전받기 시작하고, 사람들은 가정과 종교, 정부, 그리고 일에 대한 전통적인 생각에 의문을 품기 시작했다. 작가이자 사회 비평가인 엘렌 윌리스(Ellen Willis)는 1960년대는 신화에 가까운 중요한 시대였다면서 다음과 같이 말했다.

　　"2차 세계대전 이후 미국은 경제 발전으로 20년간 전례가 없는 번성기를 누렸으며, 또 그 덕에 많은 사람이 삶의 방식에 관해 폭넓은 선택권을 갖게 되었고…… 그 결과 점점 더 많은 소수 집단(특히 상류층 아이들)이 지배적인 사회 제도들에 대해 마음껏 의문을 제기하고 각종 실험을 하는 등의 위험을 감수할 뿐 아니라, 졸업 후 전문직에 취업해 핵가족을 이루고 교외에 집을 사는 대신 보헤미안적 가치가 담긴 학생 생활을 성인이 되어서도 계속하게 되었으며…….”

이런 자유에는 늘 반대가 따랐는데, 특히 더욱 자유롭고 새로운 사회 제도들로 인해 가장 많은 것을 잃게 되는 사람들로부터의 반대가 심했다. 그러나 이처럼 역사를 되돌리려는 보수주의적인 힘들의 움직임은 경제적 번영 속에 무위로 끝났다. 그러니까 1960년대와 그것이 대변하는 자유에 대한 반발은 부분적으로는 뉴트 깅리치(Newt Gingrich), 토니 애벗(Tony Abbott), 블라디미르 푸틴(Vladimir Putin) 같은 다양한 정치인들의 정치 목표를 뒷받침해주는 백인 남자들의 특권 같은 것들에 의해 뒷받침된 것이다. 엘렌 위리스는 이렇게 말했다.

“아, 변증법이여! 만일 점점 더 보수화되어가던 자본주의가 1970년대의 반동을 밀어붙였다면, 반란을 부추긴 것은 역동적인 자유 자본주의였다.”

이같은 반동의 결과는 이른바 ‘문화 전쟁’에서 분명히 나타났다. 문화 전쟁이란 낙태에서부터 국가 역사에 이르는 모든 문제에서의 의견 대립으로, 시장 자유주의와 민영화, 그리고 나머지 신자유주의적 의제를 고집하는 엘리트들이 좋아하는 정치적 토대가 되기도 했다. 평론가 대니 로드릭(Dani Rodrik)은 이렇게 말했다.

"주로 경제 엘리트들의 이해관계를 대변하던 정치인은 대중에게 호소할 다른 수단을 찾아야 했다. 그런 대안 하나는 생계 문제에 대한 이해관계보다는 문화 가치와 상징주의를 토대로 하는 정치에 의해 제공된다. 정치가 그런 토대들 위해 행해질 때, 선거에서는 우리의 이해관계를 가장 잘 대변하는 사람들보다는 우리의 잠재적인 문화적·정신적 가치들을 가장 잘 구현하는 사람들이 승리를 거둔다."

1970년대의 유가 쇼크는 서구 중산층 번영의 토대가 됐던 풍요가 끝났다는 걸 알려준 최초의 중요한 징조였다. 특히 다른 서방 민주주의 국가들보다 복지 국가의 역사가 일천했던 미국의 경우, 자본가들은 혼합 경제와 복지 국가의 이론과 작동 방식에 문제를 제기하는 각종 가치와 처방들을 재주장하기 시작했다. 정치 이론가 볼프강 슈트렉(Wolfgang Streeck)은 〈자코뱅(Jacobin)〉지와의 인터뷰에서 이런 말을 했다.

"1970년대에 이르면서 자본이 사회 민주주의에 염증을 느끼게 되면서 다른 쪽으로 눈을 돌리게 된다. '위기'가 닥치면서 '세계화'가 시작된 것이 바로 그 무렵이다."

자본이 더 나은 투자 수익을 좇으면서, 그때까지 중산층을 떠받들고 2차 세계대전 이후 번영의 토대가 됐던 제조업 일자리들이 선진국들을 빠져나가 저임금 지역으로 옮겨가기 시작했다. 그런 움직임에는 자신들의 생산 참여로 생긴 이익 중 적절한 몫을 가져가겠다는 노동자들의 노동 운동을 응징하고 통제하려는 목적도 있었다. 이 같은 일자리 이동은 개발도상국들에는 더없이 좋은 기회였으며 경제적 번영이 시작되는 원천이기도 했다. 예를 들어 중국의 경우 시장 개혁 덕에 수백만 명이 찢어질 듯한 가난에서 벗어나게 됐다. 그러나 그것은 서방 국가들의 제조업 쇠퇴를 앞당긴 악재로, 독일 함부르크에서 미국 디트로이트와 호주 절롱에 이르는 러스트 벨트(rust belt. 제조업의 사양화로 불황을 맞은 지역 - 역자 주)의 급속한 확산을 알리는 신호탄이기도 했다.

경제적 여건이 변화하면서 사회적 관계 역시 변화했다. 산업이 세계화되면서 전문적인 관리자와 테크노크라트, 즉 기술자 출신의 관료 집단이 생겨났다. 유고슬라비아의 정치가 겸 작가인 밀로반 질라스(Milovan Djilas)는 그들을 '새로운 계급'이라 불렀는데, 그들은 각 산업의 핵심 자리를 꿰차고 앉았다. 이 새로운 관리자 계층은 전문화되고 국제화된 특성 때문에 자신과 출생 국가 사이의 끈을 약화시키거나 아니면 아예 끊어버리기 시작했다. 그들은 이렇게 물었다.

"내가 왜 사용하지도 않는 서비스(의료, 교육, 교통 등)에 대한 대가로 별로 인연도 없는 나라에 세금을 내야 하는가?"

시민권, 상호 간의 의무, 사회적 계약 같은 개념은 세계화된 이 새로운 계급이 지지하는 풍족한 삶의 비전과 그런 삶을 위한 경력의 발전을 약화시킬 뿐 아니라 아주 적대시하는 듯했다.

로널드 레이건(Ronald Reagan)과 마가렛 대처(Margaret Thatcher)의 시대에 이르러, 밥 호크(Bob Hawke)와 폴 키팅(Paul Keating)이 총리로 재임한 호주에서는 정부 그 자체가 문젯거리로 재정의 되고 있었다. 당시 사람들은 사회 같은 건 없으며 자유는 시장에서의 선택이나 다름없다고들 했다. 각종 산업 규제와 노동조합 결성, 정부 소유권, 정부 제공 서비스 등이 이른바 기업의 진취적 기상과 중산층의 출세 지향적 가치 등을 저해하는 부담으로 여겨졌다. 실제로 전통적인 가정에서의 삶을 혐오하고 종교를 그 어떤 사회 통합적 힘으로도 생각지 않는 좌파 성향의 사람들의 경우, 일은 중산층을 결정짓는 요소가 되었다. 그리고 중도 좌파 정치와 노동 운동이 결탁해서, 일과 취업을 무슨 주문처럼 외워대는 경향은 한층 더 강해졌다.

그 와중에 2차 세계대전 후 득세한 케인스 경제 이론의 여파로 일종의 시장 근본주의가 생겨났다. 그리고 소비에트 연방의 붕괴로 지구에서 한 억압적인 정권이 사라졌을 뿐 아니라 자본주의 철학과 관행에 맞서는 지적인 방어벽도 사라졌다. 그러면서 이제 모든 것 위에 군림하는 시장이 새로운 주문이 되었다. 그와 함께 60년대의 반(反)문화가 재탄생했는데, 이번에 그 반문화는 시장과 소비라는 틀 안에 확고히 자리 잡았다. 작가이자 사회 비평가인 엘렌 윌리스는 그 반문화의 특징을 제대로 간파해 다음과 같은 말을 했다.

"닷컴 붐이 일면서 자유시장주의를 신봉하는 젊은이들이 세계적인 기업 성공 신화, 새로운 기술 장난감들, 무제한의 정보 등을 추구하면서 60년대의 자유주의를 부활시켰다."

오늘날에는 비틀즈(Beatles)의 애플 레코즈(Apple Records) 대신 스티브 잡스(Steve Jobs)의 애플 사(Apple Inc.)가 있고, 두 눈에서 혁명의 불길이 타오르는 재능 있는 젊은이들이 록 밴드를 결성하는 대신 각종 첨단 기업과 애플리케이션 회사를 설립하고 있지만, 오늘날에도 기업 자유주의는 여전히 득세하고 있다. '집산주의자'니 '사회주의자'니 하는 철학은 이제 경제적으로나 인간적으로 비참한 실패를 한 소비에트 연방의 몰락과 함께 사라졌다. 시장이 갖고 있는 기적 같은 힘에 대한 믿음은 물론, 우리 스스로 사회적 여건을 만들어나갈 수 있다는 믿음 역시 웃음거리로 전락했다. 그뿐이 아니었다. 집단적인 인간 행동과 의사 결정을 통해 공동선을 만들어낼 수 있다는 생각 또한 설 자리를 잃었을 뿐 아니라, 일종의 악이요 전체주의에 이르거나 다시 노예제도로 돌아가는 길로 여겨졌다. 지도상에서 유토피아가 사라진 것이다.

게다가 경제학자 토마스 피케티(Thomas Piketty)는 자신의 유명한 저서 『21세기 자본(Captial in the Twenty-First Century)』에서 새로운 계급(그는 그들을 '슈퍼매니저'라 불렀다)에 의해 축적된 부는 1%의 사람들 또는 1% 중 1%의 사람들 간에 유산으로 넘겨져 부의 집중 현상이 훨씬 더 심하다는 사실을 보여주었다. 피케티는 자본수익률이 경제성장률을 넘어설 경우 부의 집중 현상은 더 심해지며, 논리적으로 그만큼 불평등도 심화된다고 말했다. 단순히 노동의 대가인 임금에 의존하는 수입은(우리는 거의 다 그렇게 생계를 유지하고 있지만) 점점 줄어들고 있다.

우리가 살아온 1970년대 이후의 시간은 서구 문명의 철학적이고 물질적인 여건들이 대대적으로 개편된 시기이다. 우리가 이 시기를 과도기라 부르는 것은 뭔가 그 종착점이 보인다는 걸 가정하는 것이며, 또 현재 제기되고 있는 의문들에 대한 답이 나오는 일종의 정지점(저울대의 운동이 점차 안정을 취하다 최후에 정지하는 위치 - 역자 주)이 다가오고 있다는 것이다. 그러나 나는 그런 식의 가정이 일리가 있다고 생각하지 않는다. 사실 모든 게 계속 과도적인 것이기 때문이다. 그리고 과도적인 것의 본성은 구조적이다. 그러니까 현재 일어나고 있는 변화들은 부가 창조되는 방식과 일이 행해지는 방식의 구조에 껴 맞춰진다는 것이며, 우리가 제대로 알아야 하는 것도 바로 그런 것이다. 앞으로 일어날 일들이 이제껏 있었던 일들과 다른 것도 바로 이 때문이다.

2007년과 2008년의 금융 위기로 발생한 전 세계적인 경기 침체는 단순히 일반적인 경기 순환 내의 또 다른 경기 저점이 아니라, 우리가 '정상적'이라고 생각하는 예전 것들로부터의 완전한 일탈이다. 그러니까 우리가 해온 일('생활 수준'이란 개념을 뒷받침하는 유급 일)을 해온 방식이 그 뿌리부터 근본적으로 변화하고 있는 것이다. 이는 제조업을 통해 이루어지던 부의 창조가 이제는 육체노동을 별로 필요로 하지 않는 금융, 지식, 기술 산업을 통해 이루어지고 있는 것과도 일부 관련이 있다. 그리고 이제 남은 일들도 2차 세계대전 이후에 생겨난 경력과 그에 따른 중산층의 안정에 대한 생각들과는 점점 거리가 멀어지고 있다.

그러나 일과 취업의 본질이 이렇게 변화하고 있음에도 불구하고, 직업윤리는 여전히 통용되고 있어 일에 대한 우리의 사고방식을 계속 왜곡시키고 있다. 정치적으로 좌파와 우파 모두 인간적 사고와 경제 활동의 중심에 자리 잡고 있는 게 일이라고 주장하고 있다. 이런 경향은 1970년대 이후 경제 세계화와 그걸 뒷받침하는 경제 체제(나는 '신자유주의' 체제라 부른다)에 의해 더 심화되고 왜곡되었다.

신자유주의는 많은 논란과 우려를 자아내는 용어지만, 그렇다고 해서 이 용어를 쓰지 않을 수도 없다. 물론 볼프강 슈트렉의 'OECD 자본주의'라든가, 한때 많이 사용됐지만 지금은 잘 사용하지 않는 '워싱턴 컨센서스' 또는 그냥 '자본주의' 등 신자유주의와 같은 의미로 사용되는 다른 용어들이 있기는 하다. 하지만 그중 어떤 용어도 신자유주의만큼 널리 쓰이지 않는다. 그리고 나는 신자유주의라는 용어 사용에 반대하는 사람 중 상당수는 그 경제 체제가 가진 덜 매력적인 점들을 희석하려는 의도로 그런다고 생각한다.

실제로 신자유주의라는 용어를 불안하게 여기는 우파 성향의 사람들은 소비에트 지배의 정당성을 지지하는 공산주의 옹호자들과 비슷한 입장을 취하는 경우가 많다. 그러니까 소비에트 체제의 실패만 보고 공산주의 자체를 평가해선 안 되며, 우리는 아직 '공산주의가 제대로 실현되는' 세상에서 살아본 적이 없다는 식으로 말이다. 마찬가지로, 자유 시장 경제를 지지하는 사람들 역시 신자유주의는 아직 제대로 실현된 적이 없다는 관점에서 신자유주의라는 용어의 사용에 반대하며, 또 그런 이유로 신자유주의를 비난하는 것에 대해 난색을 보인다. 이런 점들을 고려할 때, 내가 신자유주의란 용어로 나타내고자 하는 바가 무언지를 제대로 설명하는 것이 신중한 방법일 것이다.

　우리가 '신자유주의로의 전환기'라 부를 만한 정확한 순간은 1979년부터 1983년 사이에서 아주 쉽게 찾아볼 수 있다. 물론 그 초석은 이전 40년에서 50년간 주로 프리드리히 폰 하이에크(Friedrich von Hayek), 루드비히 폰 미제스(Ludwig von Mises), 그 외에 몽 페를랭 협회와 관련된 다른 경제학자들, 그리고 그다음엔 밀턴 프리드먼(Milton Friedman) 같은 시카고학파 경제학자들에 의해 놓여졌다. 그러나 그들의 주장에 담긴 논리는 중국, 영국, 미국, 호주 같은 나라가 신자유주의 원칙에 기초한 정책을 펴면서 결실을 보게 된다. 데이비드 하비가 자신의 저서 『신자유주의 약사(A Brief History of Neobiberalism)』에서 자세히 적었듯, 1978년 덩샤오핑 치하의 중국에서는 오늘날까지 계속되고 있는 경제 자유화를 위한 첫 조처들이 행해졌다.

　영국의 경우 1979년 마가렛 대처가 수상 자리에 올라 자유 시장 노선을 따라 영국 경제를 개역하기 시작했는데, 그녀는 특히 프리드리히 폰 하이에크의 경제 이론으로부터 아주 직접적인 영향을 받았다. 같은 해에 미국에서는 폴 볼커(Paul Volcker)가 연방준비제도이사회 의장이 되어 실업이나 다른 문제들에 우선해 인플레와의 싸움에 경제 정책을 재집중시켰다. 그리고 1980년에 대통령에 선출된 로날드 레이건은 폴 볼커의 접근방식을 더 확장해 노동조합의 힘을 통제하고 농업, 광업 등 여러 분야에 대한 규제를 풀고 대내외적인 금융 관련 규제들을 완화하는 등의 정책을 폈다. 데이비드 하비는 호주의 예를 인용하지는 않았지만, 호주에서도 비슷한 일들이 진행됐다. 1983년에 선출된 호크-키팅 노동당 정부는 노조를 상대로 다양한 사회 정책을 도입하는 대신 임금 인상을 포기한다는 '합의'를 이뤄냈으며, 이전 보수당 정부 시절에 작성된 한 보고서의 권장 내용을 토대로 각종 시장 자유화 정책을 펴기 시작했다. 그 정책들 속에는 달러 변동 환율제 시행, 관세 축소, 금융 규제 완화 등이 포함되었다.

이 모든 변화에는 늘 반대가 따라 정부에서 강력하게 밀어붙이지 않으면 안 되는 때가 많았다는 데 주목할 필요가 있다. 그 대표적인 예가 광부들에 대한 마가렛 대처의 강경한 대처와 항공사 조종사들에 대한 레이건의 강공이다. 이런 변화들은 대개 그 나라의 보다 광범위한 유권자 사이에서 인기가 없었고 지금 역시 마찬가지이다. 물론 저항은 늘 만만하지 않았지만, 그렇다고 변화를 반대하는 사람들이 실현 가능한 다른 대안을 제시하지도 못할 거라는 생각이 지배적이었다. 그처럼 다른 대안이 없다는 것은 수십 년간 언론사를 비롯해 대학에서 정부 부처에 이르는 각 기관의 요직을 신자유주의 옹호자들이 꿰차고 앉아 있으면서, 각 나라의 엘리트들이 신자유주의 원칙을 얼마나 철저히 또 조직적으로 받아들이고 있었는지를 잘 보여주는 것이기도 했다. 중국과 호주 노동당 정부의 예에서 보듯, 신자유주의는 좌파와 우파의 전통적인 구분을 초월해 폭넓은 정치인들로부터 지지를 받으면서, 현대 경제의 지극히 당연한 작동 원리처럼 받아들여지게 되었다. 런던대학교 교수인 가이 스탠딩(Guy

Standing)은 이렇게 말했다.

"신자유주의자들이 해체하고 싶어 한 체제를 구축한 사회 민주주의 정당들은 잠시 신자유주의자들의 진단에 이의를 제기한 뒤 곧 마지못해 그 진단과 예측을 다 받아들였다."

다국적 엘리트들이 내면화한 처방들을 데이비드 하비는 이렇게 설명했다.

"신자유주의는 정치 경제 관행에 대한 이론으로, 강력한 사유재산권과 자유 시장, 자유 무역을 특징으로 하는 제도적 틀 안에서 각 기업의 자유와 기술을 자유화시켜줄 때 인류는 가장 행복해질 수 있다고 주장한다. 이때 국가의 역할은 그런 관행에 적절한 제도적 틀을 만들어내고 유지하는 것이다. 예를 들어, 국가는 돈의 질과 일관성을 보장해주어야 한다. 또한, 군대와 경찰, 법적 구조와 기능을 만들어 국민의 사유재산권을 지키고 시장이 제대로 기능하게 해주어야 한다(필요하다면 힘으로). 더 나아가 시장이 존재하지 않을 경우(땅, 물, 교육, 의료, 사회보장, 환경오염 같은 분야들에서), 필요하다면 그런 시장들을 만들어야 한다."

하비는 또 이렇게 말했다.

"일단 시장이 생기면 그 시장에 대한 국가의 개입은 최소한도로 이루어져야 하는데, 신자유주의 이론에 따르면, 국가는 시장 징후(가격)에 대한 정보를 충분히 가질 수 없는 데다 결국 힘 있는 이익단체들이(특히 민주주의 국가에서는) 자신들의 이익을 위해 국가의 개입을 왜곡시킬 것이기 때문이다."

이때 국가의 역할이 절대 필요한데, 바로 이 부분이 우리가 신자유주의에 관해 얘기할 때 가장 큰 혼란을 주는 부분 중 하나이다. 신자유주의와 관계 깊은 자유시장 경제는 일반적으로 그리고 또 적극적으로 반정부적인 입장을 취한다. 그러니까 정적들이 지지하는 '정부 지출을 위해 증세를 하는 큰 정부' 정책에 반대하고 '작은 정부' 정책을 지지하는 것이다. '세금 개혁을 위한 미국인'의 회장인 그로버 노퀴스트(Grover Norquist)는 이런 말을 했다.

"나는 정부를 혐오하고 싶진 않다. 난 그저 그 크기를 줄여 욕실로 끌고 들어가 욕조 속에 집어넣고 싶을 뿐이다."

그의 이 말이야말로 작은 정부 지지자들의 입장을 대변하는 것이다. 자연스러우면서도 순수한 시장과는 달리, 정부는 늘 굼뜨고 비효율적인 악한 존재로 취급당한다. 시장은 가격 메커니즘이라는 더없이 정교한 힘을 토대로 각종 자원을 적절히 할당하지만, 정부는 불완전할 수밖에 없는 지식을 토대로 승자들을 고른다. 따라서 적절치 못한 세금 부과는 신자유주의자들이 결사반대할 뿐 아니라 부도덕한 것으로 여기기까지 한다. 그러니까 국가가 당신이 합법적으로 번 돈을 세금이라는 이름으로 빼앗아가, 그걸 제대로 된 운영 지식도 없는 정부의 각종 대규모 사회 복지 사업에 '낭비'한다는 것이다. 각종 정부 서비스 운영에 '시장 메커니즘'을 도입해 모든 자원이 효율적으로 배분되도록 해야 하는 이유가 바로 여기에 있다.

그래서 신자유주의에는 분명 세금을 줄이기 위해서라는 명분 아래 보다 작은 정부를 요구하는 측면이 있지만, 그럼에도 신자유주의 경제 운용에는 국가의 역할이 필수적이며, 신자유주의 신봉자들이 반정부 구호를 외쳐대면서도 그렇게 주장하는 것이다. 닉 스르니첵(Nick Srnicek)과 알렉스 윌리엄스(Alex Williams)는 공동 저술한 자신들의 책『미래 만들기(Inventing the Future)』에서 이렇게 말했다.

"따라서 신자유주의의 중요한 역할은 국가에 대한 통제권을 되찾아 모든 걸 재설계한다는 것이었으며…… 신자유주의자들은 시장은 자연적인 것이 아니며, 따라서 그야말로 처음부터 다시 의식적으로 재건해야 하는 경우가 많다고 믿는다. 그러므로 신자유주의 체제에서 국가는 '자연적인' 시장을 만들어내는 아주 중요한 역할을 하게 되고……", "또한 국가는 이런 시장들을 유지하는 데 중요한 역할을 하며, 그래서 신자유주의자들은 국가를 상대로 국민의 재산권을 지키고, 각종 계약을 실행하고, 독과점 금지법을 시행하고, 사회적 반대를 억제하고, 물가 안정을 유지할 것을 요구한다.", "중앙은행들의 전례 없는 금융 시장 개입은 신자유주의 국가의 시대가 끝났으며, 또 어떻게든 시장을 만들어내고 유지하려는 신자유주의의 핵심 기능마저 사라졌다는 걸 보여준다."

그래서 반드시 이 점을 짚고 넘어가야 한다. 신자유주의의 핵심은 반정부주의이지만, 신자유주의의 정책을 제대로 실행하려면 정부를 활용할 수밖에 없다. 오늘날의 국가는 국가 수입을 재분배해 복지를 분배하는 일보다는 한때 시장이 불필요하다고 여겨졌던 분야에 새로운 시장을 만드는 일에 더 관심이 많다. 교육에서 취업 알선에 이르는 모든 것이 민영화되고 민간 기업들에 팔리고 있으며 영리 목적으로 운영되고 있다. 정부의 역할은 시장을 만들어 그 안에서 서비스 공급업자들이 경쟁하게 하는 것이다. 데이비드 하비는 이렇게 말했다.

"그간 우리는 한때 우리에게 있었던 특권들(연금 수급권, 의료 보험, 무료 교육, 만족스러운 사회 임금을 제공해주는 적절한 서비스들)이 야금야금 사라지는 걸 봐왔다. 이는 신자유주의 체제에서 정당화되고 있는 노골적인 강탈로, 현재 재정 건전성을 빙자한 각종 내핍 정책들로 점점 더 노골화되고 있다."

이런 예를 들자면 한도 없으니, 딱 한 가지 예만 들겠다. 한때 호주와 뉴질랜드, 영국, 유럽 등지에서는 정부의 취업 알선 사업이 바로 이 같은 새로운 시장 논리에 근거해 시행됐었다. 호주의 경우가 특히 심해 취업 알선 분야가 완전히 민영화되었다. 그 같은 민영화 작업은 1994년 폴 키팅의 노동당 정부에서 시작되어 1996년에 총리가 된 존 하워드의 보수당 정부에서 완료되었다. 마크 콘시딘(Mark Considine)과 제니 루이스(Jenny Lewis), 시옵헌 오설리번(Siobhan O'Sullivan), 엘스 솔(Els Sol)은 자신들의 공저인 『복지에서 노동으로(Getting Welfare to Work)』에서 이렇게 말하고 있다.

"키팅 정부는 노동 시장을 개편하기 위한 조치를 취하는 대신 호주의 복지 제도를 중심으로 개혁을 시작했다. 가장 큰 변화는 고용주들과 더 긴밀한 관계를 맺고 있다고 보이는 민간 업체들을 동원해 취업 알선을 촉진하기로 했다는 것이다. 또한 그 업체들은 구직자에게 더 나은 일자리 선택의 기회를 줄 목적으로 만들어진 모델에 따라 각 구직자를 어떻게 도울 것인지를 결정할 수 있는 더 큰 재량권을 갖게 되었다. 새로 생긴 취업 알선 업체들은 주어진 틀에 매인 프로그램 대신 최선의 결과를 도출해 가장 큰 이익을 거둘 수 있는 프로그램을 만들어냈다. 그들은 자유 시장 환경 속에서 운영됐고, 복지 수혜자 명단에 오른 구직자들에게 일자리나 직업 훈련 기회를 제공한 실적에 따라 정부로부터 돈을 받았다."

대부분의 신자유주의 과정들과 마찬가지로, 변화는 '개혁'으로, 또 개혁은 늘 '개선'으로 미화된다. 또한 개혁의 강점은 늘 시장 가치들이 그 토대가 된다. 민영화는 시장을 만들어내고, 그 안에서 영리 목적의 취업 알선 업체들은 서로 더 나은 서비스 제공 방법(개혁)을 찾아내려 경쟁을 벌이게 되고, '고객' 그러니까 복지 혜택을 받는 시민은 더 나은 결과(일자리)를 갖게 된다. 물론 정부도, 새로 생긴 민간 취업 알선 업체도 사람들에게 일자리를 보장해줄 수는 없다. 그리고 설사 일자리가 있다 해도, 남은 일자리를 누가 갖느냐를 결정하는 것은 고용주이다. 결국, 민간 취업 알선 업체에 돈을 지불하는 정부도 취업 알선 업체들 자신도 사람들에게 일자리를 보장해줄 수 없기 때문에, 그들은 그저 자신들이 가진 적절한 수단을 동원해 구직자들을 위해 '적극적으로 일자리를 찾고 있다'는 것만 보여주면 됐다. 『복지에서 노동으로』의 저자들은 이렇게 말했다.

"이 프로그램을 만든 사람들이 통제할 수 있었던 건 취업 알선 상호작용의 본질이었고, 그래서 구직자의 구직 동기가 프로그램 성과의 주요 동인으로 여겨졌다."

그러나 직업윤리가 작동 중인 세상에서는 일부 구직자들의 구직 동기가 확실치 않고(즉 게으르고) 그래서 모든 구직자가 준수해야 하는 원칙 같은 게 필요하다. 그래서 취업 알선 업무가 민영화되면서, 구직자들은 매주 몇 차례 입사 원서를 쓰고, 직업 훈련을 받고, 새로운 기술을 배우고, 이력서 작성법과 면접 요령을 알려주는 수업을 듣고, 그 밖에 구직자의 구직 의지를 보여줄 수 있는 다른 필요한 일을 해야 했다. 민간 취업 알선 업체는 정부가 통제하는 업체가 되었고, 정부의 역할은 복지를 제공하는 것에서 관리 감독하는 것으로 바뀌었다.

그러나 신자유주의는 국가의 제도를 새롭게 만드는 일 이상을 한다. 신자유주의의 논리는 경제를 어떻게 운영할 것인가 하는 범위를 넘어서며, 비경제적 행동에도 영향을 준다. 특히 일에 대한 현재의 우리 생각에도 영향을 주며, 레저 활동조차 신자유주의적 관점에서 보게 된다. 프랑스 철학자 미셸 푸코(Michel Foucault)는 신자유주의는 우리에게 마치 무슨 사업을 하듯 삶을 살게 강요하며, 그래서 야심과 계산 그리고 개인적 책임이라는 미덕을 향해 나아가도록 우리를 내몬다고 주장했다.

수동적인 자세를 취하는 건 신자유주의 철학에 맞지 않으며, 그래서 우리는 스스로 동기부여를 하고 자율적인 자세로 늘 자신 있게 우리 자신을 계발하고 주어진 삶에서 최선을 다할 것을 요구 받는다. 그리고 이 같은 자기 계발 속에는 거의 늘 일종의 소비(더 나은 집이나 자동차를 사는 일이든 아니면 더 많은 교육을 받는 일이든)가 포함되기 마련이다. 킹스칼리지런던의 문화, 미디어, 창조적 산업 학과의 조교수 크리스티나 샤르프(Christina Scharff)가 실시한 한 연구 결과는 신자유주의 철학을 내면화한 사람들이 어떤 변화를 겪는지를 잘 보여준다.

"그들은 마치 자신이 무슨 기업이라도 되는 듯, 자신을 위해 적극적인 투자를 하고 위험과 실패를 감수하고 긍정적인 자세를 취하고 약점을 숨겨야 한다고 스스로 다짐한다. 그러면서 사회의 구조적 불평등을 개선하려는 정치적 관점 같은 가치를 잃는 경우가 많다."

다시 말해, 신자유주의 철학을 내면화한 사람들은 사회 구조를 변화시키는 데서 정치적 해결책을 찾으려 하는 대신 그냥 모든 문제를 자기 자신이나 다른 사람들 탓으로 돌리고 만다는 것이다. 그러면서 그녀는 이렇게 말을 잇는다.

"경쟁이 점점 더 내면화되면…… 스스로 기업적인 자세를 취하는 사람들은 다른 사람들보다는 주로 자기 자신과 경쟁을 벌이게 된다. 그러면서 기업적인 자세를 취하지 않는 사람들을 내치고, 또 자신과 같은 가치를 갖지 못한 사람들은 게으르고 비효율적이며 나약한 사람으로 보려 한다."

이런 변화가 어떻게 우리의 관심을 집단적인 행동에서 개인적인 행동으로 바꿔놓는지를 생각해보라. 그 결과 우리는 일정 수준 정치와 멀어지게 되며, 그러면서 일에 대한 우리의 자세에도 변화가 오게 된다. 『미래 만들기』의 공저자인 닉 스르니첵과 알렉스 윌리엄스는 이렇게 말했다.

"그럼에도 우리는 점점 더 불안정한 상황으로 몰려가며, 점점 더 기업적인 성향을 갖게 된다. 우리는 살아가기 위해 돈이 필요해지고, 그래서 우리 자신을 마케팅하고, 동시에 두 가지 이상의 일을 하고, 집세를 내는 일에 스트레스를 받고, 식료품점에서 지출을 줄이려 하고, 사람들과 어울리는 일을 네트워크화하려 한다. 대안이 될 만한 전략이나 방침을 찾을 시간적 여유가 없으며, 그래서 정치적인 행동은 계속 뒤로 미룰 수밖에 없는 꿈이 된다."

작가이자 학자인 엘렌 우드(Ellen Wood)는 이렇게 말했다.

"선진화된 자본주의 사회에서 흔히 볼 수 있는 것처럼, 시장이 거대 복합 기업이나 다국적 기업들이 힘을 자랑하는 장에 지나지 않는다 하더라도, 시장은 여전히 모든 인간 가치와 행동과 관계를 꼭 필요한 것으로 만드는 강력한 힘을 갖고 있다. 아마 그 어떤 고대의 폭군도 자기 백성의 개인적인 삶(그들의 선택, 선호, 인간관계)을 그들의 일터에서는 물론 삶의 곳곳에서 이렇게 광범위하면서도 세밀히 파고들 순 없었을 것이다."

물론 이런 가치 중 상당수는 신자유주가 아닌 체제에도 존재하지만, 요는 이런 가치들이 그 어떤 체제에서보다 신자유주의 체제에서 더 강조되고 강화된다는 것이다. 우선 일의 경우를 보자면, 공적인 영역과 사적인 영역, 그리고 일과 노동 간의 경계가 흐려지는 일이 가속화되고 또 일반화된다. 삶에서 보상으로 주어지는 것들이 신자유주의적인 가치들이고, 가정에서 국가에 이르는 사회의 거의 모든 주요 집단이 다른 분명한 대안을 제시하지 못해 그런 가치들을 계속 지지하는 한, 신자유주의 외의 다른 존재 방식은 상상조차 하기 힘들다. 모든 걸 아우르는 신자유주의의 이런 특성 덕에 반대가 많이 누그러진다.

이것이 일의 현재와 관련해 의미하는 바는 무엇일까? 신자유주의의 영향에서 일어나는 일의 변화 가운데 가장 핵심적인 것은 불안정한 고용이 늘어난다는 점이다. 그러니까 지속적인 정규직 형태의 일 대신 특정 기간이나 특정 업무를 위한 임시직 형태의 일이 늘어나는 것이다. 이런 일은 '유연성'이라는 그럴듯한 이름으로 널리 행해지고 있으며, 경쟁을 극대화하고 시장 원칙을 삶의 곳곳에 스며들게 하려는 신자유주의 원칙을 그대로 반영한다. 많은 노동자는 이처럼 보다 '유연한' 근무 환경을 최대한 잘 이용하려 하지만, 일부 노동자는 불안하고 비참하다고 느낀다. 신자유주의자들의 입장에서 볼 때, 유연성은 국가가 보다 범세계적인 형태의 투자 발전을 제한하는 힘이라는 생각에서 나온 것이다. 가이 스탠딩의 말을 들어보자.

"그들은 세상을 점점 더 열린 곳으로, 그러니까 가장 조건이 좋은 곳으로 투자와 고용과 수입이 흘러가는 그런 곳으로 보았다. 그러면서 특히 유럽 국가가 2차 세계대전 이후 노동자 계급을 위해 만든 각종 사회 보장 제도를 철회하지 않을 경우, 그리고 또 노동조합들을 '길들이지' 못할 경우, 탈산업화(그 당시에는 새로운 개념이었음)가 가속화되고 실업자가 늘어나고 경제 성장이 둔화되고 투자가 줄어들고 빈곤이 확산될 거라고 주장했다. 그야말로 섬뜩한 예측이 아닐 수 없다."

가이 스탠딩은 신자유주의자들의 주장이 워낙 설득력 있었음에도 유연성에 대한 그들의 이런 접근방식은 노동자들과 그들의 가정을 위험과 불안 속에 밀어 넣었다고 말한다. 그는 또 이런 종류의 '유연성'에 노출되는 새로운 계급의 노동자 개념을 새로 제시했는데, 그것이 바로 precarious(불안정한)와 proletariat(프롤레타리아)가 합성된 프레카리아트(precariat)였다. 물론 이 용어는 유연성에 노출된 노동자들을 하나의 계급으로 볼 수 있느냐 하는 점 때문에 비판의 소지도 있지만, 일의 본질에 나타난 변화를 설명하는 약어로는 아주 유용하다. 나 역시 프레카리아트라는 용어는 별로 좋아하지 않지만, 좀 더 살펴볼 필요는 있다.

국제화된 신자유주의의 세계는 여러 계층으로 나뉜다. 프레카리아트도 그중 하나이다. 꼭대기에는 '우주 위에 군림하는 엄청나게 돈 많은 극소수의 글로벌 시민으로 이루어진' 엘리트 계층이 있다. 그 아래엔 안정적인 정직원 자리에 연금을 받으며 유급 휴가를 가고 각종 사내 복지 혜택을 받고 가끔 국가로부터 보조금까지 받는 봉급생활자 계층인 샐러리아트(salariat)가 있다. 이 샐러리아트는 주로 대기업 직원이거나 아니면 정부 기관에 속한 공무원들이다. 그 바로 밑에는 professional과 technician의 전통적인 의미가 합쳐진 전문가나 기술자 계층인 프로피시언(profician)이 있는데, 각종 컨설턴트나 독립적인 자영 노동자처럼 스스로 마케팅할 만한 기술을 갖고 있거나 계약에 따라 고소득을 올리는 사람들도 여기에 포함된다. 이 프로피시언들은 한 기업에서 풀타임으로 일하거나 장기 근무를 할 생각 없이 자유로운 신분으로 일한다. 일반적인 고용 관계는 그들과는 상관없는 것이다. 그리고 이들 밑에는 오래전부터 내려오는 전형적인 '노동자 계층'인 육체노동자 집단이 있다. 복지 국가는 이들을 염두에 두고 건설된 것이며, 각종 노동 규약 역시 이들을 염두에 두고 만들어진 것이다. 하지만 지금 이 노동자 계층이 쪼그라들고 있고 사회적 연대감도 상실하고 있다. 이들 네 개의 계층 밑에, 그리고 실업자들이나 소외된 사회 부적응자들 위에 있는 계층이 바로 프레카트리아트이다.

가이 스탠딩은 프레카트리아트는 빈곤 노동자들이라는 개념으로 봐서도 안 되고, 자신들도 어쩔 수 없는 불안정한 일자리라는 환경의 희생자들로 봐서도 안 된다고 말한다. 적어도 프레카트리아트의 일부는 오히려 자신들에게 주어진 운명을 만족스러워하며, 적극적으로 새로운 형태의 고용 환경에 적응하려 한다. 일의 유연성이란 개념에서 생겨난 형태의 일을 정규직 일보다 더 좋아하며, 비록 근무 여건은 불안정하지만 자기 자신이나 가족을 부양할 수 있는 정도의 수입도 올린다. 이들에 대해 가장 정확히 얘기하자면, 이들이 사회민주주의 정당과 노동조합들이 추구하는 이상적인 고용 형태의 7가지 조건과는 거리가 멀다는 것이다. 가이 스탠딩은 그 7가지 조건을 이렇게 말하고 있다.

■ 노동 시장 안정성. 이를 위해 정부는 완전 고용을 위해 노력

해야 한다.

- 고용 안정성. 이를 위해 고용주 마음대로 노동자를 해고하는 걸 방지할 수 있어야 한다.
- 일자리 안정성. 이를 위해 훈련받은 기술들을 사용할 기회가 있어야 하고 승진도 할 수 있어야 한다.
- 일 안정성. 이를 위해 질병과 사고 예방, 건강과 안전 예방, 적절한 근무 시간에 대한 기대, 부상을 입었을 때의 보상 등이 가능해야 한다.
- 기술 재생산 안정성. 이를 위해 현재 기술을 업그레이드시키거나 새로운 기술을 배울 가능성이 있어야 한다.
- 수입 안정성. 이를 위해 임금이 적절한 수준으로 정해져야 하며, 필요에 따라 조정되진 않더라도 임금 변동이나 사회 보장, 개선된 세금 제도 등에 의해 보완되어야 한다.
- 대표성 안정성. 이를 위해 노동자들이 집단을 이루어 파업할 수 있는 권리를 가질 수 있어야 한다.

다시 한 번 강조하지만, 불안정한 고용과 관련된 모든 게 나쁜 것은 아니다. 예를 들어, 가이 스탠딩이 말하는 프로피시언에 속하는 사람들이 실제로 번성할 수도 있다. 그가 말하고자 하는 핵심은 이런 것이다. 뭔가 적절한 도피 수단이 없을 때 거의 모든 사람이 일자리가 불안정해지는 것에 불안감을 느낄 것이며, 프레카트리아트는 동질성을 가진 집단은 전혀 아니지만, 자신들의 노동력이 수단

(살기 위한)으로 전락하는 등 불안감을 느낀다는 점에서는 대동소이하다는 것 말이다.

그러나 여기서 정말 주목해야 할 것은 불안정 고용이라는 개념이 이른바 '주류 정치' 안에서 어느 정도까지 일반화되었느냐 하는 점이다. 이는 미국 대통령 버락 오바마가 2016년 1월 의회에서 행한 마지막 시정 연설에 특히 잘 드러나 있다. 그는 자신의 얘기를 특히 기술 혁신에 의한 변화와 연결 지으며 다음과 같이 말했다.

"우리는 아주 특별한 변화의 시대에 살고 있습니다. 살아가는 방식과 일하는 방식은 물론 우리나라와 이 지구에 이르는 모든 걸 바꿔놓는 변화죠. 놀라운 의학적 발전을 약속하는 변화이기도 하지만, 노동자 가족들에게는 부담을 주는 경제적 변화이기도 합니다. 이 변화로 이제 그야말로 산간벽지의 소녀들도 교육을 받을 수 있게 됐지만, 바다 건너 사는 테러리스트들끼리 무서운 음모를 꾸밀 수도 있게 됐습니다. 그야말로 기회를 넓혀줄 수도 있고 불평등을 확산시킬 수도 있는 변화입니다. 그리고 좋든 싫든, 이 변화는 앞으로 더 가속화될 것입니다."

그는 신자유주의 체제의 특성을 너무도 잘 집어내고 있지만, 그렇다고 어떤 대안을 제시한다는 느낌은 없으며, 변화로 인해 어떤 문제가 발생하든 그저 현상을 있는 그대로 인정하고 있을 뿐이다. 그의 말을 좀 더 들어보자.

"오늘날 기술은 단순히 조립 라인 상의 일들을 대체하고 있을 뿐 아니라, 자동화가 이루어질 수 있는 모든 일을 대체하고 있습니다. 글로벌 경제 속에서 기업들은 세계 어디에서든 사업을 할 수 있게 되었고 그만큼 경쟁은 더 치열해지고 있습니다. 그 결과 노동자들은 점점 더 임금 인상을 요구하기가 힘들어지고 있습니다. 기업들은 예전만큼 자신이 속한 지역에 충성스럽지 않습니다. 그리고 부와 소득은 점점 더 극소수의 사람에게 집중되고 있습니다……. 다른 모든 사람의 경우, 특히 40대나 50대의 경우, 은퇴 후에 대비해 저축한다거나 다시 일자리를 잡는다는 게 훨씬 힘들어졌습니다. 미국인들은 이제 직장 생활 도중 언젠간 구조조정을 당하게 되고 재취업을 위한 직업 훈련을 받아야 할지도 모른다는 걸 잘 압니다. 그러나 미국인들이 애써 이룩해온 것들을 그렇게 다 잃게 돼선 안 됩니다."

오바마는 그가 말하는 이런저런 문제를 어느 정도까지는 일종의 개선 형태로 해결할 수 있을 것이다. 점점 불안정해져 가고 있고 점점 더 첨단화되고 있는 노동 시장에서 경쟁을 하려면 교육이 그 열쇠 역할을 한다. 그는 이렇게 말했다.

"물론 위대한 교육이 이 새로운 경제 속에서 우리가 필요로 하는 모든 건 아닙니다. 우린 기본적인 안정성을 제공해줄 각종 혜택과 예방책을 마련해야 합니다. 열심히 일한 한 미국인이 일자리를 잃는다면, 우린 그에게 실업 보험을 제공해주는 것으로 끝내선 안 되며, 그를 고용해줄 기업에 재취업할 수 있게 훈련을 받을 수 있는 프로그램도 제공해주어야 합니다. 만일 그 새로운 일자리가 예전만큼의 수입을 보장해주지 못한다면, 필요한 생활비를 충당할 수 있게 해줄 임금 보험 제도가 있어야 합니다. 그리고 설사 이 일 저 일을 전전한다 해도, 그는 여전히 은퇴 후를 대비해 저축할 수 있어야 합니다. 우리가 새로운 경제를 모든 사람에게 더 좋은 것으로 만들려면 그렇게 해야 합니다."

다시 말해, 오바마는 일이 계속 불안정해져 가는 것이 당연시되고, 평생 이 일자리에서 저 일자리로 옮겨 다니는 것이 일반화되며, 그래서 재훈련이 필요하다면 그렇게 해야 그런 새로운 경제 체제를 제안하고 있는 것이다. 그러나 일자리가 부족해져 이처럼 불안정한 고용이 일반화되는 상황에서도 변하지 않는 것이 있으니, 그것이 바로 직업윤리이다. 마치 고용의 물리적 조건들은 2차 세계대전 이후 번영기 이래로 전혀 변한 게 없다는 듯, 열심히 일하며 열심히 경력을 쌓는 일은 여전히 높이 평가되는 가치이며, 그래서 너무 게을러 일자리도 찾지 않는다고 여겨지는 사람들은 여전히 경멸당하고 있다.

오바마의 연설에는 '열심히 일하는 미국인들'이니 '열심히 일하는 사람은 그에 합당한 대우를 받아야 한다는 우리 미국인들만의 독특한 믿음'이니 하는 말들이 자주 나온다. 열심히 일하는 것이 곧 보상받을 일이라는 걸 분명히 하면서, 은연중에 노동자들을 보상받을 만한 노동자와 보상받지 못할 노동자로 나누고 있는 것이다. 그러니까 그는 근무 환경이 극도로 불안정한 상황이라는 것을 인정하면서도, 일에 대한 바람직한 접근방식과 신자유주의 철학들을 구현하는 접근방식을 동일시하는 것이다. 이처럼 막스 베버의 직업윤리는 여전히 살아 있다. 그러나 이걸 잊지 말라. 이제는 열심히 일한다는 것이 어떤 일에 기꺼이 헌신하며 자신의 능력을 최대한 발휘한다는 의미가 아니며, 시장의 요구에 따라 기꺼이 이 일자리에서 저 일자리로 끝없이 옮겨 다닐 수 있어야 한다는 의미이다. 이제는 집단으로 공동 프로젝트(한 경력 또는 일자리)에 헌신하는 것이 미덕이 아니며, 시장의 힘이 던져주는 다양한 일자리들에 개인적으로 자신을 마케팅할 수 있는 것이 미덕이다.

여기서 이런 의문이 생긴다. 우리는 왜 열심히 일하면 그만한 보상이 따른다는 생각 속에 함축된 그런 안정감도 주지 못하는 일에 헌신하는 것일까? 앞서도 말했듯, 열심히 일한다는 건 이제 더는 일을 잘한다는 의미가 아니며, 호주 정부의 실업자 대책 캐치프레이즈처럼 '일에 준비가 된' 사람이 된다는 의미이다. 우리가 하는 일의 대부분이 사실상 별 의미가 없는 일이며, 또 많은 일이 인류학자 데이비드 그레이버(David Graeber)의 말처럼 '엉터리 일(bullshit job)'이라는 걸 고려하면, 딜레마는 훨씬 더 커진다.

데이비드 그레이버는 일의 이 같은 도덕적 측면을 정면으로 다루고 있으며, 우리가 원치 않아 그렇지 기술은 이미 많은 일을 없애버릴 만한 수준에 도달해 있다고 주장한다. 그러니까 실제 그런 일이 일어나지 않는 건 순전히 '도덕적이고 정치적인' 이유 때문이라는 것이다. 그는 이렇게 말했다.

"지배 계층은 생산을 담당해야 할 사람들이 자유 시간이 많아져 행복해지면 도덕적으로 해이해진다고 생각한다."

이런 관점에서 보면, 일은 인류의 번영에 꼭 필요하다는 생각은 내면화된 진리일 뿐 아니라 지배 계층 입장에서 볼 때 더없이 편리한 통제 수단이기도 하다. 그래서 우리는 불필요한 일자리들을 없애는 기술 대신 언제 없어져도 아쉽지 않을, 그러니까 '엉터리 일'이라 해도 좋을 일들을 만들어냈다. 데이비드 그레이버의 분석은 이 모든 상황을 만들어낸 실제 메커니즘을 알아내기엔 뭔가 부족한 면이 있지만, 그는 다음과 같이 일이 가진 궁극적 유용성에 대해 적절한 지적을 했다.

"일하는 시간을 대폭 줄여 전 세계 모든 사람이 자유롭게 각자 자신의 프로젝트와 즐거움, 비전, 아이디어를 추구하게 하는 대신, 우리는 행정 분야는 물론 서비스 분야를 늘려왔다. 그러니까 금융 서비스나 텔레마케팅 같은 새로운 분야를 만들어내고, 법인, 학계와 의료계 행정, 인적 자원, 홍보 같은 분야를 전례 없이 대거 확장했고⋯⋯. 이런 새로운 분야를 지원하는 행정, 기술, 보안 지원 같은 일자리를 늘렸으며⋯⋯. 자본주의 체제에서는 모든 게 꼭 이렇게 되진 않을 수 있다. 그러나 구소련 같이 비효율적인 사회주의 국가에서는⋯⋯ 체제 덕에 필요한 만큼의 일자리를 만들어냈다⋯⋯. 그러나 물론 이런 현상이야말로 시장 경쟁이 바로잡아야 할 문제이기도 하다⋯⋯. 그런데도 어쨌든 그런 일은 일어난다."

데이비드 그레이버는 그런 일들이 별 의미 없는 일이라는 자신의 생각에 반대하는 사람들도 있을 거라는 점을 인정한다. 그러면서도 그는 때론 직접 그런 '엉터리 일'을 하는 노동자들조차도 자신이 하는 일이 별 의미가 없다는 걸 인정한다고 주장한다. 따라서 노동에는 내재된 존엄성이 있다는 생각을 약화시키고 '깊은 분노와 적개심'을 야기할 수 있는 '뿌리 깊은 심리적 폭력'이 존재한다. 그리고 자신들이 하는 일이 '엉터리'라고 생각지는 않지만, 그러면서도 실제 일하지 말고 일하는 것처럼 보이게만 하라는 압력이 있다는 걸잘 아는 사람들, 그래서 실제 필요한 일을 하기보다는 일하는 것처럼 보이게 하는 데 더 많은 시간을 쓰는 사람들은 얼마든지 찾아볼 수 있다. 그런 행동은 눈에 잘 띄게 마련이며, 그래서 사람들은 그게 무슨 훈장이라도 되는 양 종종 자신이 많은 일을 한다고 떠벌려대든가 아니면 불만 불평을 늘어놓는다.

이제까지 나는 주로 선진국에서의 일에 대해 초점을 맞춰왔는데, 비교적 부유한 나라들의 관점에서만 오늘날의 일을 들여다볼 경우 뭔가 사실을 왜곡시킬 수 있다. 게다가 선진국에서의 일을 '엉터리 일'로 본다는 것은 일종의 사치이기도 하다. 신자유주의가 갖고 있는 전 세계적인 특징은 오늘날의 노동자들은 국경을 초월하는 노동 시장에서 경쟁을 벌인다는 것이며, 그래서 우리는 이 같은 일의 현재 상황을 제대로 알지 못할 경우 일의 미래 역시 알 수가 없다. 따라서 시각을 보다 세계적인 관점으로 넓힌다면, 현대 노동 시장의 핵심적인 요소가 점점 늘어가는 과잉 인구이며, 그 과잉 인구에 속한 사람들이 갈수록 더 공식적인 경제에서 배제되고 있다는 강력한 증거를 찾을 수 있다.

사회학자 사스키아 사센(Saskia Sassen)은 점점 커지는 불평등과 관련해서는 물론, 상승효과가 큰 자본의 세계화와 기술력의 급증

같은 새로운 현상을 설명하면서 '배제'라는 용어를 쓰고 있다. 이 상승효과를 평등, 가난, 기술적 능력의 상승으로 보는 것은 더 큰 흐름을 놓치는 것이다. 그리고 더 큰 흐름이란 특정 개인들보다는 세계 경제는 물론 국가 경제 운용 방식의 조직적인 변화들과 더 관계가 깊다. 내가 앞서 말했듯, 신자유주의의 가장 중요한 특징은 더 작은 정부를 추구하는 데 있지 않고 정부와 새로운 관계를 맺는 데 있다. 사스키아 사센은 '배제'는 다양한 기술, 시장, 금융 혁신 등에서 나타난다고 말한다. 사스키아 사센은 모든 것의 효과는 불평등과 배제의 형태로 나타나며, 그 극단적인 예가 전 세계적인 빈곤이라며 이렇게 말했다.

"부유한 국가들에서 볼 수 있는 중산층의 빈곤, 2006년 이후 외국 투자가들과 정부들이 2억 2,000만 헥타르의 땅을 사들이면서 발생한 수백만 영세농의 축출, 미국과 러시아 등 여러 나라에서 행해지는 파괴적인 채굴 관행 등이 그 좋은 예이다……. 그 외에 수없이 많은 난민이 공식적이고 비공식적인 난민촌에 수용되어 있고, 부유한 국가에서는 소수 집단에 속한 사람들이 감옥에 갇혀 있으며, 몸이 튼튼한 실직 남성과 여성들이 빈민촌에서 살고 있다. 이 같은 배제 현상은 오래전부터 있었지만, 최근 들어 그 규모가 더 커지고 있다. 그 가운데 일부는 전혀 새로운 형태의 배제로, 이를테면 미국에서는 900만 가구가 10년 안팎의 짧은 기간 동안 주택 위기로 담보물로 잡혀 있던 집을 압류당했다. 간단히 말해, 이 같은 배제는 그 특징과 내용 그리고 발생 장소가 전 세계적으로 사회적·물리적 조건에 따라 그야말로 천차만별이다."

마이클 D. 예이츠(Michael D Yates)는 자신의 저서 『거대한 불평등(The Great Inequality)』에서 2013년 이후의 국제노동기구(ILO) 통계 수치들을 인용해가며 이를 더 구체적으로 설명하고 있다. 그의 말에 따르면, 국제노동기구에서는 세 가지 범주, 즉 실업, 빈곤 노동, 취약한 고용으로 나누는데, 그 범주에 속한 사람들의 사정은 대공황 이후 조금 개선되긴 했지만, 특별히 개선된 건 아무것도 없다고 한다. 전 세계적인 불안정 고용, 일자리 찾는 걸 중단한 노동자들로 인한 경제활동 참가율 저하, 저임금 등은 개선된 게 거의 없는 것이다. 국제노동기구의 통계 수치를 보면, 전 세계 34억 명의 노동 인구 가운데 6% 즉, 2억 400만 명이 실직 상태이며, 그 수치가 세계적인 금융 위기와 함께 온 최악의 불경기로 2009년에는 7.1%까지 올라갔다. 최근 통계 수치들에 따르면, 약 8억 3,900만 명이 공식적인 빈곤 노동자(하루 소득이 2달러 미만) 계층에 속하고, 무려 48%의 사람이 '취약한 고용 상태'에 있는 것으로 여겨진다. 마이클 D. 예이츠는 이는 곧 약 15억 명이 위험하다고 말할 수 있는 상태에서 일하는 것이라고 말한다.

이 통계 수치들만으로는 그리 두려워할 만한 상황이 아니라고 본 것처럼, 그는 두 가지 점을 더 강조한다. 첫째, 전 세계 대부분 지역에서 실업이나 다른 사회 복지 프로그램들과 관련된 안전망이 없다는 것이다. 이는 곧 실업은 죽음을 뜻하며, 그래서 사람들은 어쩔 수 없이 근무 여건이 아무리 열악하다 해도 무슨 일이든 할 수밖에 없다는 얘기이다. 둘째, 빈곤 노동의 범주는 취약한 고용의 범주와 겹치는 부분이 있으며, 그래서 자영업을 하는 사람들은 취약하면서 동시에 빈곤할 수도 있는데, 그런데도 여전히 노동 인구의 일부로 여겨진다. 한편 집안일을 도와 돈을 받지 않고 일하는 사람은 공식적인 취약자 계층이며, 노동 인구의 한 사람으로 계산되지 않는다. 따라서 공식적인 통계 수치는 문제를 정확히 반영하지 못할 수도 있다.

게다가 이 암울한 통계 수치에 한 가지를 더 더해야 한다. 그러니까 국제노동기구의 통계 수치에 따르면, 현재 세계에는 5세에서 17세에 이르는 아동 노동자가 적어도 1억 6,800만 명이 있는 것이다. 2009년 이래 괄목할 만한 개선이 있었음에도, 이는 여전히 해당 연령층의 모든 아동 가운데 11%나 되는 수치이다. 결국, 약 8,500만 명의 아동이 마약 밀매와 무력 분쟁, 노예, 섹스 관련 일, 그리고 건설, 벽돌 제조, 카펫 제조같이 사람을 병들게 하고 위험한 일 등에 시달리고 있다. 그뿐 아니다. 일하는 아동들은 시 외곽 지역에 살거나 아니면 어쩔 수 없이 자신들의 시골집을 떠나 살아야 하는 경우가 많다. 때로는 자기 부모들에 의해 '임대'되어 도시 안에서 노예 생활을 하기도 한다. 그 부모들은 주로 소작농들로 무려 20억 명이나 되며, 그들의 미래는 점점 더 불안정해져 가고 있다. 그들과 땅의 관계는 해가 거듭될수록 더 희박해져 가고 있으며, 수백만 명이 도시로 이주해 사회학자 마이크 데이비스(Mike Davis)가 말하는 '슬럼가로 뒤덮인 지구'의 시민이 되어간다. 경제 성장이 아무리 되어도 그들은 노동 계층보다 훨씬 못한 전통적인 프롤레타리아 계층으로 떨어질 것이다. 이것이 일의 현재이다.

노동 시장은 세계화되었고, 그런 시장에 일자리보다 노동자가 더 많다. 노동자들은 갈수록 더 불안정해져 가는 일에 종사한다. 여전히 엄청나게 많은 아동이 포함된 전 세계 노동자는 아주 열악한 환경에서 일한다. 과잉 인구는 배제되어 감옥이나 임시 수용소, 슬럼가로 보내진다. 기술 덕에 공적인 영역과 사적인 영역, 직장과 가정 간의 경계가 허물어지고 있으며, 일자리에서의 작업 일정과 개인적인 가정생활 또한 그 경계가 사라지고 있다. 이 모든 게 신자유주의라는 경제 체제에 의해 뒷받침되고 있고, 시장의 가치들이 삶의 모든 측면 속에 통합되어, 우리는 점점 불안정해져 가는 직업 시장에서 자신 스스로를 마케팅하기 위해 끊임없이 자기계발을 해야 하는 일종의 개인 기업가들로 변해가고 있다.

신자유주의는 '작은 정부'를 설파하는 경제 체제이지만, 실제로는 정부를 자기 체제 내에서 중심적인 역할을 하는 존재로 만들고 있다. 이런 이유로 공적 자금을 공공 투자(의료와 교육 등, 복지 국가 인프라 구축에 필요한 모든 투자)에서 민간 투자(직접 보조금, 막대한 조세 부담, 정부 기업의 민영화 등의 형태로)로 전환하는 것도 가능해졌다. 그러나 각 개인이 자신이 하는 일에 대해 얼마나 만족스러워하든, 또 어떤 사람들이 얼마나 큰 성공을 하게 되든, 우리의 일을 뒷받침해주는 사회 구조들은 점점 불안정해져 가고 그 결과 고용이 점점 더 불안정해져 간다는 사실에는 변함이 없다. 게다가 일이 점점 불안정해져 가고 있음에도 불구하고, 일의 현재를 보면 여전히 엄격한 직업 윤리가 작동 중이고, 일자리를 갖는 것이 단순히 경제적으로 필요한 일일 뿐 아니라 도덕적 의무이기도 하다.

여기서 다시 우리는 로봇이 우리 일을 빼앗아 갈 것인가 아닌가 하는 의문이 부적절하다는 걸 볼 수 있다. 이미 현재의 경제 체제는 전 세계적으로 과잉 노동력을 양산하고 있기 때문에, 우리는 미래의 기술적 실업에 대한 그 어떤 가상적인 추측보다 그 문제에 더 관심을 집중해야 한다. 그러나 기술적 실업 문제는 잠재적으로 중요한 역할을 할 수도 있는데, 그것은 그 문제 덕에 우리가 여러 다른 방식으로 이 문제들을 볼 수 있기 때문이다. 기술 때문에 많은 일자리가 없어지고 있지만, 또 그만큼 많은 일자리도 만들어지고 있다는 입장도 있지만, 오바마 미국 대통령이 의회에서 행한 시정 연설에서 드러난 것처럼 불안정한 일이 고용의 미래라는 걸 받아들이는 입장도 있다. 따라서 일종의 경험적 현실을 토대로 기술적 실업의 가능성 문제를 직접 들여다보는 것은 한 방법이다. 그러자면 두 가지 중요한 의문이 제기된다. 과연 로봇이 내 일자리를 빼앗아 갈 것인가? 그리고 과연 내 휴대폰 애플리케이션이 내 일자리를 빼앗아갈 것인가?

로봇이
인류의 일자리를
사라지게 만들까?

Will a robot take my job?

Chapter 3

"내가 보기엔 다섯 대의 컴퓨터를 위한 세계 시장이 있는 거 같다."

- 토마스 J 왓슨(Thomas J. Watson), IBM 회장, 1943년

여기 간단한 퀴즈가 하나 있다. 안무가, 작업 치료사, 수족 치료 전문가, 특수교육 교사, 패션 디자이너. 이 5가지 직업에는 어떤 공통점이 있는가? 텔레마케터, 시계 수리공, 모델, 보험회사 손해 사정인, 법률 비서. 이 5가지 직업의 경우는 또 어떤가?

퀴즈의 답을 찾는 데 도움을 주기 위해, 이 직업 리스트는 각종 도서와 미디어에서 엄청난 관심을 끈 한 보고서에서 나온 것들로, 일의 미래에 관해 논의할 때 반드시 언급된다는 사실을 밝혀야겠다. 그 보고서는 바로 〈고용의 미래: 일자리들은 얼마나 컴퓨터화에 취약한가?〉(The Future of Employment: How susceptible are jobs to computerization?)〉로, 옥스퍼드대학교 옥스퍼드 마틴 스쿨의 칼 베네딕트 프레이(Carl Benedikt Frey)와 마이클 A 오스본(Michael A Osborne) 교수가 쓴 것이다. 이 보고서에서 두 사람은 미국의 노동 시장을 자세히 조사해, 자동화될 가능성에 따라 총 702개의 일자리로 분류했다. 그 보고서의 내용은 이렇다.

"우리는 모든 직업을 컴퓨터화될 가능성에 따라 위험성이 높은 직업, 중간인 직업, 낮은 직업으로 구분했다. 우리는 실제로 자동화될 직업의 수는 추정해보려 하지 않았으며, 불특정 기간 동안 일어날 가능성이 있는 직업 자동화에만 관심을 두었다. 우리의 추산에 따르면, 미국 전체에서 이루어진 고용 가운데 약 47%는 위험성이 높은 직업 범주에 들어 있다. 우리는 그 직업들을 위험한 직업, 그러니까 비교적 이른 시기, 즉 향후 10년에서 20년 이내에 자동화될 거라고 예측되는 직업으로 본다."

이해가 되는가? 그들이 조사한 720개의 직업 가운데 거의 절반이 향후 10년에서 20년 안에 자동화될 가능성이 높다는 것이다.

이제 아마 퀴즈 정답을 알아냈을 것이다. 위에서 나열된 첫 번째 5가지 직업은 보고서에서 조만간 자동화될 가능성이 가장 적다고 본 직업들이다. 두 번째 5가지 직업은 앞으로 10년에서 20년 내에 자동화될 가능성이 가장 높은 직업들이다. 이 두 가지 리스트 사이에 다른 690가지 직업이 들어 있다. 그리고 만일 당신에게 자식들이 있고 일의 미래가 그 자식들에게 어떤 영향을 줄지 걱정된다면, 이 보고서를 읽는 게 상당히 두려울 것이다. (이 보고서는 온라인상에서,

그러니까 구글 같은 데서 그 제목을 검색해 자유롭게 읽을 수 있다.)

각종 문헌에서 자주 인용되고 있는 이 보고서의 핵심은 이렇다. "컴퓨터화는 역사적으로 규칙 기반 활동들이 포함된 일상적인 일에 국한되어 일어났다. 빅 데이터 알고리즘은 현재 빠른 속도로 패턴 인식과 관련된 분야들을 파고들고 있으며, 폭넓은 비일상적 인지 작업의 경우에서도 인간의 노동을 대체할 가능성이 높다."

다시 말해, 반복적이고 단순한 육체노동뿐 아니라 더 복잡한 생각을 해야 하는 언론계나 법조계 같은 화이트칼라 직종의 일들도 자동화될 가능성이 있다는 것이다. 뉴스 기사를 쓰거나 판례를 찾는 소프트웨어는 이미 사용 중이다. 실제로 미국 최대의 법률 회사 중 하나인 베이커호스테틀러(BakerHostetler)는 최근 파산 사건들을 다루는 데 도움을 주는 ROSS라는 로봇을 채용했다. 〈워싱턴 포스트〉에 실린 한 기사는 이 ROSS 로봇이 많은 법률 문서들을 샅샅이 뒤져 회사가 맡은 사건들을 해결하는 데 도움을 주게 된다면서, 원래 그런 법률 연구 작업은 대학을 갓 졸업한 변호사들이 처음 하는 일이라고 다소 암울한 말을 덧붙였다.

최근 들어 고용이 늘어온 일자리가 대부분 서비스 업종이라는 걸 고려할 때, 자동화로 인해 야기되는 문제는 생각보다 훨씬 더 심각하다. 지난 몇 년간 일의 미래와 관련해 깊은 우려를 자아낸 것이 실은 화이트칼라 직종에서의 기술적 실업 문제라고 해도 과언이 아니다.

일의 미래를 연구하는 사람들은 예측할 때 몇 가지 전제(그들은 한계라고 함)를 내거는데, 우린 그 전제들을 제대로 알 필요가 있다. 첫 번째 전제는 자신들의 분석에서는 기술 비용이나 노동 비용은 고려되지 않는다는 것이다. 만일 노동이 귀하다면 당연히 노동 비용이 올라갈 것이며, 그럴 경우 기업들은 사람을 채용하는 대신 기술에 더 많은 투자를 하려 할 것이다. 이것은 경제학 원론에 나올 뻔한 얘기지만, 예측한다는 건 여러 다른 요인 때문에 쉽지 않으며, 그래서 그들은 예측이 자신들의 능력 밖의 일이라고 말한다.

두 번째 전제는 그들이 자동화 도입과 관련해 정부 규제나 지역사회의 영향력 등은 전혀 고려하지 않는다는 것이다. 각 지역 사회에서 국가, 그리고 세계에 이르는 다양한 집단이 있다는 걸 생각하면, 각 집단이 자동화라는 문제에 어떤 식으로 대응할지를 예측할 방법은 사실상 없다. 아마 각기 아주 다를 것이다. 마찬가지로, 각 지역 사회의 반응은 알 길이 없는데, 여러 형태의 자동화 또는 우버(Uber)나 태스크래빗(TaskRabbit) 같은 이른바 '긱 경제(gig economy)' 혁신에 대해 대중이 저항하느냐 아니면 묵인하느냐에 따라 특정 지역 사회가 새로운 기술을 받아들이는 속도에 차이가 생길 것이다.

마지막 전제는 미래를 예측하는 일은 몹시 어려우며, 그래서 모든 게 어찌 변할지 예측하려는 시도에는 늘 절대 알 수 없는 요소들이 있다는 것이다. 특히 일의 미래를 연구하는 사람들은 이렇게 강조한다.

"우리의 확률 수치들은 어떤 직업이 완전히 자동화될 가능성을 보여주는 것이기 때문에, 우리로서는 인간의 노동력을 다른 작업으로 돌리게 해주는 작업의 컴퓨터화로 인한 직업 내 변화는 알 수가 없다."

이런 전제나 한계에도 불구하고, 옥스퍼드대학교 옥스퍼드 마틴 스쿨의 연구원들은 미국 내 전체 일자리의 47%는 앞으로 20년 안에 사라질 위험이 아주 높다는 보고서를 발표했고, 당연히 사람들은 관심을 보였다. 신중하고 철저한 분석 기사보다는 자극적인 기사에 관심이 많은 언론의 속성상, 언론을 통해 소개되는 이 보고서의 충격파는 더 컸다. 이 보고서에는 몇 가지 전제가 있다고는 하지만, 그렇다고 해서 이 보고서에 담긴 핵심적인 사실이 크게 변하진 않은 것이다. 2016년에 태어난 아이가 대학을 졸업할 때쯤이면 오늘날 존재하는 일자리의 47%가 사라질 위험이 아주 높다는 사실 말이다.

파급 효과가 아주 컸고 또 지금도 자주 인용되는 또 다른 보고서로는 MIT 대학교수 에릭 브린졸프슨(Erik Brynjolfsson)과 앤드류 맥아피(Andrew McAfee)가 작성한 〈제2차 기계 시대(The Second Machine Age)〉가 있다. 앞서 말한 옥스퍼드 마틴 스쿨의 보고서와 마찬가지로, 이 보고서 역시 유명 대학의 저명한 학자들이 발표한 심층 보고서이며, 그래서 파급 효과가 클 수밖에 없다. 또한, 옥스퍼드 마틴 스쿨 보고서의 저자들과 마찬가지로, 에릭 브린졸프슨과 앤드류 맥아피 역시 많은 일자리가 비교적 짧은 기간 내에 사라질 위험이 높다는 생각을 견지하고 있다. 두 사람의 말을 들어보자.

"점점 가속화되는 급격한 디지털화는 환경 문제보다는 경제적인 문제를 초래할 가능성이 높다. 컴퓨터는 갈수록 더 강력해지고, 그래서 기업들의 경우 일부 노동자에 대한 필요가 줄어들 수밖에 없다. 기술 발전은 그 발전 과정에서 일부 사람을, 아니 어쩌면 훨씬 더 많은 사람을 도태시킬 것이고…… 특수한 기술을 갖고 있거나 적절한 교육을 받은 노동자에게는 더할 수 없이 좋은 기회가 주어질 것이다. 그들의 경우 기술을 이용해 가치를 만들어내고 잡을 수 있기 때문이다. 그러나 일반적인 기술이나 능력밖에 없는 노동자들에게는 더없이 혹독한 시간이 될 것이다. 지금 컴퓨터와 로봇, 그리고 그밖에 다른 디지털 기술이 엄청나게 빠른 속도로 그들의 그런 기술을 습득하고 있기 때문이다."

상대적으로 희귀한 고숙련 일자리, 점점 나아지는 컴퓨터 성능, 특정한 사무직 작업을 수행하는 또 다른 형태의 자동화 등으로 일자리 시장에는 양극화 현상이 일어나게 되는데, 그런 양극화 현상에 대한 얘기야말로 일의 미래에 대해 논의할 때 자주 나오는 얘기이다. 그럼에도 또 어떤 사람들은 자동화와 로봇 공학 그리고 그 밖의 다른 기술 발전은 꼭 일자리를 없애는 역할만 하는 게 아니라, 대부분 사람을 급여도 적고 천한 일 속으로 몰아넣는 역할도 한다고 주장한다. 절대 고무적인 얘기는 아니지만, 어떤 진리가 담겨 있는 주장인 듯하다. 옥스퍼드대학교 옥스퍼드 마틴 스쿨의 마이클 A 오스본 교수는 ABC 라디오 프로그램 〈미래 시제(Future Tense)〉에서 이런 말을 했다.

"우리는 인간이 정확히 어떤 점에서 여전히 기계보다 훨씬 나은지를 알아내려 했고, 그래서 비교적 안전한 일자리들의 특성이 무언지도 알아내려 했다. 그렇게 해서 우리가 알아낸 3가지 특성은 이랬다. 첫째, 사회 지능. 다른 사람들과 직감적으로 교류할 수 있는 능력을 가리킨다. 둘째, 창의성. 여기서 우리는 다시 그런 역할을 효과적으로 하기 위해 인간이 창의적인 작업에서 원하는 게 무언지를 제대로 알아야 한다. 셋째, 어쩌면 더 놀라운 능력으로, 조직화되지 못하고 어수선한 환경 내에 있는 물체들을 조작할 수 있는 능력이다."

그러니까, 기계에게 '조직화되지 못하고 어수선한 환경 내에 있는 물체들을 조작'하는 걸 가르치는 게 어렵기 때문에, 룸바(Roomba)라는 청소 로봇이 나왔음에도 불구하고 청소 관련 일자리는 안전하다는 것이다. 마이클 A. 오스본 교수는 이런 말도 했다.

"50년 가까이 우리는 언젠간 우리 대신 집 청소를 해줄 로봇 하녀가 나올 거라는 말을 들어왔지만, 우리가 아는 바로는 그런 일은 일어날 것 같지 않다. 따라서 우리 집같이 어수선한 환경과 그 속에 있는 물체들과 교감을 할 수 있어야 하는 청소부들은 당분간은 안전할 것이다."

그러나 이런 한계도 지금 빠른 속도로 극복되고 있다. 캘리포니아대학교 버클리 캠퍼스의 기계공학과 교수 켐 골드버그(Ken Goldberg)는 최근 〈미디엄(Medium)〉지에 게재한 글에서 이미 '조직화되지 못한 환경'에서 물체들과 교감할 수 있는 청소 로봇이 만들어지고 있다면서, 그것은 로봇공학과 결합한 클라우드 컴퓨팅 덕에 청소 로봇이 서로 대화를 하고 클라우드 컴퓨팅 환경 속에 저장된 방대한 데이터와 자신이 가진 지식을 대조함으로써 가능해진 일이라고 설명했다. 그는 또 아마존(Amazon)에서는 지금 키바(Kiva)라는 기업이 개발한 로봇을 이용 중이라는 얘기도 덧붙였는데, 그 로봇은 다음과 같은 문제를 해결하기 위해 만들어졌다고 한다.

"이 로봇들은 각종 물품이 담긴 박스들로 가득한 창고 선반 사이를 돌아다닌다. 창고 안에는 그런 선반이 수없이 많음에도 이 로봇들은 놀랄 만큼 작업 효율성이 높다. 이 모든 걸 가능하게 해주는 것은, 로봇들이 서로 대화를 주고받기 때문이다. 그들은 늘 상호교류를 한다. 그들은 힘을 합쳐 자신들의 경로 패턴을 통합 조정하며, 상황이 바뀔 경우, 그러니까 예를 들어 한 로봇이 바닥에 기름이 조금 떨어져 있는 걸 발견할 경우, 즉각 다른 로봇들에게 그곳을 피해 가라고 경고한다."

이 로봇은 이미 존재하는 로봇으로 벌써 사람의 노동력을 대체 중인데, 자신들끼리 서로 배우기 때문에 인간의 개입이 훨씬 불필요해지고 있다. 그리고 사실 어떤 기술들은 정말 놀랍다. 현재 중국에는 24시간 이내에 한 블록 내에 들어갈 집 10채를 찍어낼 수 있는 거대한 3D 프린터가 있다. 그 집들은 상하이에서 윈선 데코레이션 디자인 엔지니어링(WinSun Decoration Design Engineering) 사에 의해 제작되었다. 각 집은 너비 10미터에 높이 6.6미터로, 시멘트와 건축 폐기물 합성물질을 이용해 만들어졌고, 벽은 마치 케이크를 만들 듯 한층 한층 쌓아 올려졌다.

"우리는 프린터 부품들을 해외에서 사들여, 쑤저우에 있는 한 공장에서 조립 했다. 전혀 새로운 형태의 이 3D 출력 구조물들은 환경 친화적이며 비용 효율성도 높다."

윈선 사의 CEO 마 이혜가 〈인터내셔널 비즈니스 타임즈(International Business Times)〉와의 인터뷰에서 한 말이다.

유튜브에 들어가 보면 이 프린터가 작동하는 모습을 담은 동영상은 물론 타이거 스톤 페이빙(Tiger Stone Paving)의 동영상도 있는데, 이 로봇은 인간 팀보다 무려 네 배나 빨리 도로포장 작업을 해낸다. 당신이 공상과학 소설가 쥘 베른(Jules Verne)이나 옥스퍼드대학교 연구원이 아니더라도, 이런 기술이 인간으로부터 많은 일자리를 빼앗아 갈 거라는 건 능히 짐작할 수 있을 것이다. 그러나 그렇다고 해서, 모든 사람이 이런 상황들 때문에 미래의 일자리 전망이 암울해질 거라고 단정 지을 수는 없는 것이며, 그래서 나는 이 같은 기술적 실업 의견에 반대하는 사람들의 보고서도 소개하고자 한다. 그 좋은 예가 호주 연방 정부의 산업부가 최근 내놓은 한 보고서이다. 이 보고서는 많은 부분을 기술적 실업 문제에 할애하고 있지는 않지만, 자동화로 인한 일자리 상실에 대한 두려움이 대부분 잘못된 것이라는 아주 분명한 입장을 취하고 있다. 다음은 그 보고서의 일부이다.

"한 가닥 희망은, 더 높은 생산성은 결국 더 값싼 제품과 더 높은 가처분 소득으로 이어지리라는 것이다. 산업 혁명 당시에 그랬던 것처럼 말이다. 인간이 가진 기계보다 나은 점들(직관적인 문제 해결 능력, 즉흥적인 처리 능력, 창의적인 행동 능력 등)과 인간이 가진 무한한 요구와 욕구 덕에, 자동화로 인한 일자리 상실 문제는 장기화될 것 같지는 않다. 또한, 자동화 덕에 새로운 기술들이 개발되고, 노동자들은 인간이 가진 그런 상대적 장점들을 현재로서는 상상도 못 할 새로운 방법으로 활용하게 될 것이다."

그러니까, 기술은 많은 일자리를 없애면서 동시에 많은 일자리를 만들어내게 될 것이며, 그래서 인간은 자신들이 가진 상대적 장점들을 활용해 현재로서는 상상도 못 할 새로운 일자리들에서 발휘하게 될 것이다. 이는 완전히 불합리한 관점은 아니어서, 기업가이자 저자인 앤드류 킨(Andrew Keen)이 이를 왜 '복음적 사고'라 불렀는지 이해가 갈 것이다. 즉, 과거에 그랬던 것처럼 모든 게 잘될 거라고 말하면서 동시에 미래는 알 수 없다고 말하는 것은 조금 모순이다. 그렇지 않은가? 그러니까 미래가 정말 알 수 없는 것이라면(실제 그렇지만), 대체 어떻게 모든 게 과거처럼 긍정적인 방향으로 잘 풀려나갈 거라고 장담할 수 있겠는가?

미국 경제학자 데이비드 오토(David Autor)는 자신의 논문 〈왜 아직도 그렇게 많은 일자리가 있는가? (Why Are There Still So Many Jobs?)〉에서 이 같은 문제를 다루고 있는데, 이제 잠시 그 논리를 살펴보고자 한다.

"자동화와 일자리 문제를 두려워하는 사람들은 자동화와 일자리 간의 과거 상호작용을 보고 이 요소들이 미래에 어떻게 상호작용할 것인가에 대한 논쟁을 매듭지을 수는 없다는 점을 지적한다. 그러면서 그들은 특히 대폭 개선된 전산 능력과 인공 지능, 그리고 로봇 공학이 등장하면서 일찍이 보지 못한 대규모의 노동 대체 가능성이 제기되고 있다는 점을 지적한다."

그래서 그가 그런 점을 인정하는 건 좋지만, 그 인정이 순전히 두려움을 떨치기 위한 것으로 보인다. 두 문장 뒤에서 그는 이런 말을 덧붙였다.

"미래가 어떻든, 현재는 분명 자동화 불안을 부활시킨다."

그러면서 그는 기술적 실업에 대한 두려움을 '불안'으로 축소시켰다. 그리고 우리는 그가 여기서 불안이란 단어를 '불필요한 공포' 정도의 의미로 쓰고 있다는 걸 알 수 있는데, 그건 그가 이미 1960년대와 그 이전에 나온 유사한 두려움들을 웃어넘길 수 있게 했기 때문이다. 이는 말하자면 과거에 대한 호소의 변형이다. 과거가 기술이 일자리를 없앤 반면, 그만큼 많은 일자리를 새로 만들기도 한다는 걸 보여주었지만, 사람들은 지금 기술적 실업에 대해 너무 겁을 내고 있으며 너무 나쁜 쪽으로 보고 있다. 게다가, 〈왜 아직도 그렇게 많은 일자리가 있는가?〉라는 다소 비꼬는 듯한 그의 논문 제목은 그가 '불안'에 대해 어떻게 생각하는지를 잘 보여준다. 내 경우 좀 당혹스럽다. "대폭 개선된 전산 능력과 인공 지능, 그리고 로봇 공학이 등장하면서 일찍이 보지 못한 대규모의 노동 대체 가능성이 제기되고 있다"면서 곧이어 그런 두려움을 불안으로 축소하는 건 좀 이상하기 때문이다.

그러나 데이비드 오토의 주장이 강력한 힘을 갖고 있다는 건 인정해야 할 것 같다. 그의 논문은 이 문제와 관련해 봐온 논문들 가운데 가장 많이 인용되는 논문이며, 그는 자타가 공인하는 일의 미래를 연구하는 최고의 경제학자이다. 그의 논문은 앞서 언급한 호주 산업부 보고서의 토대가 됐으며, 〈에코노미스트(The Economist)〉지에서 OECD와 백악관 보고서에 이르는 모든 곳에서 언급된다. 그 외에 다른 권위 있는 보고서들도 자세히 들여다보면 모두 그의 말을 인용하고 있다.

나는 이런 현상이 일으키는 문제를 과장하고 싶지는 않지만, 이 점은 분명히 해야겠다. 만일 이 모든 보고서가 주로 데이비드 오토의 논문을 토대로 한다면, 그 보고서들 사이에 이루어진 의견 일치는 어느 정도 허상에 가까울 수 있다. 그리고 나는 이 점도 분명히 하고 싶다. 그의 주장은 흔히 인정받고 있는 것과는 미묘한 차이가 있다.

앞서 말했듯, 데이비드 오토는 기술적 실업에 대한 두려움은 상당히 과장돼 있다는 전제에서 출발하고 있고, 자신이 왜 그렇게 생각하는지를 어느 정도 자세히 설명하고 있다. 그의 논지는 이렇다.

"자동화의 의도 자체가 그렇기도 하지만, 자동화는 실제로 인간의 노동을 대체한다. 그러나 그러면서 또 자동화는 노동을 보완하고, 노동을 더 많이 필요로 하는 방향으로 생산량을 늘리고, 노동 공급을 조정하는 역할을 하기도 한다. 사실 이 논문의 핵심은 저널리스트들이나 심지어 전문 평론가들조차도 기계가 인간의 노동을 대체하는 정도를 과장하는 경향이 있으며, 또 자동화와 노동이 상호

보완 작용을 하면서 생산성을 높이고 수입을 증대시키고 노동 수요를 늘린다는 사실을 무시하고 있다는 것이다."

이 같은 보완 개념이 데이비드 오토의 논문의 핵심이며, 이를 통해 그가 말하고자 하는 것은 기계가 인간이 하던 일을 뺏어가긴 하지만, 그 일의 모든 면을 다 뺏어가는 경우는 거의 없다는 것이다. 그의 말을 좀 더 들어보자.

"대부분의 작업 과정은 다양한 요소, 그러니까 노동과 자본, 지능과 체력, 창의성과 암기식 반복, 기술 마스터와 직관적 판단, 인내와 영감, 규칙 고수와 재량권의 현명한 응용 등의 요소에 의존한다. 대개 이런 요소들의 입력은 제각기 나름대로 중요한 역할을 하기 때문에, 한 요소에서 개선이 이루어진다고 해서 다른 한 가지 요소의 필요성이 없어지진 않는다. 그리고 그런 상황에서는, 일련의 업무에서 이루어진 생산성 향상은 거의 반드시 나머지 업무의 경제적 가치를 올리게 되어 있다."

그러면서 데이비드 오토는 은행들이 사용하는 현금 자동입출금기(ATM)를 예로 들었다. 현금 자동입출금기가 처음 도입될 당시 많은 창구 직원이 일자리를 잃게 될 거라는 큰 두려움이 있었다. (그 당시 은행에 근무하던 내 친구가 자신이 몸담고 있던 뉴사우스웨일즈은행이 그 기계를 도입하는 것에 반대해 파업에 참여했던 게 기억난다.) 그러나 그 당시 은행 창구 직원들이 가졌던 일자리 상실에 대한 두려움은 사실무근인 것으로 드러나고 있다. 물론 그 기계들이 돈을 세고 내주고 예금하는 등 그 전에 사람이 하던 일을 가져갔지만, 실제 창구 직원들의 수가 줄지는 않았다. 급여로 나가지 않아 절약된 돈은 새로운 지점들을 여는 데 쓰였다. 데이비드 오토는 미국의 통계 수치들을 인용하면서 이런 말을 했다.

"1988년부터 2004년 사이에 지점당 창구 직원의 수는 3분의 1 이상이 줄었지만, (더 많은 지점 개설을 허용한 은행 규제 완화의 덕이기도 하지만) 도시의 은행 지점 수는 40% 이상 늘었다. 게다가 창구 직원들의 업무 특성도 돈을 세고 내주는 기계적인 일에서 고객 서비스와 금융 상담 쪽으로 바뀌었고, 그래서 창구 직원들은 은행이 제공하는 다양한 금융 서비스와 상품을 파는 외판원들이 되었다."

이 예는 아주 흥미진진한 경우이긴 하지만, 데이비드 오토는 이렇게 말했다.

"그렇다고 해서 이것이 절대적인 경우는 아니다. 기술 변화가 꼭 일자리 증가로 이어지는 건 아니라는 것이다."

여기에서 한 가지 의문이 생긴다. 기술과 일자리 간의 관계와 관련된 절대적인 얘기가 아니라면, 대체 이 모든 얘기가 무슨 소용이란 말인가? 이 모든 게 절대적인 경우는 아니며, 늘 통하는 모델이 아니다? 그저 일반적으로 그런 것 같다 정도라면, 대체 이 모든게 무슨 소용인가? 그의 관점을 뒷받침하는 것일 수도 있고 아닐 수도 있다는 얘기인데. 그럼 대체 뭔가? 그러니까 내 말은 다시 이런 것이다. 데이비드 오토는 자동화 및 일자리와 관련해 실제 일어날수도 있는 일들이 두렵다는 자신의 말을 스스로 뒤집고 있다. 이런식의 태도가 내 눈에는 불과 몇 단락 앞에서 '자동화에 대한 불안감'

을 비웃던 사람이 "기술 발전이 꼭 일자리 증가로 이어지는 것은 아니다"라며 자신의 기존 입장에서 크게 뒤로 물러나는 것처럼 보인다. 사실 그는 왜 기술 변화가 반드시 더 나은(새로 생겨나는 일자리 수뿐 아니라 그 일자리들의 급여 수준과 근무 여건 등의 면에서) 일자리 창출로 이어지지 않을 것인지 그 이유를 3가지 꼽았다.

첫 번째 이유는 모든 직업이 자동화되면서 반드시 보완되는 것은 아니라는 점이다. 그야말로 기계가 순전히 노동을 대체하게 되는 경우를 뜻한다. 예를 들어 삽질에는 능하지만 굴착기 조정을 할 수 없는 건설 노동자의 경우, 자동화가 진행되면 대개 급여를 덜 받게 될 것이다. 마찬가지로 통화 문제만 다룰 줄 알고 '관계 금융'을 할 줄 모르는 은행 창구 직원의 경우, 오늘날의 은행에서 잘해나갈 가능성이 작다.

두 번째 이유는 자동화로 인해 생겨난 보완적인 일자리들을 둘러싸고 경쟁이 아주 치열해질 수 있다는 점이다. 그래서 만일 현금자동입출금기 때문에 오늘날의 은행이 필요로 하는 고객 관련 기술을 가진 은행 창구 직원들에게 적합한 새 일자리들이 생겨나고, 그런 기술을 가진 사람들이 비단 은행 업계뿐 아니라 경제 전 분야에 존재한다면, 은행 창구 직원이라고 해서 다 더 잘나가게 되진 못할 것이다. 그러니까, 새로운 일자리들에 적합한 노동자 수가 늘어나게 되어 급여가 떨어지게 되는 것이다.

기술 변화가 반드시 새로운 일자리 창출로 이어지지 않을 세 번째 이유는 설사 새로 자동화된 일들 덕에 더 적은 투자로 더 많은 생산을 할 수 있게 된다 해도(생산성이 높아진다 해도), 그 이점이 꼭 생산품의 수요 증대로 이어지지 않을 수도 있다는 점이다. 그럴 수도 있고, 그러지 않을 수도 있다. 예를 들어 자동화로 농업 생산성은 획기적으로 높아졌지만, 가정에서의 식품 수요는 떨어졌다. 반면에 새로운 기술의 출현으로 의료 서비스가 확대되면서 건강에 지출되는 가정 내 지출은 대폭 늘어났다. 마찬가지로 자동화로 인해 사람들의 급여가 올라갈 때, 그 자동화가 이루어지는 업계에서 반드시 고용의 혜택이 느껴지는 건 아니다. 그러나 외식, 미용, 개인 몸치장, 헬스 및 요가 강좌 같은 것들에 대한 수요가 늘어나게 되면 그 업계에서의 일자리들이 늘어난다.

여기에서 데이비드 오토의 핵심적인 주장이 나오게 된다. 즉, 장기적으로 볼 때, 생산성 증대는 제품과 서비스에 대한 수요 부족에 이르지 않았다는 것이다. 그는 가계 소비는 대체로 가계 소득에 보조를 맞춰왔고 우리는 그 사실을 잘 알고 있는데, 그것은 물질적인 생활 수준이 크게 향상됐음에도 불구하고 적어도 지난 세기 동안 유급 일자리에 종사하는 사람들 수가 늘어왔기 때문이라고 말한다. 그는 또 2015년의 평균적인 미국 노동자가 1915년의 평균적인 노동자의 소득 수준을 누리며 살고 싶다 할 경우, 연간 17주 정도만 일하면 된다는 아주 놀라운 결과도 내놓았다. 그러면서 그는 이렇게 말했다.

"그러나 대부분 시민은 그간 소비 수요가 생산성과 함께 늘었다면서, 시간과 바람직한 소득 간의 이런 균형에 대해선 생각지 않을 것이다……. 이는 분명 많은 분야에서 희소식이지만, 그것이 소비 수요가 포화 상태에 도달하고 있다는 것을 뜻하는 것일까? 나는 그렇지 않다고 생각한다. 소득이 높은 국가들에서는 소비와 여가 선용은 서로 보완적인 것으로 보인다. 시민은 자신의 여가에 많은 부분을 소비하는 데, 그러니까 쇼핑을 하고 여행을 하고 식사를 하고 달가운 일은 아니지만 의료 서비스를 이용하는 데 쓴다."

앞서 언급한 호주 산업부 보고서의 핵심 역시 이것이었다. 로봇들이 우리 일자리를 가져가는 것에 너무 큰 두려움을 느낄 필요가 없는 이유 중 하나는 노동자들이 기계로 대체되는 과정에서도 인간은 여전히 더 많은 걸 소비하고 싶어 하며, 그래서 인간의 무한정한 요구와 욕구는 자동화로 인한 일자리 대체가 장기화할 거 같지 않다는 걸 보여준다는 것이다.

기술 발전이 장기적으로 인간의 일자리에 악영향을 끼치진 않을 거라는 주장을 정당화시키기 위해 이렇게 무한정한 인간의 소비에 의존한다는 것은 흥미로운 일이다. 나는 환경 운동가들은 이미 무한정한 소비라는 개념에 경악하고 있지만, 실은 그것이 일의 미래에 대한 다른 근본적인 의문의 핵심에 가까운 것이라고 확신한다. 어쨌든 분명한 것은 데이비드 오토의 주장이 로봇이 우리 일자리를 빼앗아간다는 얘기의 참 의미가 무언지를 분명히 해주고 있다는 것이다. 대부분의 논의가 기술이 대신할 수 없는 특정 작업과 기술이 있다는 생각에 두루뭉술 다가가고 있지만, 그는 그런 생각을 아주 철저히 파고든다. 그러기 위해 그는 컴퓨터가 실제 어떻게 작동되는

지를 이렇게 설명하고 있다.

"컴퓨터는 프로그래머가 미리 만들어놓은 절차를 있는 그대로 시뮬레이션한다. 그래서 프로그래머는 먼저 특정 작업을 하는 데 필요한 일련의 단계를 제대로 이해해야 하며, 그런 다음 기계가 그 단계를 정확히 따라 할 수 있게 해줄 프로그램을 만들어야 한다……. 그래서 예를 들어 어떤 컴퓨터가 한 회사의 급여 명세를 처리하거나 직원들 이름을 알파벳순으로 정렬하거나 인구조사 대상 지역의 주민 나이 분포를 표로 만들 때, 그건 그 이전에 인간이 하던 작업 과정을 거의 그대로 시뮬레이션하는 것이다."

여기에 컴퓨터 처리 비용까지 급락했다는(이른바 '무어의 법칙'에 따라 계속 떨어지고 있지만) 사실을 고려하면, 왜 컴퓨터가 그렇게 완전히 직장 속으로 파고드는지를 이해할 수 있을 것이다. 그러나 데이비드 오토의 주장에 따르면, 어떤 작업은 여전히 자동화를 거부하고 있으며 가까운 미래에도 계속 존재할 것으로 보이는데, 그 이유는 컴퓨터가 마스터할 수 없는 기술들이 있기 때문이다. 그 기술들은 반드시 고차원의 정신적 능력을 필요로 하는 기술들은 아니며, 경제학자이자 철학자인 칼 폴라니(Karl Polanyi)의 이름을 따 만들어진 이른바 '폴라니 역설(Polanyi paradox)'의 범주 안에 들어가는 기술들이다. 폴라니 역설의 핵심은 사람들이 암묵적으로 이해하고 별 노력 없이 할 수 있는 일들이 많은데, 그런 일들의 경우 컴퓨터 프로그래머나 다른 그 누구도 명쾌한 '법칙들'이나 과정들을 밝힐 수 없다는 것이다. 데이비드 오토는 이렇게 말했다.

"우리가 믹싱 볼의 가장자리에 부딪혀 달걀을 깬다거나, 얼핏 보고도 새들의 종을 구분한다거나, 설득력 있는 문장을 쓴다거나, 이해하기 힘든 어떤 현상을 설명하는 가설을 만들어낸다거나 할 때, 우리는 그 모든 걸 암묵적으로나 이해되는 방식으로 한다. 따라서 자동화하는 데 가장 애를 먹는 작업은 유연성, 판단, 상식을 필요로 하는 기술들, 그러니까 암묵적으로나 이해되는 기술들이다."

여기서 이런 의문이 제기된다. 그럼 이 폴라니 역설은 조만간 극복될 것인가? 데이비드 오토의 입장은 분명하다. "내가 확인한 바로는 그렇지 않다." 물론 자신의 논문 골자가 기술적 실업에 대한 두려움은 지나치게 과장된 것이라는 것이므로, 그는 그렇게 말해야 옳다. 그런데도 그런 역설이 존재한다는 것 자체가 자동화의 한계들이 해결될 수 있다는 걸 시사한다는 점을 인정한다. 그의 주장에 따르면, 근본적으로 두 가지 반응을 생각해볼 수 있다.

과학자들과 다른 기술 전문가들은 자신들이 만든 기계가 작동되는 환경 자체를 바꿔 그 기계의 행동 규칙을 보다 쉽게 만들려 하거나, 아니면 이른바 머신 러닝(machine learning)이란 걸 계속 발전시켜 특정 규칙을 따르는 프로그램을 만드는 대신, 제공되는 데이터에서 스스로 규칙을 추론해내는 프로그램을 만들려 할 것이다. 흥미로운 점은 현재 이런 두 가지 반응이 모두 일어나고 있다는 증거가 있으며, 그래서 우리는 여기서 다시 기술적 실업이라는 개념 자체를 적극적으로 반대했던 데이비드 오토가 일의 미래에 대한 자신의 입장을 얼버무리고 있다는 생각을 하지 않을 수 없다. 그러나 여기서는 일단 폴라니 역설을 극복하는 두 가지 길을 살펴보기로 하자.

그간 살펴본 대로 기계들은 조직화되지 않은 환경에서 일하는 데 문제가 있으며, 그래서 불규칙한 환경을 다룰 수 있게 프로그램화하는 대신, 그 기계들이 일할 환경 자체를 재조직하는 것이다. 전통적인 자동차와 관련해 일어난 일이 그 좋은 예로, 우리는 조직화되지 못한 드넓은 땅을 역청과 시멘트로 포장해 자동차가 최대한 효율적으로 제 기능을 발휘할 수 있게 했다. 바위와 언덕, 웅덩이, 나무 그리고 동물의 문제를 다룰 수 있는 자동차를 개발하는 대신, 불도저를 동원해 아예 환경 자체를 평평하게 하고 포장을 한 것이다. 사실 자동차는 더없이 좋은 예인데, 그것은 자동차로 인해 생겨난 환경 변화의 규모가 워낙 클 뿐 아니라, 같은 문제가 무인 자동차 개발 과정에서도 그대로 생겨나고 있기 때문이다.

무인 자동차의 대대적인 보급을 제한하는 요소 중 하나는 운전 환경의 예측 불가능성이다. 그 예측 불가능성을 줄임으로써, 우리는 무인 자동차가 널리 사용될 가능성을 높일 수 있다. 그래서 흔히 구글의 무인 자동차는 도로를 달리는 게 아니라 지도 위를 달린다고들 한다. 다시 말해, 달리는 환경 자체를 통제함으로써 무인 자동차의 기능이 제대로 발휘되게 한다는 것이다. 따라서 도로 여건을 표준화시키고 같은 도로를 달리는 재래식 유인 자동차 대수를 최소화함으로써 무인 자동차의 대대적인 보급 또한 상당한 힘을 받게 될 것이다. 그러니까 무인 자동차의 활용을 정상화하기 위해서는 기술 발달도 중요하지만, 그에 못지않게 현행 도로 시스템과 관련된 규정을 변경하는 일도 중요한 것이다. 그리고 실제로 구글과 그밖에 다른 자동차 회사들은 자신들의 자동차가 달릴 환경에 필요한 변화를 주기 위해 막대한 자원을 동원해 정부를 상대로 로비를 벌이고 있다.

반면에 머신 러닝은 폴라니 역설을 극복하기 위한 보다 간단한 기술적 접근방식이다. 머신 러닝의 핵심은 컴퓨터 성능을 향상시켜 많은 양의 데이터를 고속 처리할 수 있게 만들어, 단순히 사전 프로그래밍된 규칙을 따르는 게 아니라 주변에서 일어나는 일들을 추측하게 한다. 데이비드 오토는 이렇게 말했다.

"노출과 훈련, 그리고 보강의 과정을 거쳐 머신 러닝 알고리즘은 명확한 절차들로 명시하는 게 너무도 어렵다고 알려진 일들을 수행할 방법을 유추해낼 수 있게 된다."

이런 종류의 기술을 아주 잘 보여주는 예가 외상 후 스트레스 장애에 시달리는 사람들을 치료할 목적으로 프로그래밍이 된 로봇이다. 이 로봇은 미세한 표정을 추적하는 카메라, 근육 경련 같은 다른 인체 부위의 움직임을 포착하는 동작 센서, 목소리 톤과 억양을 녹음하는 마이크 등을 사용해 환자의 신체 반응을 자세히 분석할 수 있다. 엘리(Ellie)라고 알려진 이 프로그램의 한 특별 버전은 스크린 상에서 환자에게 '가상의' 인간으로 다가가, 환자는 그 프로그램과 교감을 나누게 된다. 엘리는 환자의 신체 반응을 분석하며, 그 분석을 토대로 반응을 보이도록 프로그래밍 되어 있다. 그 반응은 종종 단순한 '으응(uh-huh)'인데, 엘리 개발에 관여한 컴퓨터 과학자 루이스-필립 모렌시(Louis-Philipe Morency)는 이렇게 말한다.

"우리는 200가지 이상의 '으응'을 녹음했는데, 그 효과가 아주 강력하다."

그래서 컴퓨터는 사전 프로그래밍이 된 환자의 다양한 질문과 코멘트를 반응하게끔 프로그래밍 하는 대신, 방대한 양의 물리적 데이터 흐름(분당 약 1,800가지 측정치)을 분석하며, 그 분석을 토대로 최선의 반응을 한다. 그러면서 그 과정에서 배워나간다. 엘리나 그 유사한 프로그램들은 현재 훈련받은 의사들에 의해 주로 진단 도구로 쓰이고 있는데, 인간과 비교해 장점이 많은 것으로 평가되고 있다. NPR 팟캐스트 〈플래닛 모니(Planet Money)〉와의 한 인터뷰에서, 엘리의 환자 중 한 사람은 자신의 경험담을 이렇게 들려주었다. 그 환자는 조디 미틱이라는 사람으로 아프가니스탄에서 캐나다군과 함께 근무했다. 그는 폭탄으로 두 다리를 잃었고 로봇 엘 리가 자신의 마음을 열었다면서 이렇게 회상했다.

"엘리는 그냥 듣기만 하는 것 같았어요. 눈을 들여다보면 알 수 있지만, 많은 치료 전문가의 경우, 당신이 보거나 겪은 어떤 끔찍한 일에 대해 자세히 얘기하면 반응을 보이잖아요."

그러나 그는 엘리의 경우에는 그런 문제가 없었다고 한다.

구글, 아마존, 애플 등이 번역을 하는 데 쓰거나 과거의 구매 패턴을 토대로 사람들이 사고 싶어 할 영화나 책을 추천해주는 데 쓰는 알고리즘을 돌리는 게 바로 머신 러닝이다. 데이비드 오토의 말처럼, 그 성공 요인은 복합적이다. 때로는 오싹할 정도로 정확하고, 대개는 그저 그렇고, 가끔은 이해할 수가 없다. 그는 다양한 예를 제시하고 있는데, 그 모든 예가 기본적으로 이와 비슷한 관점을 가진 듯하며, 그래서 그의 종합적인 결론은 머신 러닝을 하는 컴퓨터는 믿을 수 없는 일을 해내지만, 실제로 성공할 수도 있고 그렇지 않을 수도 있다는 것이다. 그는 다음과 같은 말로 '그럴 수도 있고 그러지 않을 수도 있다'는 접근방식을 취한다.

"어떤 연구원들은 연산 능력이 향상되고 훈련 데이터베이스가 더 쌓인다면, 머신 러닝의 접근방식은 인간의 능력에 접근하거나 그걸 뛰어넘게 될 거라고 기대한다. 그러나 또 어떤 연구원들은 머신 러닝이 그저 대체로 이해만 할 뿐, 가장 중요하고 유용한 예외 중 상당수는 놓칠 거로 생각한다. 결국, 어떤 물체가 의자인 것은 그것이 인간이 앉을 수 있게 의도적으로 만들어졌기 때문이다. 많은 양의 임의적인 이미지 훈련 데이터베이스를 고려하면, 머신 러닝 방식의 알고리즘은 의도적인 사용에 대해 추론하는 것에 근본적인 문제를 갖고 있을 수도 있다. 여기서 칼 세이건(Carl Sagan)의 다음과 같은 말을 상기할 필요가 있다. '아무것도 없이 애플파이를 만들려 한다면, 먼저 우주를 만들어야 할 것이다.'"

이번에도 역시 이는 바람직함에 대한 편향 사례만큼 눈길을 끌지는 못하는 것 같다. 어떤 과학자들은 이렇게 말하는데 또 어떤 과학자들은 저렇게 말한다면, 그걸 결론으로 보기 어려울 것이다. 특히 지금껏 봐왔듯, 데이비드 오토나 다른 회의론자들도 기술이 발전되면 늘 또 자주 예측하지 못한 새로운 개념들이 나오게 된다는 걸 인정하는 상황에서는 더욱더 그렇다. 미래는 알 수 없다는 생각은 기술이 어떤 식으로 발전될 것인지와 관련해 중립적인 생각이며, 따라서 우리가 지금 또 다른 '기술적 불안'의 단계를 거치고 있다는 생각을 뒷받침할 관점으로는 적절치 않다.

그런데도 데이비드 오토의 입장을 지지하는 경제학자는 아주 많으며, 그래서 그들은 자신의 주장을 펼 때 그의 논문을 인용한다. 경제학자 조엘 모키르(Joel Mokyr), 크리스 비커스(Chris Vickers), 니콜라스 지에바스(Nicolas Ziebarth)가 쓴 논문 〈기술적 불안의 역사와 경제 성장의 미래(The History of Technological Anxiety and the Future of Economic Growth)〉는 이런 결론을 내리고 있다.

"기술의 미래나 경제에 대한 구체적인 예측들은 거의 늘 무모한 데가 있긴 하지만 그럼에도 그 예측들은 기술적 진보 측면에서든 소비자 수요의 광범위한 포화 상태 측면에서든 지평선이 비교적, 이를테면 몇 십 년 이내로 가까워졌다고 보는 많은 추론에 회의적이다."

그러면서 그들은 이렇게 덧붙인다.

"뿌리 뽑을 수 없는 장기적인 기술적 실업에 대한 보다 극단적인 오늘날의 불안이 현실화될 가능성은 거의 없을 것 같다. 지난 2세기 이상 그래 왔듯, 기술 발전 덕에 오히려 사람들의 생활 수준은 예측 불가능하고 드라마틱한 방식들로 계속 향상될 것이다. 그러나 기본적인 경제 원칙들은 계속 작동될 것이다. 결핍도 여전히 우리 곁에 있을 것이다. 비교 우위의 법칙에 따라, 노동자 대부분은 로봇의 성능과 자동화가 눈에 띄게 진전된 경제 여건 속에서도 여전히 뭔가 유용한 일을 하고 있을 것이다."

'뿌리 뽑을 수 없는 장기적인 기술적 실업에 대한 보다 극단적인 오늘날의 불안'이라는 말에는 많은 의미가 담겨 있는 듯하다. 사실 논문 〈기술적 불안의 역사와 경제 성장의 미래〉의 저자들은 이렇게 인정한다.

"더 많은 여가를 가지려는 욕구는 계속될 것이며, 그래서 일하고 싶어 하는 사람들만 일하는 단계에까지 도달한 경제 상황까지 상상해볼 수도 있다."

내가 보기엔 상당한 인정이다. 우린 정말로 일하고 싶어 하는 사람들만 일하게 되는 그런 단계까지 가게 될까? 그건 로봇들이 우리 일자리를 빼앗아갈 거라고 말하는 것과 같은 게 아닌가? 앞서 그들이 한 말, 그러니까 "그럼에도 그 예측들은 기술적 진보 측면에서든 소비자 수요의 광범위한 포화 상태 측면에서든 지평선이 비교적, 이를테면 몇 십 년 이내로 가까워졌다고 보는 많은 추론에 회의적이다"라는 말과 비교해보면 아주 이례적인 말이다. 그리고 그들이 영리 목적의 싱크탱크인 '미래를 위한 연구소'의 대표였던 시스템 엔지니어 로이 아마라(Roy Amara)의 이름에서 따온 '아마라의 법칙(Amara's Law)'을 언급한 것은 더 이례적이었다. 그 법칙의 핵심은 우리는 기술의 단기적인 영향력은 과대평가하고 장기적인 영향력은 과소평가하는 경향이 있다는 것이다.

여러분은 이런 종류의 논문을 아주 자세히 읽어보지 않더라도, 그 핵심이(많은 조롱을 당할 만큼 분명한 어조로 기술적 실업에 대한 불안을 일축하고 있음에도 불구하고) 과연 미래에 지속적인 기술적 실업이 일어날 것인가 하는 문제보다는 오히려 언제 그런 일이 일어날 것인지에 초점을 맞추고 있다는 걸 알 수 있다. 또한, 내가 보기에 이런 논문들은 미래는 알 수 없다는 걸 인정하면서 동시에 교묘히 지나치게 과거의 일들을 토대로 미래의 가능성에 관해 얘기하는 것 같다.

그렇다. 모든 걸 고려해볼 때 그런 주장의 요지는 기술 때문에 일자리가 줄어들지만, 우리가 예측하지 못한 방식으로 새로운 일자리들도 생겨날 것이라는 건데, 모든 사람이 기술 발전은 거의 기하급수적으로 빨리 일어나고 있다는 걸 인정하는 상황에서는 정말 문제가 있는 주장이 아닐 수 없다.

물론 어느 정도의 불안은 이해가 된다. 특히 당신의 일자리가 기계가 차지하고 들어올 가능성이 가장 높은 일자리 중 하나일 경우 더 그렇다. 예를 들어, 아이폰(iPhone)이나 아이팟(iPad) 같은 애플의 제품 대부분을 제조하는 중국 폭스콘(Foxcon) 공장이 현재 사람들이 하고 있는 일을 대신할 100만 개의 로봇에 투자하고 있다는 뉴스는 어느 정도의 기술적 실업은 거의 불가피하다는 걸 잘 보여준다. 물론 2011년에 이 발표가 나온 뒤 그 로봇들이 현장에 제대로 배치되기까지는 10년 가까이 걸릴 거라는 경영진의 설명 등, 많은 해명성 말이 나왔다. 그들은 또 노동자들을 반복적이며 판에 박힌 일들에서 벗어나게 할 경우, 자신들은 더 숙련된 노동자들에게 더 많은 투자를 할 수 있다는 말도 했다. 그러나 그 공장의 한 노동자는 이런 말을 했다.

"공장 관리자들이 공장에 로봇 팔들을 배치해 주기판에 부품을 심는 일을 시키기 시작하면서, 나와 내 동료 일부는 최근 다른 자리로 전출됐습니다. 전에는 생산 라인에 20~30명이 있었지만, 그들이 로봇을 배치한 뒤에는 그게 5명으로 줄었습니다. 그 5명은 그저 버튼을 누르며 기계를 조작합니다."

우리는 특정한 예들을 가지고 지나치게 일반화해서도 안 되겠지만, 그렇다고 이런저런 두려움들을 단순한 '기술적 불안'으로 축소해서도 안 된다.

'리쇼어링(reshoring)' 문제와 관련해서도 이와 유사한 얘기를 할 수 있다. 리쇼어링이란 과거에 보다 저렴한 생산비를 찾아 생산기지를 한 나라에서 다른 나라로 옮겼던, 그러니까 예를 들어 미국에 있는 제조 공장을 중국으로 옮겼던 기업들이 이제 중국 공장을 폐쇄하고 다시 미국으로 돌아오는 현상을 뜻한다. 지난 몇 년간 제너럴 일렉트릭(General Electric), 월마트(Walmart), 젠테크(Zentech) 같은 많은 기업이 리쇼어링을 했다. 〈워싱턴 포스트(Washington Post)〉지의 한 기사는 미국 조지아 주 애틀랜타 외곽 시골 마을 토마스턴을 집중 조명했다. 그 기사 내용의 일부를 발췌하면 다음과 같다.

"여기에는 6개의 큰 공장이 있었다. 그 공장의 기계들은 지미 카터(Jimmy Carter. 미국의 39대 대통령 - 역자 주) 가의 아이들이 입을 옷을 짰고, 타이어 제조업체 B.F. 굿리치(B.F. Goodrich)에 납품될 타이어코드를 만들었으며, 백화점 J.C. 페니(J.C. Penney)와 시어스(Sears),

그리고 대형 할인점 월마트(Walmart)에 납품할 침대 시트를 제작했다. 이곳은 약 4,000명의 직원을 고용하고 있었다. 그런데 2001년에 이르러 그 일자리가 모두 사라졌다."

실제로 1998년부터 2016년까지 미국 전역의 제조업 일자리 수는 무려 30%나 줄어들었다. 그런데 메리어트 호텔(Marriott Hotels) 측에서는 최근 자신들의 타월 제조를 요르단(그들은 1990년대 이후 타월을 요르단에서 제조했음)에서 다시 토마스턴으로 옮겨올 거라는 발표를 했다. 관련 제조 회사의 이름은 스탠더드 텍스타일(Standard Textile)이다. 문제는, 지금은 제조 과정이 대부분 자동화되어 이렇게 공장을 옮겨온다 해도 120개에서 200개 정도의 일자리밖에 생겨나지 않을 것이다. 〈워싱턴 포스트〉의 기사를 들여다보자.

"스탠더드 텍스타일은 업무 속도와 효율성을 높이기 위해 기술에 막대한 투자를 하고 있으며…… 수십 명의 엔지니어를 고용했고…… 특별히 제작된 높다랗게 쌓아올린 직물 꾸러미들을 공장 이곳에서 저곳으로 옮기고 둘둘 만 원단들을 트럭에 싣는 등의 일을 하기 위해 특수 제작된 로봇들을 처음 배치할 계획이다. 하이만 사장에 따르면, 직물 산업은 더는 단순한 제조업이 아니라 혁신 그 자체라며 이렇게 말한다. '1년 전에 전 우리 직원들에게 우리 공장이 테슬라 자동차 공장보다 더 나아 보이게 만들고 싶다는 말을 했었습니다. 우리는 미래의 공장을 만들고 싶습니다.'"

결국 리쇼어링이 만병통치약이 되진 못할 거 같다는 것이다. 그렇다. 리쇼어링 덕에 새로운 일자리가 어느 정도는 생기겠지만, 새로 만들어질 일자리 수는 아마 자동화로 인해 사라진 일자리 수의 극히 일부에 지나지 않을 것이다.

마침 옥스퍼드 마틴 스쿨 보고서 작성에 참여한 일부 연구원이 최근 새로운 보고서를 냈다. 이 보고서는 새로운 기술이 출현하면서 생겨난 새로운 일자리에 관해 자세히 다루고 있으며, 그러면서 또 예측 불가능한 새로운 일자리가 만들어질 거라는 주장에는 문제가 있다는 걸 보여주고 있다. 이는 어느 정도 사실이지만, 그들이 말하고자 하는 바는 조금 전에 했던 얘기와 같다. 즉, 이 새로운 산업 분야에서 생겨나는 새로운 일자리 수는 절대 사라진 일자리 수를 대체할 만큼 많지 않다는 것이다.

"새로운 산업 분야로 옮겨간 노동자는 놀랄 만큼 적다. 2010년의 경우, 미국 전체 노동 인구의 겨우 0.5%가 2000년에는 존재하지도 않았던 산업 분야에 고용됐다. 특히 중요한 것은…… 2006년에 새로 생긴 많은 산업 분야는 온라인 경매, 인터넷 뉴스 출판, 소셜 네트워킹 서비스, 비디오 및 오디오 스트리밍 산업 등 주로 디지털 혁명과 관련된 분야다. 초창기 컴퓨터 혁명으로 생겨난 주요 기업들과 비교했을 때, 디지털 혁명을 이끈 이 신생 기업들은 고용 기회를 별로 만들어내지 못했다. 예를 들어 IBM과 델(Dell)은 각기 43만 1,212명과 10만 8,800명을 고용했지만, 페이스북의 직원은 2013년에 고작 7,185명밖에 안 됐다. 미국 경제가 갈수록 디지털화되어가고 있는 상황에서, 디지털 기업들은 제한된 자본 투자만 필요하기 때문에 기술 변화로 인한 고용 기회는 계속 정체될 수밖에 없을 것이다.”

　연구원들이 ‘캔버싱(canvassing)이라고 부르는 또 다른 대규모 설문조사는 퓨 리서치 센터(Pew Research Center)에 의해 행해졌다. 그들은 1,896명의 전문가에게 기술이 일에 어떤 영향을 줄지를 물었다. 그 결과 표면상으로는 미래의 고용 전망을 낙관하는 사람들과 그렇지 않은 사람들 간의 비율이 거의 50대 50으로 동률을 이뤘지만, 그 대답을 좀 더 깊게 파고 들어가면 흥미로운 점들이 보인다. 그러니까 응답자의 48%가 미래에는 로봇과 기타 디지털 기기가 수많은 블루칼라와 화이트칼라 노동자를 대체하게 될 거로 예측했으며, 그 결과 갈수록 소득 불균형이 커지고 많은 사람이 실질적인 실직 상태에 빠져 사회 질서가 무너지게 될 거라며 두려워했다.

　“그 나머지 절반의 전문가(52%)는 2025년이면 기술 때문에 없어지는 일자리가 기술 때문에 생겨나는 일자리보다 더 많아질 거로 예측한다. 그러니까 이들은 2025년에 이르면 현재 인간이 하고 있는 많은 일을 로봇과 기타 디지털 기기가 대신하게 될 것으로 예측하는 것이다. 그러나 그들은 산업혁명 여명기 이후 그래왔던 것처럼, 인간의 창의성이 결국 새로운 일자리와 산업, 그리고 생계를 이어갈 새로운 방법을 만들어낼 거라는 ‘믿음’을 갖고 있다.”

　내가 보기에, 설문조사를 토대로 한 이 보고서는 미래에 대한 의견이 50대 50으로 갈려 있음을 보여준다기보다는, 우리에게 걱정하지 말라고 말하는 사람들이 실은 과거에 통했던 일들과 연결 지어 자신들의 희망 섞인 생각을 말하고 있다는 걸 보여준다. 그러니까 나는 '믿음'이란 말이 좋다. 앞서 살펴본 논문의 경우와 마찬가지로, 이 설문조사 역시 일자리 상실 가능성에 대한 논의는 거의 건너뛴 채, 기계의 은총 덕에 다른 일자리가 생길 거라는 복음주의적 믿음에 의해 이의가 제기되고 있는 이른바 기술적 불안에 대한 논의로 이어지고 있다. 그런데 모든 게 잘될 거라고 확신하는 전문가들이 퓨 리서치 센터의 설문조사에 답한 내용을 살펴보면, 다소 당혹스런 견해들이 담겨 있는 걸 알 수 있다. 예를 들어, 〈뉴욕 타임스(The New York Times)〉의 과학 섹션 선임 기고가인 존 마크오프(John Markoff)는 이런 답변을 했다.

"향후 10년간 대규모의 노동력 대체 현상이 있을 것이다. 그건 사실이다. 그러나 15년 전 일을 생각해보라. 그 당시 과연 누가 '검색 엔진 최적화'라는 일이 미래의 '중요한 일자리 범주' 중 하나가 될 거라 생각했겠는가?"

여기서 그가 사용한 예가 검색 엔진 최적화라는 걸 생각하면, 그가 대체 '중요한 일자리 범주'라는 말을 무슨 의미에서 한 건지 고개를 갸우뚱하지 않을 수 없다. 검색 엔진 최적화는 일자리도 아닐 뿐 아니라, 그리 많은 사람을 고용하지도 못한다. 게다가 그마저 웹사이트들의 쌍방향 대화 방식 자체가 변화하면서 이미 사라져가고 있으며, 고용을 결정하는 데 쓰이는 요건들 역시 급격히 변화하고 있다.

또 다른 설문조사 응답자 중에는 전략 기업 웹미디어 그룹(Webbmedia Group)의 CEO인 에이미 웹(Amy Webb)도 있었는데,

그녀는 일자리들이 다른 분야로 이동될 거라면서 이렇게 말했다.

"지금은 기술 발전을 위해 그 어느 때보다 유능한 컴퓨터 프로그래머들이 많이 필요한 때이다. 그러나 물론 포장을 하고 조립을 하고 판매를 할 사람들도 계속 필요할 것이다."

이봐요, 그러니 문제없어요. 당신은 계속 아마존 창고(그들은 '주문 처리 센터'라 부름) 안에서 박스 포장하는 일을 할 수 있을 거고, 그렇게 해서 주문받은 책이나 식료품을 에이미 웹 집까지 보내줄 수 있을 테니까. 그런데 문제는 포장 일자리가 점점 기계로 대체되는 일자리 중 하나라는 것이다.

퓨 리서치 센터의 설문조사에 응한 전문가들은 많은 일이 공감 능력, 창의성, 판단력, 비판적 사고 같은 인간 특유의 특성이 필요하며, 그래서 그런 특성을 가진 일자리들은 대대적인 자동화에도 불구하고 절대 사라지지 않을 거라는 생각을 하는데, 물론 거기엔 그럴만한 강력한 근거가 있다. 나 역시 그들의 그런 생각은 의심할 여지없이 맞는다고 생각한다. 그럼에도 그들의 주장 가운데 일부는 좀 이상하다. 다음은 미디어 사이콜로지 리서치 센터(Media Psychology Research Center)의 소장 파멜라 러틀리지(Pamela Rutledge)의 말이다.

"기계가 할 수 없는 일도 많을 것이다. 생각과 창의력, 종합 능력, 문제 해결 능력, 혁신 정신 등을 필요로 하는 일들 말이다…… 인공지능과 로봇 공학의 발전 덕에 사람들은 반복적인 일에서 벗어나 자신의 관심과 에너지를 인간만이 할 수 있는 일들에 쏟을 수 있게 될 것이다."

이는 일리 있는 말로 보인다. 그런데 그녀는 뒤이어 이런 말을 한다.

"우리에겐 이미 우리에게 말을 걸어오는 자동차, 우리가 말을 거는 전화기, 노인을 침대 밖으로 들어 옮겨주는 로봇, 어머니에게 전화 거는 걸 상기시켜주고…… 정신적으로 어머니와 연결되진 못하지만, 꽃까지 보내주는 애플리케이션도 있다."

그러면서 그녀는 정신적으로 어머니와 연결되는 것과 미래의 고용 전망이 대체 정확히 어떤 관계가 있는지는 밝히지 않고 있다.

보고서 말미에서 퓨 리서치 센터 연구원들은 기술이 미래에 여러 고용 문제를 일으킬 거라고 생각하는 사람들과 그렇지 않은 사람들 간에 서로 의견이 일치되는 점들에 대해 언급하고 있다. 예를 들어, 선진국들은 다가오는 변화에 맞춰 자국민들을 제대로 교육하고 있지 않다는 점에서 의견 일치가 있었다. 그들은 또 기술은 세계의 서로 다른 지역에서, 그러니까 선진국과 개발도상국에서 서로 다른 영향을 줄 거라는 점에서도 생각이 같았다. 그러나 내 사고방식으로는 믿기 어려운 일이지만, 또한 그들은 기술 변화는 가치 있는 새로운 기능들로 이어질 것이고, 또 '일'의 개념에 대해 다시 생각하게 할 것이며, '일자리가 무엇인가?' 하는 것에 대한 산업화 시대의 개념에서 우리를 자유롭게 해줄 것이라는 점에서도 의견이 일치했다.

하지만 여기서 우리는 또다시 머리를 갸우뚱하게 된다. 그들의 그런 생각들과 기술이 고용 문제에 그리 큰 영향을 주진 않으리라는 주장을 대체 어떻게 연결 지어야 하는 걸까? 그리고 '일'의 개념에 대해 다시 생각하게 하고 '일자리가 무엇인가?' 하는 것에 대한 개념에서 우리를 자유롭게 해준다는 것이 기술이 단순히 현재의 일자리를 빼앗아가는 게 아니라 사회를 대폭 재편한다는 예가 될 수 있는 건가?

얼핏 보면 이 보고서의 결론은 로봇이 우리 일자리를 빼앗아가게 된다는 게 아니라, 로봇이 일에 대한 우리의 생각을 재정립하게 될 거라는 것 같다. 내가 보기엔 마치 일자리는 필요한 만큼 있다는 얘기 같은데, 그건 말도 안 되는 소리 아닐까? 저널리스트 가이 런들(Guy Gundle)은 〈더 먼슬리(The Monthly)〉지에 게재한 한 기사에서 이런 말을 했다.

"그들은 과거에 그랬던 것처럼, 우버화(Uberisation. 기존의 인프라와 정보 통신의 연결 - 역자 주)와 새로운 자동화 물결 덕에 새로운 일자리들이 생겨날 거라고 말한다. 사실이 그렇다면 얼마나 다행스러운 일이겠는가⋯⋯. 사실 최근 들어 공업과 제조업이 서비스와 문화/지식 산업으로 바뀌면서, 사회에서의 일의 비율이 대폭 줄어들었다. 1960년대에는 85%의 가정에서 돈 버는 사람이 한 명뿐이었고, 학교를 그만두는 평균 나이가 15세였으며, 인구의 6%가 고등 교육을 받았고, 은퇴 연령과 평균 수명 차이가 2년이었다. 그런데 지금은 임시직 노동자 비율이 전체 노동자의 33%이고, 고등 교육을 받는 비율은 30%이며, 은퇴 생활은 20년 이상으로 길어졌고, 가정의 20%가 급여 소득이 없는 가정이다."

더없이 냉철한 관측자들조차도 기술적 실업이 어떤 식의 영향을 줄 것인가 하는 의문에 답하려면 애를 먹는다는 걸 보여주기 위해, 잉글랜드 은행의 수석 경제 전문가이자 재정 분석 및 통계 책임자인 앤드류 홀데인(Andrew Haldane)의 최근 얘기를 인용하겠다. 그는 기술이 고용에 영향을 줄 것인가 하는 의문과 관련된 찬반론을 제대로 살펴보기 위해 애를 쓰고 있다. 그는 '기술적 불안'에 빠져들지 않으려 조심하고 있지만, 그럼에도 이번에는 상황이 좀 다를 것 같다는 걸 인정하고 있다. 다시 말해 그가 말하는 이른바 '제3차 산업 혁명 시기(현재 일어나고 있는 정보 기술의 발전 시기를 뜻함)'는 그리 머지않은 미래에 그야말로 엄청난 변화를 가져올 것 같다는 것이다. 그의 얘기를 들어보자.

"역사를 되돌아보면, 기술 때문에 일자리들이 없어졌다는 증거는 없지만, 기술 때문에 임금이 올랐다는 증거는 많다. 기술 때문에 노동이 비참해지는 게 아니라 더 풍요로워진 것이다……. 노동은 작업과 작업 사이에 갈라지는 고목이 아니라, 시간이 지날수록 그 몸통과 가지들이 더 굵고 길게 자라나는 나무이다."

그는 또 이렇게 말했다.

"과거의 급격한 기술 변화 시기들을 좀 더 자세히 들여다보면, 더 미묘한 그림이 그려진다……. 요컨대 제3차 산업 혁명 시기에는 이전 1, 2차 산업 혁명 당시 볼 수 있었던 경향들, 그러니까 고용의 공동화, 임금의 폭넓은 분배, 노동 소득 분배율의 하락 등이 더 심화되는 것이다. 가장 큰 의문은 그다음엔 어떤 일이 일어나느냐 하는 것이다. 19세기의 일이 재연되어 생산성이 높아지면서 임금과 노동 분배율이 올라갈까? 아니면 과거와는 달리, 노동 환경 자체가 근본적으로 뒤바뀌게 될까?"

앤드류 홀데인은 데이비드 오토의 논문과 옥스퍼드 마틴 스쿨의 보고서 등 내가 이미 인용한 많은 연구를 참고하고 있는데, 그의 얘기를 모두 들어보면 그가 절망적인 전망을 하지 않으려 하면서 자중지란에 빠졌다는 걸 알 수 있을 것이다. 또한, 그는 우리가 지금 새로운 영역, 그러니까 낡은 법칙들은 통하지 않을 그런 곳으로 들어가고 있다는 사실도 부인할 수 없을 것이다. 잉글랜드 은행의 수석 경제 전문가인 그조차 일의 미래에 대해 확신을 갖지 못한다면, 우리는 더 이상 기술적 불안 같은 두려움들을 모두 일축해선 안 될 것이며, 또 과거에 있었던 일들에 기대기보다는 미래에 일어날지도 모를 일들에 더 많은 관심을 돌려야 할 것이다.

그러기 위해서는 이 문제를 다루려고 한 다른 많은 설문조사를 꼼꼼히 살펴볼 필요가 있다. 2016년 2월에 오바마 행정부는 '대통령 경제교서'라는 보고서를 의회에 제출했다. 그 보고서는 주로 2015년 백악관 대통령 경제자문위원회(CEA)의 연구를 토대로 작성된 것으로, 거의 모든 지면을 기술적 실업에 대한 전망에 할애하고 있다. 그 보고서에서는 앞서 언급한 옥스퍼드 마틴 스쿨의 보고서도 인용됐고, 너무도 당연한 얘기지만 데이비드 오토의 논문도 인용됐다. 데이비드 오토의 가르침대로, 그 보고서는 자동화와 로봇 공학이 현존하는 일자리들을 빼앗아가더라도 새로운 일자리들이 나타날 거라는 강한 가능성을 열어두며 이렇게 말하고 있다.

"자동화가 어느 정도 인간의 노동력을 대체하겠지만, 그걸 보완하는 일자리들이 생겨날 것이고, 또 새로운 기술을 개발하고 유지하기 위한 새로운 직업 역할들이 나타날 것이다."

그럼에도 이 보고서에는 현재 시간당 20달러 이하의 급여를 받는 노동자들의 경우 83%가 자동화로 인해 일자리를 잃게 될 것이고, 패스트푸드점과 소매점, 콜 센터 등에 종사하는 노동자들은 전원 일자리를 잃게 될 것이라고 말한다. 그리고 시간당 20달러에서 40달러를 버는 노동자들의 경우, 그들의 일이 자동화될 가능성은 4%이며, 전체적으로는 미국 일자리의 62%가 머지않은 미래에 자동화될 위험을 안고 있다는 전망도 내놓았다.

맥킨지 앤 컴퍼니(McKinsey & Company)가 최근에 내놓은 보고서는 훨씬 더 당혹스러울 것이다. 이 보고서가 나오기 전에 나온 한 기사에서 그들은 자신들이 대략 2,000가지의 작업을 중심으로 분석했으며, 일일이 자동화될 잠재력이 큰 18가지 능력 면에서 자세히 살펴보았다고 했다. 그들이 말하는 18가지 능력에는 소근육 운동, 물질계 속에서의 내비게이팅 능력, 인간의 감정 감지 및 자연 언어 처리 능력 등이 포함된다. 일단 이 기본 매개 변수들이 정해진 뒤 그 18가지 능력의 '자동화' 문제를 가늠해본 것이다. 그렇게 해서 나온 맥킨지 앤 컴퍼니 보고서의 결론은 무엇일까?

"결론은 45%의 작업이 이미 입증된 기술을 활용해 자동화될 수 있다는 것이다. 만일 자연 언어를 처리하고 '이해하는' 기술이 인간의 능력의 절반 정도라도 따라온다면, 거기에 추가로 미국 경제 분야 전체 작업의 13%가 자동화될 수 있다. 인공 지능과 머신 러닝 같은 기술이 발전될수록 자동화 가능성 또한 더 커지게 된다."

이 보고서에는 또 한 가지 흥미로운 점이 있다. 자동화가 된다 해도 일부 사람이 두려워하는 것처럼 많은 일자리가 사라지진 않을 거라고 생각하는 가장 큰 이유 중 하나가 바로 앞에서 언급한 데이비드 오토의 '폴라니 역설'이다. 즉, 기계가 인간이 암묵적으로밖에 이해할 수 없는 일들을 배운다는 건 거의 불가능하다는 것이다. 그런데 맥킨지 보고서가 다음과 같은 주장으로 그 폴라니 역설을 정면 반박하고 나선 것이다.

"판에 박힌 일이나 암호화 가능한 일들만 자동화가 가능하며, 세세한 작업 명령을 주기 어려운 '암묵적인' 지식이나 경험이 필요한 일들은 자동화될 수 없다는 얘기는 이제 통하지 않는다."

이걸 잊지 말라. 기술적 실업에 대한 두려움은 과장된 것이라고 주장하는 모든 사람이 믿고 의지하는 사람이 바로 데이비드 오토이다. 따라서 무엇이든 그의 주장이 힘을 잃는다면, 그의 논문을 바이블처럼 생각하는 다른 모든 사람의 주장 또한 힘을 잃게 된다.

이제 '과학 발전을 위한 미국 협회'에서 발표된 또 다른 견해를 소개한다. 라이스대학교의 컴퓨터 과학 교수이자 구겐하임 펠로우(Guggenheim fellow)인 모쉐 바르디(Moshe Vardi)가 자기 동료들 앞에서 이런 말을 한 것이다.

"우리는 지금 기계가 거의 모든 일에서 인간을 능가할 시대로 다가가고 있습니다. 나는 그런 때가 닥치기 전에 우리 협회가 다음과 같은 의문에 답할 수 있어야 한다고 생각합니다. '만일 기계가 인간이 할 수 있는 일을 거의 다 할 수 있게 된다면, 인간은 무얼 해야 할 것인가?'"

좋은 의문이다. "인간이 미래에 관해 얘기하면, 신들이 웃는다."라는 중국 속담이 있다. 우리가 아무리 온갖 지식과 상상력과 과거 경험을 모두 동원한다 해도 미래는 정말 알 수 없다는 걸 일깨워주는 멋진 말이 아닐 수 없다. 그렇다. 우리가 할 수 있는 건 단 하나, 증거들을 자세히 살펴 미래에 대해 가장 그럴듯한 추측을 해보는 것뿐이다. 그러나 그런 매개 변수들 내에서 선의의 사람들이 근본적으로 다른 결론에 도달할 여지는 얼마든지 있다.

그럼에도 나는 상당수의 가장 뛰어난 주장들(일의 미래에 관해 전혀 걱정할 게 없다고 결론짓는 가장 영향력 있는 각종 논문이나 보고서 등)이 실은 너무도 얄팍한 논리와 희망 섞인 생각에 근거하고 있다는 사실에 놀라지 않을 수 없다. 과거에도 모든 게 아주 잘 풀렸기 때문에 미래에도 잘 풀릴 거라는 생각은 결코 지속 가능한 생각이 못 된다. 그런 생각은 드러내는 것만큼이나 많은 걸 묻는다. 특히 그들이 언급하기도 심드렁해 하는 결과를 획득하는 데 필요한 정치적 투쟁과 관련해 더욱 그렇다.

그러나 설사 그들의 논리에 문제가 있고 그들의 주장이 다소 희망 섞인 것이라 해도, 그게 그들의 결론이 잘못됐다는 의미는 아니다. 로봇이 우리 일자리를 빼앗아갈 것인가 하는 의문 속에 갇혀

로봇이 인류의 일자리를 사라지게 만들까?

있지 말고, 일의 미래에 대해 더 나은 사고방식을 찾아야 한다는 의미이다. 아무도, 분명히 말하지만 누구도, 우리가 겪을 커다란 변화를 부정하지 않으며, 그래서 의문은 훨씬 더 근본적인 문제로 맞춰지게 된다. 우리는 대체 어떤 사회를 만들고 싶어 하는 걸까?

애플리케이션이
내 일자리를
빼앗아 갈 것인가?

Will an app take my job?

Chapter 4

"당신은 페이스북의 모든 친구가 당신 쓰레기통을 샅샅이 뒤지면 좋겠는가? 영국과 독일 출신의 디자이너 그룹은 당신이 그럴 거라고 생각한다. 미트 빈캠(Meet BinCam)은 재활용 과정에 혁신을 일으킬 목적으로 만들어진 '스마트한' 쓰레기통이다."

– 에브게니 모로조프(Evgeny Morozov)

소셜 미디어 상에서 가끔 보게 되는 밈(meme. 유전적 방법이 아닌 모방을 통해 습득되는 문화 요소 – 역자 주)이 있는데, 그것을 보면 '공유 경제'나 '긱 경제', '온디맨드 경제' 또는 '협력적 소비'의 발전을 제대로 알 수 있다. 밈은 많은 형태로 존재하지만, 그 변형은 기술 사이트 테크크런치(TechCrunch)에서 나온다.

"세계 최대의 택시 회사인 우버는 차량은 소유하고 있지 않다.

세계에서 가장 인기 있는 미디어를 소유한 페이스북은 콘텐츠를 만들지 않는다. 세계에서 가장 큰 가치를 가진 소매 기업 알리바바(Alibaba)는 재고를 갖고 있지 않다. 그리고 세계 최대의 숙박 시설 공급업체인 에어비앤비(Airbnb)는 부동산을 갖고 있지 않다. 지금 그야말로 '뭔가' 흥미로운 일이 일어나고 있는 것이다."

여기서 말하는 '뭔가'란 온라인과 모바일 네트워크의 힘을 이용해 예전엔 불가능했던 방법으로 각종 제품과 서비스를 고객에게 연결해주고 있는 다양한 기업을 뜻한다. 바로 위에서 말한 것처럼, 이런 발전이 흥미로우냐 그렇지 않으냐는 당신의 관점에 달렸다.

많은 사람의 경우, 우버나 에어비앤비 같은 애플리케이션이 호황을 누린다는 것은 기술 덕에 전 세계 고객에게 더 값싼 제품과 서비스를 제공해주고 자칫 일자리를 구할 수 없었을 지도 모를 사람들에게 일자리를 만들어주는 것이어서 아주 고마운 일이다. 그러나 또 어떤 사람들의 경우, 이런 애플리케이션들은 각종 정부 규제와 노동자 보호 및 노동 조건을 약화시키는 신자유주의의 최신 도구며, 일반 노동자들로부터 소득을 빼앗아 기업가나 투자자들에게 몰아주어 소득 불균형을 심화시키는 가장 새로운 첨단 방법이기도 하다. 그리고 다른 기술들과는 달리, 애플리케이션 기술로 인한 문제는 단순히 노동자들을 대체하는 문제라기보다 새로 만들어지는 일의 질이 떨어진다는 문제이다. 어떤 애플리케이션이 일자리를 뺏어가지 않고 오히려 새로운 일자리를 줄 수도 있지만, "그 일자리가 어떤 일자리냐?" 하는 게 의문이다.

그 의문에 답하려면, 우리는 이 애플리케이션들이 어떻게 작동하는지를 알아야 한다. 그러니 이제 그 애플리케이션과 관련해 쓰이는 언어부터 살펴보도록 하자.

'공유 경제(sharing economy)'란 비시장 내에서 모든 사람에게 도움이 되는 방식으로 제품 및 서비스가 교환되는 것이며, 그래서 그 말 속에 긍정적인 의미가 내포되어 있다. 보통 친구들과 공유를 할 때 우리는 돈을 바라지 않고, 이런 애플리케이션 중 일부는 실제 그런 종류의 공유를 가능하게 해주지만, 지금 주목받고 있는 대부분 애플리케이션은 그렇지 않다. 따라서 공유 경제란 용어는 사실 기만적이며, 애플리케이션으로 인해 단기 계약 근무가 많아지면서 생겨나는 추한 면들을 덮기 위해 사용되기도 한다. 그럼에도 공유 경제라는 말은 여러 가지 다른 경제 행위를 가리키는 학문적 문헌에도 사용된다.

연구원 주호 하마리(Juho Hamari)와 밈미 스죄클린트(Mimmi Sjoklint) 그리고 아우티 우코넨(Autti Ukkonen)은 공유 경제라는 말을 '여러 정보통신 기술(ICT) 발전과 기술을 아우르는 포괄적인 개념'으로 사용하고 있는데, '협력적 소비'가 그 예이다. 그들은 협력적 소비라는 용어를 공동체 내에서의 경제 조정 비용을 낮춰 과소비, 환경오염, 가난 같은 사회적 문제를 완화하려는 도덕적 관심이 반영된 다양한 피투피(peer-to-peer. PC 대 PC, 개인 대 개인처럼 서버의 도움 없이 1:1 통신을 하는 관계 - 역자 주) 활동이나 공유 활동에 한정해 사용한 것이다. 위키피디아(Wikipedia)같은 콘텐츠 공유 사이트들이 이 범주에 속하며, 키바(Kiva)나 킥스타터(Kickstarter) 같은 마이크로-파이낸싱 사이트들 역시 마찬가지다. 그건 좋다. 그러나 내가 보기에 협력적 소비도 공유 경제도 우버, 미케니컬 터크(Mechanical Turk), 에어비앤비 같은 애플리케이션들이 하는 일을 적절히 나타내지 못하며, 그래서 나는 가능하면 그 용어는 쓰지 않으려 한다.

'긱 경제(gig economy)'라는 용어는 조금 다른 뜻으로 쓰이는 경향이 있다. 이 용어는 보다 중립적이긴 하지만, 적어도 내 귀에는 여전히 뭔가 긍정적인 느낌이 들어 있어 믿음이 잘 안 간다. '온디맨드 경제(on-demand economy)'란 용어는 피투피만큼이나 서술적인 용어에 지나지 않는데, 연구원 멜리사 그레그(Melissa Gregg)가 다음과 같이 잘 설명하고 있다.

"비 표준적인 고용이 표준적인 고용 형태가 될 때, 노동권에 대한 우리의 용어 또한 변화할 수밖에 없다. '온디맨드 경제'와 '긱 경제'가 시작이지만, 그것만으로는 아직 부족하다. 이 용어들은 새로운 형태의 노동을 규정하는 차이점을 제대로 포착하지 못한다. 그러니까 어떤 애플리케이션을 만드는 사람들과 그 서비스를 제공하는 사람들 간의 차이, 기기들을 조립하는 사람들과 직접 그 기기를 사용해 이익을 얻는 사람들 간의 차이 등을 말이다."

그렇다면 온디맨드 경제에서 더 상업적인 애플리케이션들은 실제 어떤 일을 하는 것일까? 저널리스트 토미오 게론(Tomio Geron)은 〈포브스 매거진(Forbes Magazine)〉에 기고한 글에서 그 과정을 이렇게 설명했다.

"공유 개념 덕에 예전 같으면 현금화할 수 있는 자산으로 여겨지지도 않았을 것들에서 새로운 시장들이 만들어지고 있다. 이제 약간의 사유 차도만 있으면 파킹 판다(Parking Panda. 개인 소유의 땅을 주차 공간으로 대여해 수익을 얻을 수 있는 애플리케이션 - 역자 주)로 수입을 올릴 수 있다. 집에 개를 키울 수 있는 방이 있다면 독배케이(DogVacay. 애완견 돌봄 서비스 애플리케이션 - 역자 주)를 통해 순식간에 애완견 돌봄 센터를 운영할 수 있다. 렌토이드(Rentoid. 사용자 간 대여 포털 - 역자 주)를 이용하면, 캠핑용 텐트를 사놓고 전혀 쓰지 못하던 사람이 캠핑용 텐트가 필요한 사람에게 하루에 10달러씩을 받고 그걸 빌려줄 수 있다. 스냅굿즈(SnapGoods)를 이용하면, 쓰지 않고 차고에 박혀 있는 드릴을 필요한 사람에게 빌려주고 하루에 10달러를 받을 수 있다. 또한 리퀴드(Liquid)를 이용하면, 사용하지 않는 자전거를 자신이 사는 도시를 저렴한 비용으로 둘러보고 싶어 하는 관광객에게 빌려주고 하루에 20달러를 받을 수 있다."

이 모든 것에서 우리는 우리가 지금 포스트-포드주의(post-Fordism. 포드주의 이후) 경제 또는 지식 경제(일이 공장 내에서의 노동보다는 온라인 네트워크를 통한 지식 및 전문 기술의 교환을 중심으로 조직화되는 경제)의 시대로 가고 있다는 것을 알 수 있다. 헨리 포드(Henry Ford)와 그의 자동차 대량생산 방식에서 이름을 따온 포드주의 경제 체제에서는 제품과 서비스 개발, 그리고 제작과정이 복잡하고 비용이 많이 들어가며, 그래서 공급을 조정하는 과정이나 제품과 서비스를 고객에게 연결하는 과정 또한 복잡하고 비용이 많이 든다. 그런 시장에서는 거래하는 것도 힘들 뿐 아니라 복잡한 일을 처리할 독립체가 필요해, 기업이 발전하게 된다. 기업 내의 복잡한 계층에도 불구하고, 그것이 더 적은 비용으로 경제적 교환을 조직화하는 방법이기 때문이다.

그러나 포스트-포드주의 경제에서는 온라인 네트워크 덕에 각종 제품과 서비스를 고객에게 값싸게 연결할 수 있고, 그래서 기업 같은 독립체가 개입할 필요가 없으며, 혹 기업이 필요하다 해도 훨씬 덜 기업다운 기업이 있으면 된다. 하버드대학교 법학과의 기업 법률학 교수인 요차이 벤클러(Yochai Benkler)는 〈파이낸셜 타임스 (Financial Times)〉에 기고한 글에서 "통신 기술이 새로운 형태의 인간 협력을 구축하는 데 도움이 될 수 있다는 최초의 조짐들은 돈이 개입되지 않는 경제 영역 밖에서 볼 수 있었다."고 말했다. 그러면서 요차이 벤클러는 대부분의 교환은 원래 시장보다는 사회적 상호관계를 통해 중재됐었다고 말한다. 일반적인 관리 체계도 지급 시스템도 필요 없다는 것은 공동 작업에 대한 금전적 보상을 나눠 가져야하는 사람들 사이에 흔히 일어나는 갈등조차 일어날 가능성이 별로 없다는 뜻이기도 하다.

"온디맨드 경제를 구성하는 기업들은 비슷하지만, 가격 신호들이 사회적 동기 부여를 대신하고 있다. 기업의 경계는 허물어졌고 효율성은 크게 개선됐다. 위키피디아와 리눅스(Linux)의 경제적 효과는 출판 업계와 소프트웨어 업계에서 느껴졌으며, 그 업계의 노동자들은 대개 교육 수준이 높고 생활이 꽤 넉넉하다. 그러나 온디맨드 경제의 효과는 교육 수준도 낮고 물질적 안정감도 낮은 사회 계층을 깊이 파고들 것이다."

그래서 노동자들을 어떤 제품이나 서비스가 필요한 사람들과 연결해주는 일을 하거나 아니면 임대용 방이나 자동차의 렌트를 통합 조정하는 일을 하거나 그 밖에 다른 연결 일을 하는 기업들은 사라지지 않고 있다. 기업의 이런 기능은 포드주의 경제의 재래식 기업의 기능과는 아주 다르다 하지 않을 수 없다.

우리가 제품과 서비스 시장을 공급업자와 유통업자, 사용자/고객으로 이루어진 수직적인 시장이라고 볼 경우, 전통적인 포드주의 경제에서 이익을 내는 기업은 그 수직적인 시장의 모든 계층을 독점하고 있거나, 아니면 두세 계층을 통합해 자기 고객들을 위한 수직적인 해법을 제시할 수 있는 기업이었다. 기술과 비즈니스 전략 전문 작가인 벤 톰슨(Ben Thompson)은 신문은 특정 지역 내에서의 뉴스 공급을 좌지우지함으로써 이익을 낸다고 말한다. 호텔은 당신이 휴가를 보내는 도시에서 세를 내줄 방을 소유하고 있다. 출판사는 작가와 책 유통을 좌지우지한다. 또 택시는 면허 제도를 통해 단거리 여행을 하는 사람들에게 자동차를 대여하는 걸 독점한다. 벤 톰슨은 이렇게 말한다.

"이 모든 산업 분야에서 유통업자들은 공급을 통합 조정한다. 늘 공급업자보다는 사용자와 고객이 훨씬 더 많기 마련이며, 그래서 거래 비용이 많이 드는 세계에서는 공급업자 입장에 있는 사람이 훨씬 더 큰 힘을 갖는다."

그는 그래서 공급업자들이 온라인 네트워크를 이용해 제품과 서비스를 고객들에게 연결해주는 애플리케이션 기업을 만들어내게 된다면서 이렇게 말했다.

"첫째, 인터넷은 유통(디지털 제품들의) 비용을 무료로 만들었고, 인터넷 시대 이전의 유통업자들이 공급업자들과 통합하는 데 활용했던 이점을 무력화시켰다. 둘째, 인터넷은 거래 비용을 제로로 만들어, 유통업자가 최종 사용자와 고객과 통합되는 게 가능해졌다. 이는 곧…… 성공을 결정짓는 가장 중요한 요소는 사용자 경험이라는 얘기이다. 그러니까 가장 뛰어난 유통업자/애그리게이터(aggregator. 여러 회사의 제품과 서비스에 대한 정보를 모아 한 웹사이트에서 제공하는 인터넷 기업이나 사이트 - 역자 주)/시장 조성자는 최고의 경험을 제공함으로써 성공하고, 그 결과 가장 많은 고객과 사용자를 확보하게 되며, 그 결과 가장 많은 공급업자를 끌어들이게 되고, 그 결과 다시 사용자 경험을 늘리는 식의 선순환을 하게 된다."

요차이 벤클러에 따르면, 이런 여건에서는 공유가 시장의 일반적인 한계를 넘어 경제적 가치를 만들어낼 실현 가능한 대안이 된다. 그는 또 공유 가능한 제품과 서비스는 일종의 초과 능력, 즉 충분히 활용되지 못하는 제품과 서비스라고 말한다. 매일 일정 시간 동안 쓰이지 않고 노는 당신의 자동차나 다른 사람들과 기꺼이 공유할 용의가 있는 소프트웨어 작성 방법에 대한 당신의 지식 등이 모두 그런 예에 속한다. 긱 경제는 그 초과 능력을 활용할 수 있는 한 방법으로, 다른 '2차 시장(secondary market)'들보다 더 효율적일 수 있다.

요차이 벤클러는 공유 경제의 또 다른 측면, 즉 공유는 서로 잘 아는 사람들 사이에서만 이루어지는 게 아니라는 측면을 강조한다. 애플리케이션 기업들은 구매자와 판매자 사이에서 중재자 역할을 하며, 그 거래 비용의 일정 퍼센티지를 가져가는 거로 수입을 올린다. 따라서 대안으로 나온 이런 형태의 교환이 어느 정도 규모로 행해지려면, 서로 잘 아는 사람들 범위를 넘어선 폭넓은 공유가 가능해져야 한다. 그런 일을 가능하게 해주는 과정을 흔히 '믿음의 상품화'라 부르는데, 우버나 에어비앤비 같은 애플리케이션들이 성공을 거둔 것이 바로 그 믿음의 상품화 덕이다.

애플리케이션들이 어떻게 작동하는지를 이해하려면, 전통적인 호텔에 방을 예약할 때의 상황을 생각해보면 된다. 호텔과는 비인간적인 관계이므로, 우리는 예약할 호텔의 평판을 토대로 그 호텔의 품질과 서비스에 대한 합리적 기대를 하게 된다. 예를 들어 힐튼(Hilton) 같은 5성급 호텔에 예약하거나 아니면 머큐어(Mercure) 같은 3성급 호텔에 예약하면서, 우리는 일정 금액을 지급하고 일정 기간 방을 빌려 쓰면서 수긍할 만한 품질과 서비스를 경험하게 될 거라는 합리적인 수준의 '믿음'을 갖게 된다. 그러면서 또 우리는 이중 예약이 됐다거나 룸서비스를 이용했는데 엉뚱한 음식이 배달됐다든가 수준 이하의 방이 줬다든가, 호텔 측 실수로 뭔가 잘못된 일이 발생할 경우 곧 그걸 바로잡을 수 있으리라고 믿는다.

반면에 우리가 만일 어떤 애플리케이션을 활용해 뉴욕에서 자신의 1인용 침실 아파트를 적절한 비용에 이틀 밤 묵을 수 있게 해주겠다는 사람을 상대로 숙박 예약을 한다면, 지급한 비용에 걸맞은 방을 얻게 되리란 믿음을 가져도 좋을지 어떨지 도무지 알 길이 없다. 이 같은 문제는 우리가 우버나 리프트(Lyft)를 통해 자동차를 임대하거나, 이베이(eBay)에서 어떤 제품을 구입하거나, 태스크래빗(TaskRabbit)을 통해 누군가를 고용해 고양이 문을 설치할 때도 발생한다. 누가 믿을 만한 사람인지 어찌 알 수 있겠는가?

관련 기업들이 이런 문제를 해결하기 위해 개발한 시스템이 바로 상호 등급 결정 시스템이다. 당신은 어떤 잡일을 해달라고 고용한 사람이나 아파트를 빌려준 사람의 등급을 매기고, 그들은 고객으로서의 당신에 대해 등급을 매기는 것이다. 예를 들어 이런 것이 에어비앤비의 경우 어느 정도 잘 적용되고 있는지에 대해 벤 톰슨은 이렇게 말했다.

"내 재임대인은 고객에게 최상의 숙박 시설을 제공하려는 동기가 있고, 나는 내 숙박 시설을 그렇게 최상으로 유지하려는 동기가 있고, 에어비앤비가 엄청난 인기를 끄는 게 바로 그 때문이다. 호텔들 역시 그런 개념으로 믿음을 얻었고 그 믿음이 브랜드 덕에 더 강해졌던 것인데, 그 같은 호텔의 최대 장점 중 하나가 빛을 잃기 시작한 것이다. 게다가 지금 에어비앤비가 믿음을 쌓아가고 있다는 것은 홈스테이가 호텔보다 더 믿을 만하다는 얘기가 아니라, 믿음이라는 호텔의 장점이 무력화되어버렸다는 얘기이다."

벤 톰슨이 그런 생각을 만들어내고 있는 건 아니지만, 어쨌든 믿음이 무력화되었다는 생각은 중요하다. 지금 애플리케이션들이 만들어내고 있는 것은 믿음이라기보다는 믿음에 대한 시장성 있는 대체이다. 우리는 마치 등급 시스템이 의미가 있는 듯 행동하고 있고, 그것이 애플리케이션의 목적 같은 역할을 하고 있다. 그러나 톰 슬리(Tom Slee)는 〈네 것은 내 것이다(What's Yours Is Mine)〉에서 "평가 시스템의 약속은 신기루 같다."고 주장한다. 다양한 평가 시스템의 근거는 끝없이 변화하고 있고, 기업들 자체도 자신들의 평가 시스템을 자주 바꾸고 있어, 정확히 무얼 평가하고 있는 건지를 아는 게 어렵다는 것이다. 그는 또 에어비앤비와 트립어드바이저(TripAdvisor)의 애플리케이션에서 볼 수 있는 동일한 특성에 대한 평가를 비교한 한 연구에 대해 언급하면서, 평가자들의 의견이 일치하는 게 거의 없어 신뢰도가 높지 않다고 말한다. 또한, 다른 연구를 살펴봤는데, 사람들이 비디오 웹 사이트 넷플릭스(Netflix)를 통해 영화에 대해 매긴 평가 결과를 그래프로 그려보니 벨 모양의 곡선이 나타났다고 한다. 그러니까 대부분의 평가는 중간 카테고리(별 3~4개)에 몰려 있고 극단적인 평가(별 1개 또는 5개)는 얼마 되지 않은 것이다. 그러나 에어비앤비와 우버 평가의 그래프는 대개 J자 커브를 그린다. 그러니까 낮은 평가는 몇 안 되고, 거의 모든 평가가 몰린 별 5개 부분으로 가파른 곡선을 그리며 올라가는 것이다. 여기에서 우리는 다시 평가 시스템이라는 게 신뢰도가 낮으며, 또 사람들의 평가가 홈스테이 경험이나 자동차 이용 경험이라는 객관적인 조건들 외의 다른 그 무엇에 좌우된다는 걸 알 수 있다.

이 같은 현상이 나타나는 이유 중 하나는 사람들이 예의상 자신들이 느끼는 실제 점수보다 더 후한 점수를 주기 때문이다. 그러나 평가 시스템은 상호적이어서 운전자와 주택 소유주들도 자기 고객을 평가하며, 그래서 사람들은 자신의 사용자 경험을 과대평가함으로써 자기 자신의 평판을 지키려 한다. 누군가를 과소평가할 경우 보복이 두렵고, 그래서 다른 사람들을 과대평가하는 것이다. 평가 시스템은 사람의 이런 본성 때문에 신뢰도가 떨어지는 것이다. 톰 슬리는 이렇게 말했다.

"평가라는 것은 증언이 공정할 때 그리고 공모나 보복으로부터 자유로울 때 한해서만 효과가 있다."

톰 슬리는 또 이런 말도 했다.

"얼렁뚱땅한 믿음의 증언 때문에 대부분 규정이 고객 스스로 보지 못하는 것들을 걸러내기 위해 존재한다는 점을 놓치게 된다. 그러니까 관광객들은 자신들의 숙박 시설이 화재 발생 시 제대로 보호될 수 있는지를 알 수 없고, 식당 고객은 주방 안에서 음식이 제대로 관리되고 있는지를 알 수 없으며, 택시 승객은 자신이 탄 자동차의 브레이크가 제대로 작동되는지를 알지 못한다. 아마 대부분의 사람이 절대 알 수 없을 것이다."

평가 시스템이 이런 문제들을 해결할 수 없으며 그래서 이런 말이 나오게 된다.

"우리는 평가 시스템으로 해결할 수 있다고 믿는 비교적 좁은 범위의 신뢰 문제, 그러니까 청결 문제, 시간 엄수 문제, 친절 문제들을 안고 있다. 심지어 평가 시스템은 선과 악을 구분한다는 기본적인 일조차 제대로 해내지 못하고 있다. 그런 결점이 시스템의 근거들에 대한 지속적인 갱신에으로, 또 별 노력이 필요 없는 클릭들과 알고리즘들이라는 '매혹적인' 점에 초점을 맞춘 공적 토론에 가려지고 있다.

긱 경제 기업들은 중앙 집중화되고 이해하기 힘든 훈육과 징계 방식의 경영을 가리기 위해 평가 시스템을 활용하고 있다는 것이 그의 결론이다. 긱 경제 기업들이 택시나 호텔 같은 전통적인 업계들이 따라야 하는 규정을 준수하는 대신 고객 평가 시스템을 택하고 있고, 또 그 같은 평가들을 자기 '직원들', 그러니까 자동차를 운전하거나 방을 공급하는 도급업자들에 대한 훈육과 징계 방법으로 활용하고 있다는 것이다. 톰 슬리의 말을 들어보자.

"뭔가 일이 크게 잘못될 경우, 고객들은 별 3개짜리 후기를 올리고 싶어 하지 않으며, 회사로 직접 전화를 걸고 싶어 한다. 그런데 늘 그렇게 할 수 있는 건 아니다. 우버는 한때 거래개선협회(Better Business Bureau. 공정 거래를 위한 생산자 단체 - 역자 주)로부터 F 평가를 받았었는데, 주로 고객 불만에 제대로 대처하지 못했기 때문이었다."

재차 강조하지만, 평가 시스템은 품질을 평가하기 위한 신뢰할 만한 방법이라기보다는, 자기 직원들을 길들이는 방법으로 활용하고 있다. 긱 경제 기업들은 대개 노동자들에게 의료 보험, 휴일 급여, 병가, 최저 임금 등은 보장해주지 않으면서, 평가 시스템을 활용해 직원들에 대한 나름의 관리 표준을 유지해 노동자들이 이에 저항할 수 없게 만든다.

물론 그러기 위해 기업들은 통상적으로 기업들이 부담하는 위험과 비용(각종 보험에서 재고 관리, 의료비, 임금, 휴일 급여 등)을 거의 전적으로 노동자들에게 전가하고 있다. 긱 경제에서 일하려면 노동자가 자기 돈으로 재고를 사고 기술을 개발해야 하며(자동차를 임대하고 부동산을 임대하고 주어진 일을 하는 등), 또 노동자가 보험료도 내고 각종 규제 문제도 처리하고 고객도 직접 상대해야 한다. 자동차가 고장 난다거나 단기 체류 아파트의 샤워기가 물이 샌다거나 자신에게 주어진 임시 일을 하기 위해 구비하고 있지 않은 연장이 필요할 경우, 그 비용 역시 애플리케이션 기업을 운영하는 사람들이 아니라 노동자 자신이 부담해야 한다. 당신이 만일 어떤 애플리케이션 기업에 채용된 노동자라면, 휴가를 가고 싶을 때 언제든 갈 수 있지만, 휴일 급여 개념 없는 휴가를 가야 한다. 또 만일 의료 보험을 이용하고 싶다면(특히 미국에서), 노동자 자신이 보험료를 내야 한다. 몸이 아파서 하루나 이틀 쉬어야 할 경우 애플리케이션 기업을 상대로 병가를 낼 수도 없다. 전통적인 직장 환경에서 정규직 노동자들에게 주어지는 그 모든 급여나 근무 조건(그 모든 게 노동조합과 다른 노동자들이 오랜 세월 투쟁해 얻어낸 것들이지만)이 모두 다 사라졌다. 그 모든 게 전통적인 노동자와 고객 관계에 양다리를 걸친 이 새로운 기업들의 견딜 수 없이 가벼운 존재 속에 싹 사라져버린 것이다. 기술 사이트 테크크런치의 한 기사는 이렇게 말했다.

"이 기업들은 아주 거대한 공급 시스템(비용은 여기서 부담) 위에 믿을 수 없을 정도로 가볍게 올라앉아, 스스로 엄청나게 많은 사람(돈은 여기서 범)과 연결하고 있다."

이 모든 걸 고려해 보면, 어째서 이 같은 애플리케이션들이 바람직한가 하는 문제와 관련해 여러 의견이 나올 수 있는지가 이해될 것이다. 자유주의자들은 이런 애플리케이션들에 큰 호감을 보이는데, 그들의 입장은 작가 코리 마시미노(Cory Masimino)가 한 자유주의 웹사이트에 기고한 다음과 같은 글에 아주 잘 나타나 있다.

"자유주의 경제의 핵심적인 원칙들은 보이지 않는 손, 자발적인 교환과 협조, 자치, 그리고 분권화이며, 그 모든 것들은 공유 경제 속에 들어와 실현된다. 우버는 규제가 없는 자발적이고 서로 이익이 되는 시장 교환을 통해 이익을 추구하는 운전자와 서비스를 찾는 승객을 직접 연결해줌으로써 자유주의의 진수를 보여준다……. 이런 종류의 자유방임적 상호작용은 현대 기술과 인터넷의 출현 덕에 비로소 가능해진 것이다……. 우버와 공유 경제는 정치적 관련성은 덜하고 더 혁신적이고 창의적인 경제로, 정부의 규제에서 벗어날 수 있는 혁명적인 기회를 제공해준다……. 서서히 그러나 확실히 정부의 족쇄에서 벗어날 수 있는 전혀 새롭고 자유로운 경제인 것이다."

반면에, 많은 진보적인 평론가와 정치인이 긱 경제의 출현에 경악하고 이런 종류의 '고용' 증가가 불러올 파장, 또 그것이 일의 미래에 미치는 영향 등에 대해 우려를 금치 못하는 것도 바로 이 때문이다. 〈자코뱅〉지에 올린 글에서 저널리스트 아비 애셔-샤피로(Avi

Asher-Schapiro)는 이렇게 말했다.

"전제는 그럴싸하다……. 실리콘 밸리는 각종 애플리케이션을 만들어내 노동자와 일을 짝지어주는 중매인 역할을 하고 있다……. 그러나 또 혁신과 진보라는 이름 아래 이 기업들은 지금 노동자보호 제도를 박탈하고 임금을 깎아내리고 각종 정부 규제를 무시하고 있다. 한마디로 말해, 기업의 위험을 노동자들에게 전가하고, 노동자 들의 단결권을 무력화시키고, 자본가들이 낮은 고정비를 토대로 막 대한 이익을 거둘 수 있게 해주고 있다……. 엄밀히 말하자면 우버 는 철저히 자본주의로 무장된 기업인 것이다."

이밖에 다른 잠재적인 문제도 있다. 비판론자들은 에어비앤비 스타일의 임대업은 다른 임대 부동산들의 가격을 전부 다 끌어올려, 가난한 사람들과 소외 계층에게 더 저렴한 숙박 시설을 제공하는 걸 방해하고 있다고 지적한다. 그러니까 임대 부동산들을 전통적인 임 대 시장이 아닌 단기 시장에 내놓음으로써, 장기 임대 물건의 양이 줄어들면서 임대료가 올라가게 되는 것이다. 뉴욕 주 연방 법무부에 서 내놓은 한 보고서에 따르면, 에어비앤비 스타일의 임대업 때문에 여러 지역에서 임대료가 1.2%에서 2.3% 올랐다고 한다. 그 보고서 는 또 에어비앤비가 내놓은 임대 부동산 가운데 거의 4분의 3이 부 동산 재임대에 대한 여러 규정을 어기는 등 불법적인 임대라는 걸 보여준다. 게다가 임대 시장이 '보통 사람들'에게 가욋돈을 만지게 해줄 기회를 주기는커녕, 임대 시장 자체가 사실상 '큰손들'에 의해 좌지우지되고 있다.

에어비앤비 측에서 제공한 통계 수치에 따르면, 등록된 전체 집주인 가운데 6%가 전체 이익의 37%를 가져가고 있다. 다시 말해, 에어비앤비를 통해 정말로 돈을 버는 사람들은 많은 부동산을 소유한 큰손들이라는 것이다. 예를 들어 에어비앤비에 등록된 뉴욕 최고의 큰손은 무려 부동산 272채를 소유해 3만 차례의 임대로 700만 달러를 벌었다. 잡지 〈마더보드(Motherboard)〉에 실린 한 기사에는 이런 말이 나온다.

"뉴욕 주 연방 법무부 장관이 그리고 있는 그림은 예쁜 그림이 아니다. 몇 안 되는 사람이 에어비앤비를 전문가들의 무대로 만들고 있고, 불법적인 호스텔들이 뉴욕 도처에서 생겨나고 있는데, 하도 여기저기 분산되어 있어 규제하기도 힘들다는 것이다. 문제는 에어비앤비 입장에서도 자신의 이용자들이 여기저기 사방에 있는 게 좋다는 것. 그들이 회사에 들어오는 전체 수입 중 아주 큰 부분을 차지하고 있기 때문이다."

그 외에 또 다른 문제도 있다. 애플리케이션 기반의 기업들이 비용을 낮추고 사업상의 각종 규제와 조건을 피해 나가자, 전통적인 기업들까지 그렇게 하지 않을 수 없게 된 것이다. 워낙 치열한 경쟁 속에 기업들 사이에서는 더 나은 제품을 제공함으로써가 아니라 모든 노동자의 급여와 근무 조건을 떨어뜨림으로써 가격을 낮추려는 분위기가 조성되고 있다. 아니면 노동자들에게 전통적인 급여와 근무 조건을 제공해 비용 부담이 큰 기업들이 문을 닫을 수밖에 없는 상황으로 내몰리고 있다.

긱 경제 애플리케이션들이 제공하는 서비스들이 워낙 편한 서비스들이다 보니 우리가 이런 사실을 보지 못할 수밖에 없고, 그래서 문제가 생겨날 수밖에 없다. 벤 톰슨이 말했듯, 이런 애플리케이션 기반 긱 경제에서 성공하는 열쇠는 고객 인터페이스이다. 그러니까 가장 뛰어난 유통업자/애그리게이터/시장 조성자는 최고의 경험을 제공함으로써 성공하는 것이라 했는데, 그건 의심할 여지없는 사실이다. 그러나 그것이 장기적인 피해가 없다는 뜻은 아니다. 그러나 사람들이 실제 이런 서비스를 좋아하고 계속 찾는다는 것은 가볍게 일축할 수 있는 문제는 아니다. 그리고 특히 흥미로운 사실은 애플리케이션 기업들이 자신들의 서비스에 만족한 사용자들을 정부 규제를 푸는 데 적극적으로 활용하고 있다는 것인데, 그들이 어떤 식으로 그렇게 하는지를 이해할 필요가 있다.

기업들이 자신들의 고객에게 자신들이 파는 제품과 서비스에 단단히 '미쳐' 떼려야 뗄 수 없는 관계로 만들려 한다는 건 새로운 얘기도 아니다. 미국 광고업계의 초창기 '미친 사람들' 중 한 사람이자 굴지의 광고 대행사 오길비 앤 마더(Ogilvy & Mather)의 설립자이기도 한 데이비드 오길비(David Ogilvy)는 자신의 책 『오길비, 광고에 대해(Ogilvy on Advertising)』에서 자신이 광고하는 제품에 이미지(그 자신은 이미지라 부름)를 부여해야 할 필요성에 관해 쓰고 있는데, 그는 이미지가 하는 역할과 만들어지는 방법에 대해 다음과 같은 분명한 견해를 밝히고 있었다.

"왜 어떤 사람들은 위스키 잭 대니얼스(Jack Daniels)를 선택하고, 또 어떤 사람들은 그랜드 대드(Grand Dad)나 테일러(Taylor)를 선택하는가? 사람들은 세 가지를 다 마셔보고 그 맛을 비교해본 것일까? 웃기는 소리 말라. 실은 세 브랜드가 서로 다른 사람들에게 어필하는 서로 다른 이미지를 갖고 있기 때문이다. 브랜드 이미지는 증류주 제조업체가 팔아야 하는 것의 90%이다."

마찬가지로, 언론인이며 역사학자인 토마스 프랭크(Thomas Frank)는 자신의 저서 『멋진 것의 정복(The Conquest of Cool)』에서 광고업계가 어떻게 1960년대의 반자본주의 반문화에서 생겨난 반란 정신과 반체제 감정을 끌어들여 영리 목적으로 파는 자신들의 제품에 집어넣었는지를 다음과 같이 말하고 있다.

"나이키(Nike) 광고에는 미국 소설가 윌리엄 S. 버로스(William S. Burroughs)의 글과 비틀즈(the Beatles), 이기 팝(Iggy Pop), 질 스콧 헤론(Gil Scott Heron. The Revolution Will Not Be Televised)의 노래들이 활용됐고, R. J. 레이놀즈(R.J. Reynolds)의 담배 광고 문구와 미국 전역의 스타벅스(Starbucks)의 벽과 창문에는 평화의 상징들이 장식처럼 쓰였고, 애플과 IBM, 마이크로소프트(Microsoft)의 제품들은 자유를 나타내는 기기들로 찬양되는 등, 수많은 제품 광고가 소비자에게 틀에 박힌 규칙을 깨고 자기 자신을 찾으라고 요구하고 있다."

자신의 글 〈공유의 숭배(The Cult of Sharing)〉에서 마이크 불라제프스키(Mike Bulajewski)는 이런 종류의 소비자 동일시가 긱 경제의 신생 기업들을 비롯한 다양한 기술 기반 기업들에 의해 더 심화되어왔다고 주장한다. 실리콘 밸리 관련 기업들과 그 기업들을 운영하는 유명 기업가들은 마치 자신들이 구태의연하고 숨 막히는 각종 정부 규제에 맞서 싸우는 변화의 주역이라도 되는 양 행동하고 있다면서 그른 이렇게 말한다.

"1984년에 나온 애플의 클래식한 광고 〈1984〉는 이런 전략의 대표적인 예이다. 경쟁 기업인 IBM을 권위주의적인 정부에 빗대면서, 애플 제품을 구매함으로써 반대 의사를 밝혀야 한다고 광고한 것이다. 이런 접근 방식은 다른 첨단기술 기업들에 의해 끊임없이 활용돼왔으며, 단지 이후 달라진 게 있다면 사용자 제작 콘텐츠와 광고 기반 비즈니스 모델들에 맞추기 위한 소소한 변화들이 있었다는 정도이다. 그러면서 이제 소비자들은 단순한 제품 구매를 넘어 '참여' 단계에 도달하게 되는데, 참여라는 이 개념 속에는 정치적인 의미도 내포되어 있다."

마이크 불라제프스키는 그런 틀 속에서는 정부의 정책들이 무시되게 된다고 주장했다.

"이 모든 것이 소비자 선택을 일종의 권한 부여로 왜곡하고 있으며, 시장을 사회 변화를 위한 장으로 변질시켜놓고 있다. 그들은 공적이며 민주적인 의사 결정은 느려 터지고 어설프고 개혁을 가로막는 쓸데없는 짓이라며 무시하는 게 상책이라고 말한다. 그러면서 첨단기술 기업가들은 자본주의를 통해 세상을 변화시키는 일을 해내고 있다고 말한다."

이 전략의 최신 버전은 '커뮤니티' 또는 '공동체' 떠받들기이다. '지구촌' 시대에는 커뮤니케이션 기술이 전 세계의 모든 사람을 연결해주게 될 거라는 마샬 맥루한(Marshall McLuhan)의 생각을 그 대로 되풀이 하듯, 페이스북이나 우버 또는 태스크래빗 같은 실리콘 밸리의 첨단기술 기업들은 네트워크를 통해 우리를 연결해준다며 자신들의 제품을 극찬하고 있다. 그러니까 자신들의 제품이 온라인을 통해 단순한 친구 및 가족들과의 연결을 훨씬 뛰어넘는 끝없는 연결을 가능하게 해준다는 것이다. 마이크 볼라제프스키는 에어비앤비 CEO의 말을 인용해 다음과 같은 말을 했다.

"도시들은 한때 마을이었다. 모든 사람이 서로를 잘 알고 있었고, 또 모든 사람이 가정이라는 것을 갖고 있다는 걸 알고 있었다. 그러나 지난 세기의 기계화와 산업 혁명을 거치면서, 그런 신뢰감과 소속감은 대량 생산 시스템과 인간미 사라진 여행 경험으로 대체되었고……. 예를 들어 에어비앤비 같은 새로운 기술은 멀리 떨어진 사람들을 하나로 묶어주는 일을 하고 있으며…….당신이 어디에 있든, 어딘가에 속하고 환영받고 존중받으며 자기 자신의 진가를 인정받고 싶어 하는 인간의 보편적인 욕구를 파고들고 있다."

이런 접근방식이 효과가 있다는 것은 그런 기업들이 고객에게 자신들 대신 홍보 대사처럼 뛰게 만든다는 데서 잘 드러난다. 마이크 볼라제프스키는 DDB 월드와이드(DDB Wordlwide)의 CEO인 척 브라이머(Chuck Brymer)의 다음과 같은 말을 인용해 그 예를 들고 있다.

"인터넷의 등장으로, 이제 광고는 방송 미디어에 뿌리내린 전통적인 선전 모델에서 벗어나, 소비자들과의 대화와 소비자들 간의 대화로 변했다. 소비자들 사이에 화제를 불러일으키고 소비자들의 상호 교감을 최대한 활용하고 소비자들에게 영향력을 발휘해 자사 브랜드 홍보 대사들처럼 뛰게 하는 것이 성공적인 마케팅의 열쇠가 된 것이다."

마이크 불라제프스키는 또 『브랜드의 숭배(The Culting of Brands)』의 저자인 더글러스 앳킨(Douglas Atkin)의 사례도 인용하고 있다. 더글러스 앳킨은 현재 에어비앤비의 전 세계 커뮤니티 및 동원(Mobilization) 책임자이며, 다양한 첨단기술과 긱 경제 기업들을 대변해 로비를 하는 기업 피어스(Peers)의 공동 설립자이자 회장이기도 하다. 마이크 불라제프스키에 따르면, 더글러스 앳킨은 자신의 저서 『브랜드의 숭배』에서 브랜드들은 마치 사이비 종교나 일반 종교들이 그러듯, 소속감이나 존재 의미 같은 인간의 중요한 욕구들을 충족시켜준다고 주장한다.

일단 사람들이 어떤 제품이나 브랜드 또는 서비스에 푹 빠져들고, 소셜 미디어를 통해 그걸 다른 사람들에게 권할 정도가 되면, 그들로 하여금 정부에 맞서 그 제품이나 브랜드 또는 서비스를 대변케 하는 건 그리 어려운 일이 아니다. 이런 접근방식은 우버가 뉴욕시에서 벌인 캠페인에서 믿을 수 없을 만큼 큰 효과를 발휘했다. 한때 뉴욕 시장 빌 드 블라시오(Bill de Blasio)는 뉴욕시 내에서 우버식 임대 자동차로 운영할 수 있는 개인 자동차의 수를 제안하겠다는 발표를 했다. 그가 그런 발표를 하게 된 가장 큰 이유는 임대 자동차들이 뉴욕시의 교통 환경에 미치는 영향을 조사하기 위한 것이었다(물론 당시 많은 사람은 이 발표가 나오자마자, 뉴욕의 택시 업계가 자신들의 기득권을 지킬 목적으로 로비한 결과라고 반발했다). 뉴욕 시장의 그 같은 조치에 대해, 우버는 자신들의 애플리케이션에 '드 블라시오의 견해'라는 링크를 추가하는 방식으로 대응했다. 뉴욕 시장의 발표대로 될 경우 뉴욕 시에서 자동차를 기다리는 대기 시간이 천문학적으로 늘어날 것이라는 게 그 링크의 골자였다. 우버 측은 사용자들이 시장에게 직접 이메일을 보낼 수 있는 링크도 포함해, 우버의 영업을 제한하려는 시장의 시도에 항의할 수 있게 했다. 결국 그 일은 시장이 한 발 물러서는 걸로 끝났다.

여기서 문제의 핵심은 소비자들을 내세운 로비가 먹히느냐 마느냐가 아니라, 지금 기업들 스스로 자신들의 기업 목표(금전적인 것이든 정치적인 것이든)를 달성하기 위해 더없이 분명한 공동체의 인간적 욕구들을 최대한 활용하는 접근방식을 취하고 있다는 것이다. 사회 평론가 에브게니 모로조프(Evgeny Morozov)가 말하는 것처럼, 중요한 것은 성공과 실패가 이런 캠페인들에 의해 결정된다는 게 아니라, 이런 캠페인들의 존재 자체가 기업들이 늘 써먹고 있는 더 전통적인 로비 방식에 대중의 지지를 끌어들이는 사회 분위기를 조성한다는 것이다. 에브게니 모로조프는 실리콘 밸리의 접근방식에 대해 이렇게 대변한다.

"대부분 산업 분야에서 각종 규제를 철폐하면, 그로 인해 가격이 내려가고 기업가들이 자유롭게 활동할 수 있게 돼 대중을 깊은 잠에서 깨어나게 할 수 있다. 다시 말해 개인의 책임을 앗아가 버린 아무짝에도 쓸모없는 정부 개입으로 인해 생겨난 병폐를 치유할 수 있다는 것이다."

이는 신자유주의가 추진하는 중요한 프로젝트 중 하나이기도 하다. 신자유주의 체제에서는, 정부가 민영화와 소위 고용 유연화로 상징되는 '경제 개혁'을 줄기차게 밀고 나감으로써 개인 기업들이 최대한 규제가 없는 환경 속에서 사업을 할 수 있기 때문이다. 공유 경제는 사용자들을 동원해 택시 면허제 같은 각종 규제에 맞서게 하고, 또 불안정한 고용이 기업가 정신의 결과물로 자주 비난받는 상황 속에서 새로운 일자리와 수입을 만들어냄으로써 그 같은 신자유주의 프로젝트를 추진해 나간다.

기술로 인해 더 전통적인 고용 형태들에 일대 변화가 생기면서, 긱 경제와 그 경제의 원동력인 각종 애플리케이션에 대한 찬반양론이 일게 되는데, 그 찬반양론은 좌파와 우파라는 일반적인 정치 성향과 딱 맞아떨어지지는 않는다. 긱 경제에 대한 비판은 주로 중도 좌파에게서 나오고 지지는 주로 우파에게서 나오지만, 좌파 안에서도 그런 경제의 출현을 어느 정도 용인하거나 새로운 형태의 고용과 교환을 촉진하기 위해 새로운 기술을 받아들이려 하는 움직임이 꽤 있다. 진보파나 진보 좌파 또는 노동당 그리고 긱 경제의 출현을 불가피하다고 보고 그 경제가 가진 최악의 면들을 개선하려 하는 정치인 등도 전자의 그룹 속에 포함할 수 있다.

이 범주에 완벽하게 맞아떨어지는 것이 전직 노동조합 간부 빌 쇼튼(Bill Shorten)이 이끄는 호주의 노동당이다. 최근 빌 쇼튼은 공유 경제의 가능성을 받아들이겠다는 강한 의지를 내비쳤다. 〈허핑턴 포스트 호주판(The Huffington Post Australia)〉에 실린 한 글에서 이런 말을 한 것이다.

"최근에 생겨난 피투피(peer-to-peer) 시장에는 거대한 경제적·공동체적 잠재력이 있다. 나는 호주가 그 시장을 받아들이는 걸 보고 싶다. 물론 그에 앞서 노동자와 소비자 그리고 공익을 보호하기 위한 올바른 규칙들을 만들어야 할 것이다."

이를 위해 그는 자신의 노동당이 지침으로 삼을 '원칙들의 성명서'를 발표하기도 했는데, 자유 시장의 비즈니스 관행을 가지고 노동자와 소비자를 보호하겠다는 것은 불가능한 일로 거의 코미디나 다름없다. 그의 우선순위 최상단에는 '공유 경제는 최대한 가벼운 원칙과 규제만 필요로 한다.'는 신자유주의적인 생각이 신주 모시듯 모셔져 있는 것이다. 그럼에도 빌 쇼튼은 그 글의 나머지 부분에서 다음과 같은 요지의 말로 앞서 내세운 원칙을 스스로 깬다.

"그러나 이 새로운 서비스들이 호주 노동자들의 임금과 근무 여건을 악화시켜선 안 되며, 공유 경제에서 사업을 하는 모든 사람은 자기 몫의 공정한 세금을 내야 하고, 공유 경제 기업들은 노동자들을 위해 적절한 보험 제도를 완비해야 하며, 호주 소비자 보호법을 지켜야 하고, 장애를 가진 호주 국민도 일자리를 얻을 수 있어야 한다."

그러면서 그의 글은 다음과 같은 권고로 마무리된다.

"모든 사람은 주어진 규칙 내에서 행동해야 한다. 그리고 계속해서 호주 법을 어기는 기업들에겐 조금도 관용을 보여선 안 된다."

이런 원칙들은 표를 호소해야 할 온건한 일반 유권자들의 표심이 있다고 생각되는 정치 환경 속에서 적절한 선을 지켜야 하는 중도 좌파 정당들의 영원한 꿈이기도 하다. 기업들이 자사 브랜드의 열렬한 지지자들을 동원해 자신들의 처지를 대변하게 할 수 있을 때 이런 접근방식이 얼마나 효과적일지는 좀 더 지켜봐야 한다.

만일 많은 사람이 주장하는 것처럼 선진국들의 정치가 점점 더 양극화된다면, 빌 쇼튼이 강조한 원칙들과 그 원칙들이 뒷받침하는 정책들은 설득해야 할 사람들을 제대로 설득하지 못하게 될 것이다. 정치에서의 성공, 특히 투표가 자발적인(호주에서는 의무임) 국가에서의 성공은 마음을 못 정한 사람들의 마음을 돌리기보다는 진정으로 믿는 사람들에게 동기를 부여할 수 있는 정당의 몫이 될 가능성이 점점 더 커지고 있다. 그러나 이런 종류의 정치의 진정한 원동력은 긱 경제 같은 경제 발전은 불가피한 일이며 중도 좌파 정당이 바랄 수 있는 최선은 긱 경제의 가장 안 좋은 결과들을 개선하는 것이라는 생각이다.

그러나 좌파는 공유 경제의 가능성을 좀 더 철저히 받아들이길 원한다. 예를 들어 마르크스주의 학자인 에릭 올린 라이트(Erik Olin Wright)는 그런 접근방식은 궁극적으로 자본주의 사회의 온갖 압박과 요구를 뛰어넘는 한 방법이 될 수 있다며 이렇게 말했다.

"DIY(Do It Yourself. 소비자가 원하는 물건을 직접 만들 수 있도록 한 상품 - 역자 주) 운동과 '공유 경제'는 내핍 경제 시기에 개인들의 수입이 침체 상태에 빠질 때 생겨나기도 하지만, 시장 변화에 덜 의존적인 경제 활동을 만들어내는 한 방법일 수도 있다. 더 일반적으로 말하자면, 이처럼 자발적인 단순 지향적 생활방식을 통해 자본주의 체제에서의 경제 성장에 대한 집착과 소비 지상주의에 대한 보다 폭넓은 반대를 끌어낼 수도 있다."

전면적인 경제 혁신의 가능성을 생각하는 또 다른 인물로는 저널리스트 폴 메이슨(Paul Mason)을 꼽을 수 있다. 자신의 저서 『탈자본주의』에서 그는 '공유 경제'는 자본주의 이후 세계 경제 재창조의 일부가 될 수도 있다면서 이렇게 말했다.

"나는 공유 경제가 퇴로 역할을 해줄 수 있지만, 그러자면 먼저 미시 경제 수준의 프로젝트들이 만들어지고, 그것들이 정부 행동 방식의 대대적인 변화를 통해 촉진되고 보호돼야 한다고 믿는다. 그리고 그렇게 되려면, 기술과 소유 개념 그리고 일 그 자체에 대한 우리의 사고에 변화가 있어야 한다. 우리가 우리 자신과 다른 사람들에게 당당히 말할 수 있는 새로운 시스템 요소들을 만들어낼 때, 이는 더 이상 우리의 생존 메커니즘도 아니고 신자유주의 세계로부터 빠져나갈 수 있는 구멍도 아니며, 그 생성 과정 안에서의 완전히 새로운 삶의 방식이 된다.

로봇이나 애플리케이션이 우리 일자리를 빼앗아갈 것인가 하는 문제 차원을 뛰어넘어, 아예 로봇이나 애플리케이션이 우리를 대신해 일해야 한다고 말하는 사람들이 점점 더 많아지고 있는데, 폴

메이슨도 그중 한 사람이다.

지금 사실상 비 표준적인 고용이 점점 더 일반화되어 가고 있는가 하는 의문에 대한 경험적 이슈가 있다. 그리고 이를 입증하듯 지금 분명 온디맨드 경제에 대한 많은 논의가 진행되고 있으며, 특히 대부분 선진국에서는 그 추세가 뚜렷하다. 그럼에도 약간의 주의가 필요하다. 무디스 어낼리틱스(Moody's Analytics)에 몸담고 있는 경제학자 아담 오지멕(Adam Ozimek)에 따르면, 미국에서는 일의 본질이 어떻게 변화하고 있는가에 대한 많은 이야기가 나오고 있지만, 실제 각종 데이터는 그런 주장을 뒷받침하고 있지 못하다면서 이렇게 말했다.

"예를 들어 법인화되지 않은 자영업자로 알려진 노동자 수는 1970년대 말과 비교하면 줄어들고 있다. 게다가 본업 외에 다른 일을 겸직하고 있다고 알려진 취업자 수 역시 계속 줄어들고 있어 현재 20년 내 최저 수준이다."

그리고 시간이 지나면서 경제 분야에서의 시간제 근무자 수는 점점 늘어나고 있음에도 불구하고, 불경기 이전 10년간 전체 노동자 중 정규직 취업자의 비율은 84%였다. 불경기 기간에는 그 수치가 81%로 떨어졌지만, 현재는 다시 83%로 회복됐다. 아담 오지멕은 이렇게 결론짓고 있다.

"현재 '긱 경제'와 '프리랜서들의 나라'는 노동 시장 주변부의 한 현상으로 남아 있다."

그러나 이런 주장에 대해, 하버드대학교의 래리 카츠(Larry

Katz) 교수와 프린스턴대학교의 앨런 크루거(Alan Krueger) 교수는 아담 오지멕이 열거한 수치는 '긱 경제의 큰 부분을 놓치고 있는' 데이터에 기초한 것이라고 반박한다. 간단히 말해, 긱 경제의 그 수치들은 아담 오지멕의 연구가 결론에 도달하는 데 이용하고 있는 세금 형태들을 제대로 반영하지 못하고 있거나, 아니면 일반적인 분석으로는 포착할 수 없는 방식으로 고용 형태들을 설명하고 있다는 것이다. 래리 카츠와 앨런 크루거는 온라인 잡지 〈퓨전(Fusion)〉을 통해 이런 말을 했다.

"2000년대에 자영업자의 표준적인 기준들이 줄어들었음에도, '긱 경제' 노동자들이 제출해야 하는 세금 관련 서류 1099 양식을 작성한 취업자의(그리고 성인 인구의) 수는 2000년대에 오히려 더 늘어났다. 게다가 또 2000년대에 자영업자의 설문조사 기준들이 줄어들었음에도, 자가 생산 사업들의 손익을 보고하는 스케줄 C(Schedule C) 세금 양식을 작성·제출한 개인들의 수는 2000년대에 눈에 띄게 늘어났다."

이 같은 불일치가 뜻하는 바는 다음과 같다.

"1099 수입을 올리고 자신들이 낼 세금에 대해 스케줄 C 양식을 작성·제출하는 '긱 경제'와 '공유 경제' 노동자 수는 늘어났지만, 그들은 정부의 표준 질문에 스스로 자영업자라고 생각한다는 답을 하지 않고 있으며 또 자신들이 여러 가지 일을 겸직하고 있다고 답하지도 않는다."

래리 카츠의 말이다.

'긱 경제' 노동자들과의 예비 인터뷰를 통해, 래리 카츠는 자신과 앨런 크루거는 일반적인 비(非) 긱 일자리를 가진 노동자의 상당수에게 표준적인 복수 일자리 관련 질문을 할 경우 온라인 내지 다른 비전통적 일자리를 통해 상당한 수입을 올리고 있는 상황에서도 '복수 일자리'를 갖고 있다고 답하지 않는다는 걸 확신한다고 말했다. 그러면서 래리 카츠는 이런 말을 했다.

"그들은 자신들이 수입을 올리는 다른 특정 방법들에 대한 질문을 받을 경우에만 자신들의 수입과 일, 프리랜서 경제 활동 등에 대해 답한다. 그러나 그들 중 상당수는 그런 활동들을 '정규적인 일'로 생각하는 것 같지는 않다."

사실 최근의 한 설문 조사에 따르면, 그런 노동자들의 60%는 긱 경제 활동으로 최소한 전체 수입의 25%를 올리고 있다.

호주에서는 비슷하게 변동이 심한 관련 그림들이 보인다. 싱크탱크 퍼 캐피타(Per Capita)에서 작성한 최근 보고서는 이렇게 말하고 있다.

"다른 선진국 경제와 비교하면 호주 경제에는 비 표준적인 일이 아주 많다. 그 속에는 '유연한' 시간제 일과 의존성 높은 계약직 일 등 다양한 형태의 일들이 포함된다."

그러나 경제 전문 작가 그레그 예리코(Greg Jericho)는 〈가디안 오스트레일리아(Guardian Australia)〉에 이런 글을 올렸다.

"노동 인구 중 시간제 노동자들이 차지하는 비중은 지난 15년간 1998년의 26%에서 거의 31% 수준으로 급증했지만, 임시 노동자의 비중은 늘지 않았다."

그러면서 그는 이렇게 말을 이었다.

"임시직 노동자가 늘어난 것은 주로 1980년대 말과 1990년대 초 사이의 일이었다. 1992년에는 약 16%의 노동자가 임시직이었다. 그것이 1990년대 말에 이르러 19%까지 올랐지만, 그 이후 계속 그 정도 수준을 유지해오고 있다."

그레그 예리코의 말을 좀 더 들어보자.

"1990년대에 임시직 노동자가 늘어난 것은 주로 1주일에 35시간 이상 일하는 풀타임 임시직 노동자들이 늘어났기 때문이다."

"1998년 이래 풀타임 임시 노동자의 비율은 줄곧 같은 수준에 머무르고 있다. 역으로 같은 시기에 시간제 노동자의 수는 임시직 노동자 수보다는 적어졌다. 1995년에 모든 시간제 노동자 가운데 51%가 임시직이었는데, 이는 2013년의 44%와 비교된다."

그레그 예리코는 이렇게 결론짓는다.

"시간제 노동자의 수는 계속 늘어왔지만, 현재로써는 임시직 노동자 수 증가에 대한 우려는 발견되지 않고 있다.

이 수치들은 호주 통계청(ABS)에서 나온 것이다. 그러나 그레그 예리코는 온라인 기업 엘란체-오데스크(Elance-oDesk)의 컨설턴트 에델만 벌랜드(Edelman Berland)가 실시한 한 연구도 인용하고 있다. 그 연구에 따르면, 임시직 노동자의 전반적인 수준은 호주 전체 노동 인구의 약 30% 수준을 꾸준히 유지하고 있지만, 30세 이하와 55세 이상의 노동 인구 중에서는 그 비율이 눈에 띄게 늘어나고 있다. 그레그 예리코는 에델만 벌랜드의 연구 결과 프리랜서라는 말의 의미가 점점 더 넓어지고 있다면서 이렇게 말했다.

"호주 통계청은 프리랜서 일이 주 수입원인 사람들(주로 독립적인 계약자들)에 대해서만 조사했지만, 에델만 벌랜드의 연구는 지난 12개월 이내에 보조적이거나 임시적인 일 또는 계약에 따른 일을 한 모든 노동자를 조사 대상에 포함했다."

그래서 풀타임 일을 하면서 프리랜서로 아르바이트 일을 하는 사람들, 전통적인 직장에서 시간제 일을 하면서 프리랜서 일로 수입을 다양화하는 사람들, 그리고 한 고용주를 위해 일하지만, 계약을 맺고 임시로 그렇게 하는 사람들도 조사 대상에 포함됐다.

그레그 예리코가 말하고자 하는 핵심은 이렇듯 시간제 일과 임시직 일의 상당수는 사실 일종의 불완전 고용으로 봐야 하며, 그래서 사람들이 '정규적인' 일에서 들어오는 부족한 급여를 보충하기 위해 과외의 일을 하게 된다는 것이다. 대부분의 사람은 과외의 돈을 벌기 위해 프리랜서 일을 하며, 설문 조사에 응한 사람들의 55%는 그것을 자신이 프리랜서 일을 하는 이유로 꼽았다. 또한, 설문 응답자의 40%는 유연한 일정을 가질 수 있는 여건이 된다는 것을, 그리고 30% 조금 넘는 응답자들은 자기 자신의 프로젝트를 선택할 수 있다는 것을 프리랜서 일을 하게 된 중요한 동기로 꼽았다. 이는 노동 시장 안에서 더 폭넓은 문제를, 특히 이익과 비교해 임금으로 나가는 수입의 몫, 즉 고용인들보다는 소유주들에게 가는 수입의 몫과 평등을 둘러싼 각종 문제를 일으킨다.

사람들이 중산층의 실종이니 불안정한 고용의 확산이니 하는 얘기를 할 때, 이런 문제들이 바로 그 큰 그림의 일부이다. 그러나 흥미롭게도, 그레그 예리코는 통계 수치들에 따르면 설문 조사에 응한 프리랜서 일을 하는 사람들의 58%는 필요보다는 선택에 의해 프리랜서 일을 한다는 걸 알 수 있다고 지적한다. 이는 태스크래빗(TaskRabbit. 사람들과 소소한 잡일들을 연결해줌)이나 우버(자동차 소유주들이 차를 필요로 하는 사람들에게 운전 서비스를 팔 수 있게 해줌) 같은 애플리케이션들이 사람들을 착취한다는(잡역부나 택시 기사 같은 보다 정규적인 일을 할 경우 누릴 수 있다고 기대하는 급여 수준이나 근무 조건을 끌어내림으로써) 생각과는 다소 다른 관점이다.

그럼에도 이런 수치들은 지속적인 일자리가 생활하는 데 필요한 수입을 보장해주지 못한다는 걸 보여준다. 이런 점은 프리랜서 일을 권하는 것이라기보다는, 더 전통적인 풀타임 일자리에서 누릴 수 있는 급여와 근무 여건들의 폐단을 보여주는 것이다.

여기서 주목해야 할 또 다른 문제가 있다. 긱 경제는 일과 관련된 위험의 상당 부분을 노동자들에게 전가할 뿐 아니라, 그런 형태의 일자리들이 있다는 사실만으로도 직업윤리의 훈육적이고 처벌적인 측면들을 더 강화한다는 것이다. 이런 여건에서, 어떻게 미래의 정부가 노동자들이 이런 애플리케이션 중 하나와 계약을 맺고 그 어떤 복지 혜택도 보장받기 전에 자신의 집이나 자동차 또는 기술 또는 노동력을 쓸 수 있게 내놓아야 하는 일을 중단시킬 수 있겠는가? 또한, 어떻게 정부가 사람들이 열심히 일자리를 찾고 있고 일할 준비를 하고 있는지를 판단하기 위해 이런 다양한 애플리케이션들의 평가 시스템들을 활용하는 걸 중단시킬 수 있겠는가? 사실 그 생각은 이미 환영받고 있다.

미국의 정치 전문 잡지 〈폴리티코(Politico)〉에 실린 최근 기사에서 전직 의회 직원이자 실리콘 밸리 저작권 관련 전문 변호사인 데릭 칸나(Derek Khanna)와 전직 백악관 정책 보좌관인 세자르 콘다(Cesar Conda)가 정확히 그런 제안을 한 바 있다. 그들은 일의 가치는 아무리 과장해도 지나치지 않으며, 어떤 복지든 복지 혜택을 받는 사람은 직업 요구 사항에 맞추어야 한다며 다음과 같이 말했다.

"그간 일의 본질은 계속 변해왔으며, 현재의 사회 안전망은 일자리가 면접과 이력서를 요구하는 오전 9시 출근, 오후 5시 퇴근 형태의 의식이었던 시대에 만들어진 것이어서 시대에 맞지 않는다. 특히 긱 경제는 일을 찾는 걸 어렵게 만드는 장애물들을 극적으로 줄여주었다."

그러니까 과거에는 복지를 위한 직업 요구 사항이 있어선 안 된다고 주장하는 것이 합리적일 수도 있었지만(일자리들이 꼭 있는 건 아니었으므로), 긱 경제의 등장으로 이제 수백만 명의 사람이 아주 쉽게 금방 다시 일할 수 있게 됐고, 어디에 있든 상관없이 거의 누구나 몇 시간이면 일자리를 구할 수 있게 됐다. 따라서 정부 입장에서는 사회 안전망 수혜자들이 혜택을 받기도 전에 기꺼이 긱 경제에 참여할 것이며, 이런 접근방식 덕에 더없이 곤궁한 미국인들도 반복되는 가난에서 빠져나와 돈을 저축할 수 있게 될 것이고, 결국 사회 안전망은 가장 필요로 하는 어려운 사람들에게 도움을 줄 수 있게 될 거라고 기대할 수 있게 될 것이다.

이 같은 주장의 전제들은 하나같이 논쟁의 여지가 많지만, 그럼에도 매력을 찾을 수는 있다. 일의 가치를 다른 모든 활동 위에 두고 일을 생활에 필요한 돈을 합법적으로 벌 수 있는 유일한 방법으로 보는 사회에서 긱 경제는 거의 거부할 수 없을 정도로 유혹적이다. 긱 경제는 그 자체를 위해 일자리를 제공해 더 이상의 정당화는 필요치 않다. 실제로 이 모든 걸 바라보는 또 다른 관점도 있다. 그러니까 국가가 진정 실업 급여가 결국 일자리를 찾을 수 있는 사람들에게 임시로 지급하는 돈이라고 믿는다면, 그런 공적 자원은 일시적으로 필요한 것이라는 걸 이해할 수 있고, 그래서 실업 급여를 지급하면서 더는 이상 이런저런 조건을 붙일 필요가 없다는 것이다.

강압적인 조치들이 필요한 건 순전히 국가가 일자리가 부족하다는 걸 잘 알고 있을 때뿐이다. 그런 상황에서는 사람들을 긱 경제로 몰아넣는 매력은 명백하다. 그 경우 모든 책임을 개인에게 돌림으로써, '적절한' 일자리를 찾지 못하는 사람들이 숨을 만한 완벽한 핑곗거리를 제공해주기 때문이다. 그 경우 또 정부 입장에서는 그것이 영구적인 해결책일지라도 마치 일시적인 해결책인 척할 수도 있다.

요지는 긱 경제 일자리들은 다른 종류의 일이 없을 때 비로소 대규모로 생겨날 수 있다는 것이다. 그래서 긱 경제의 애플리케이션들은 특정 잉여 가치를 현금화하는 방법이라기보다는 잉여 노동자들을 끌어들이는 방법으로 보는 게 더 일리가 있다. 이처럼 제대로 보수를 못 받고 있거나 능력 이하의 일을 하고 있거나 취업하지 못한 노동자들이 없다면, 대부분의 긱 경제 애플리케이션은 대규모로 운용될 수 없다. 결국, 애플리케이션 경제는 노동 시장의 다른 부분들에서 일어난 실패들의 부산물인 셈이다. 그리고 이처럼 완전히 비판할 수도 완전히 무시할 수도 없는 것이다.

그렇다. 긱 경제는 각종 규제를 철저히 철폐하는 방식으로 운용되면서 노동자들을 착취할 수도 있다. 그러나 긱 경제 안에서 약간의 여윳돈을 벌 수 있거나 남부럽지 않은 삶을 살 수 있는 소수의 사람 입장에서는 착취당하는 것보다 더 나쁜 것은 단 하나, 착취당하지 않는 것일지도 모른다. 여러분은 어떤지 모르겠지만, 내 경우 긱 경제 애플리케이션들을 우리가 기댈 수 있는 마지막 고용주로 보는 것은 사회는 물론이고 경제를 지속적으로 운영할 토대로 삼기에는 불가능한 전제로 보인다.

그렇다면 대체 어떤 대안들이 있을까?

기본소득제에 관한 고찰

Basic income

"〈데일리 텔레그레프〉지는 놀고먹는 사람들을 찾기 위해 호주 본다이 비치를 찾았고, 거기에서 납세자들의 돈으로 일광욕을 즐기고 있는 많은 후보자 보았다. 그리고 전혀 놀랄 일도 아니지만, 그들은 우리와 인터뷰하는 건 물론이고 사진을 찍는 것조차 절대 허용치 않았다."

– 〈데일리 텔레그레프〉, 2016

기본소득제라는 아이디어는 전혀 새로운 건 아니지만, 지금 갑자기 많은 관심을 받고 있다. 핀란드, 스위스, 인도, 캐나다, 뉴질랜드, 네덜란드 등 여러 나라 정부는 이 제도를 시험적으로 시행하고 있거나 아니면 이 제도의 도입 가능성을 공개적으로 논의 중이다. 프랑스의 경우, 국립 디지털 위원회라는 정부 기관이 점점 커져가는 기술적 실업의 위험에 대처하는 방법과 관련된 권장 사항 리스트에 기본소득을 포함시키기도 했다. 브라질에서 시행 중인 볼사 파밀리아(Bolsa Familia. '가족 지불금'의 뜻 - 역자 주)는 기본소득제도의 특수한 변형으로, 부의 불균등 문제를 해결하는 데 성공하고 있을 뿐 아니라, 보수 엘리트 성향의 국제 관계 평론 잡지인 〈포린 어페어스(Foreign Affairs)〉로부터도 찬사를 받고 있다.

캐나다 동온타리오 주의 코넬시는 최근 캐나다의 주들과 연방정부가 '모든 사람을 위한 기본소득 보장 정책을 공동 연구하고 개발하자'는 성명서를 발의했다. 이 아이디어는 워낙 매력적이어서, 독일 베를린에서는 기업가 미카엘 보흐메이어(Michael Bohmeyer)가 기본소득 개념을 직접 실험해보기 위해 크라우드 펀딩(crowd funding. 웹이나 모바일 네트워크 등을 통해 다수의 개인으로부터 자금을 모으는 것 - 역자 주)을 이용하고 있기도 하다. 그렇게 모은 기금을 토대로, 그는 지금 매달 1,100달러짜리 수표를 받을 수령자들을 추첨으로 선정하고 있다. 샌프란시스코에서 믿기 어려울 정도로 큰 성공을 거둔 창업 지원 단체 Y 컴비네이터(Y Combinator)는 기본소득에 대한 연구를 시작했으며 5년 계획으로 기본소득제도를 시험 운용할 계획이다.

그런데 사람들은 기본소득이란 제도를 가지고 무슨 일을 하려는 것이며, 또 갑자기 왜 기본소득이라는 제도가 이렇게 큰 관심을 받는 것일까?

기본소득이란 정부가 국민에게 매달 조건 없이 기본적인 생활을 하는 데 충분한 돈을 지급하는 제도이다. 기본소득은 수입이 많든 적든 관계없이 모든 사람에게 돈을 지급한다는 데 그 특징이 있다. 기술적 실업에 대한 우려가 커지고 있는 데다 장기적으로 청년 실업이 계속 문제가 되고 있고 또 불안정한 고용 형태가 늘어나고 있는 상황에서, 보편적 기본소득(UBI)의 아이디어는 일반적인 노동 시장 시스템 밖에서 국민소득을 재분배하는 효율적인 방법임이 입증되고 있다. 사실 많은 우파 성향의 사람이 이 제도를 지지하고 있는데, 그것은 그들이 기본소득을 복지 급여를 단순화해 예산을 절약하고 정부 관료 조직의 필요성도 줄이는 제도로 보기 때문이다. 기본소득은 조건 없는 기본소득 또는 보장된 소득이라고도 부르며 부의 소득세(negative income tax)라고 부르는 경우도 많다. 이 용어 간의 혼동을 피하기 위해, 기본소득과 부의 소득세부터 시작해 그 차이점들을 확인하고 넘어가도록 하자.

경제학자 톤다니 다비데(Tondani Davide)는 이렇게 주장했다.

"세금과 복지 혜택 제도의 한 형태인 부의 소득세와 보편적 기본소득은 같은 부의 재분배 효과를 내지만, 경제적이고 윤리적인 관점에서 보면 두 제도는 근본적으로 다르다."

부의 소득세는 어떤 사람이 자신의 소득이 일정 수준 밑으로 내려올 때 받게 되는 돈이다. 그러니까 정부에 세금을 내는 게 아니라 오히려 정부로부터 돈을 받는 것이다. 복지가 세금 제도와 연계된 관리하기 쉽고 단순한 지불제도 형태로 변하는 것이다. 그러나 중요한 것은 이 제도는 한 사람의 소득과 긴밀히 연계되어 있어, 정확히 말하자면 보편적인 제도는 아니다. 조건 없이 주어지는 것도 아니며, 그래서 사람들이 자립할 수 있어지면 받는 돈도 줄어든다. 말하자면 어떤 사람의 소득이 일정 수준을 넘어서면 혜택도 사라지며, 혜택을 받을 경우에도 이런저런 조건이 많이 붙는다. 따라서 부의 소득세는 현행 경제 시스템을 그대로 유지하는 기술적 해결책이라 할 수 있다. 그러니까 이 제도의 주요 목표는 근본적인 사회관계는 변화시키지 않은 채, 복지 혜택 제공 방식을 단순화시키고 복지 관리 비용을 대거 줄이자는 데 있으며, 실제로 그런 역할을 하고 있다. 우파 성향의 사람들 입장에서, 이 제도는 정부의 의료보험이나 노인 복지 연금 같은 다른 복지 제도를 대체하는 의미가 있다.

'자유 시장'을 지지하는 싱크 탱크인 영국 애덤 스미스 학회는 2015년에 내놓은 한 논문에서 부의 소득세를 지지하는 주장을 폈다. 그러면서 당시 그들이 내세운 가장 중요한 이유 중 하나는 그 제도가 정부의 복지 관리 비용을 대폭 줄여준다는 것이었다. 그 논문에는 이런 말이 나온다.

"2012년 정보 공개 요청에 따라 밝혀진 바에 따르면, 노동연금부가 복지 관리에 쓴 예산은 53억 파운드로, 정부 총지출의 3.5%에 달한다. 복지 혜택 지출을 현행 국세청 인프라에 통합시킬 경우 수령자의 복지를 손상하지 않은 채 막대한 예산을 절감할 수 있을 것이다."

반면에 기본소득은 모든 사람에게 매달 기본적인 경제적 필요성을 충족하는 데 필요한 최소한의 소득을 보장해 준다는 개념을 가진 제도이다. 그걸로 끝이며 더는 이런저런 조건도 없다. 대부분 지지자는 돈은 모든 사람에게 지급돼야 한다고 믿는다. 그러니까 어떤 식으로든 소득과 연계해선 안 된다는 것이다. 따라서 이 제도는 취업을 못한 미혼모는 물론 억만장자에게도 적용된다. 수령자가 현재 실업자라면, 앞으로 일자리를 구하든 아니면 자기 사업을 시작하든 관계없이 계속 돈을 받게 된다. 그러니까 지지자들은 기본소득을 관료주의적 문제에 대한 기술적 해결책이란 개념에서 훨씬 더 나아간 개념으로 보는 것이다. 또한, 그들은 일을 단순히 '일자리를 갖는 것'보다 훨씬 더 폭넓은 개념으로 인식함으로써, 기본소득을 기존 경제 질서를 뒤엎는 메커니즘으로 본다. 말하자면 기본소득은 단순히 임금 체계에서 소외된 사람들을 임금 체계 안에 편입시키는 메커니즘이 아니라, 그런 사람들에게 안정감을 주고 물질적 지원을 해주려는 시도이다. 사실 일부 사람의 입장에서, 기본소득은 기술적 실업의 위협에 대응하는 한 가지 방법이기도 하면서 동시에 기술적 실업을 만들어내는 데 일조하는 방법이라는 데 그 매력이 있다. 따라서 이런 점에서 볼 때 기본소득은 부의 소득세보다는 훨씬 더 급진적인 아이디어이다.

우리는 이렇게 보편적 기본소득과 부의 소득세 간의 차이점을 살펴보았는데, 여기서 분명히 짚고 넘어갈 것이 하나 있다. 많은 사람이 기본소득제도는 좌파와 우파 가리지 않고 양측 모두의 지지를 받고 있으며, 이념을 초월하는 이런 특성이 사람들에게 이 제도를 설득하는데 더없이 유리한 장점으로 작용한다고 주장하고 있지만, 사실 기본소득제도에 대한 좌파와 우파의 인식은 아주 다르다. 실용적인 정치적 관점에서 보자면 굳이 그 같은 좌우파의 공감대 형성 가능성을 포기할 필요는 없겠지만, 소위 이념을 초월한다는 것이 문제가 될 수도 있다. 어쨌든 좌파와 우파는 모두 기본소득제도 자체는 지지하고 있지만, 양쪽의 목표는 정반대라고 해도 좋다.

부의 소득세 지지자들은 정부의 역할을 축소하는 걸 목표로 삼고 있지만, 보편적 기본소득 지지자들은 적어도 단기적으로는 정부의 역할을 늘리는 걸 목표로 삼고 있다. 이 같은 이념적 차이는 문제가 될 수 있는데, 그것은 보편적 기본소득이 됐든 아니면 부의 소득세가 됐든 기본소득을 도입하는 것은 단순히 기술적이고 경제적인 문제가 아니라 정치적인 문제이기 때문이다.

기본소득, 특히 기본소득을 모든 사람에게 적용하는 데 가장 큰 걸림돌은 사람들에게 '대가 없는 돈'을 주는 것을 우려하는 사회의 인식이다. 우리 사회에는 여전히 '누구든 열심히 노력하면 일자리를 찾을 수 있다'라는 인식이 널리 퍼져 있으며, 그래서 대부분 사람은 '실업 수당'을 받으려면 그에 상응하는 의무들을 다해야 한다고 생각하고(실은 주장하고) 있다. 우리 사회의 그런 인식은 '공무에 대한 호주의 검토(Australian Review of Public Affairs)'에 의해 발표된 〈우리는 왜 단순한 복지 제도를 가질 수 없는가?(Why Can't We Have a Simple Welfare System?)〉라는 제목의 논문에 실린 연구원 돈 아서(Don Arthur)의 글에 잘 나타나 있다. 그는 기본(보장된) 소득이라는 개념을 부의 소득세라는 개념과 융합시키려 하고 있긴 하지만, 그 실행을 둘러싼 문제들에 대한 그의 논의는 여러 면에서 유용하다.

그는 호주의 복지 제도를 단일 급여 지급 제도로 단순화시킨다는 아이디어는 적어도 1970년대 이래 여러 기술 관료들에 의해 제안되었지만, 늘 그 실행에 필요한 정치적 지지를 얻는 데 실패했다면 이렇게 말했다.

"부의 소득세 제도가 실패하는 가장 큰 이유는 그 제도를 지지하는 사람들이 소득 지원 개혁을 정치적 문제가 아닌 기술적인 문제로 생각하기 때문이다. 기술적인 문제는 사람들이 전문가들에게 넘기고 싶어 하는 문제이다. 사람들이 자신들이 성취하고자 하는 것이 무언지에 대해 분명한 생각을 하고 있고 그걸 잘해낼 전문가들을 찾아낼 수 있다고 자신할 경우, 그들은 그 문제를 기술적인 문제로 여긴다. 그런데 그런 조건들이 소득 지원 정책에는 해당하지 않는다. 정치적 상황에서는 특정 목표들에 대해 의견 일치가 안 되며 논의 중인 범위 내에서 세상 돌아가는 이치에 대해서도 의견 일치가 안 되기 때문이다. 이렇듯 소득 지원 제도에 대한 개혁은 아주 정치적인 문제이다.

이런 점을 생각해 돈 아서는 이렇게 말했다.

"받을 자격 있는 수령자와 받을 자격 없는 수령자 사이에 구분을 두지 않는 소득 지원 제도는 일반 대중의 지지를 받아 정치적으로 실현될 가능성이 별로 없다."

브라질에서 볼사 파밀리아 제도가 시행될 때 바로 그런 문제들이 발생했다. 이 가족 지불금 제도는 사실 기본소득제도보다는 부의 소득세 제도에 더 가깝다. 실제로 이 제도는 아무 대가 없이 복지 혜택을 받는 것에 대한 브라질 국민의 우려를 불식시킬 수 있게 설계되었다. 이 제도의 경우 기본소득을 받을 자격이 비교적 간단하다. 자신이 극빈 생활을 하고 있다는 걸, 그러니까 월 43달러도 못 번다는 걸 증명만 하면 되는 것이다. 그러나 지속적으로 이 프로그램의 혜택을 받으려면, 수령자는 몇 가지 조건을 충족해야 한다. 그러니까 6세부터 15세 사이의 자녀들이 모두 최소한 85%의 출석률로 학교에 다니게 해야 하고, 7세 이하의 자녀들에게 예방 주사를 접종해야 하며, 엄마와 자녀들 모두 정기 건강 검진을 받아야 하고, 유아들은 모유 수유를 해야 한다.

2003년부터 2011년까지 브라질 대통령을 역임하며 볼사 파밀리아 제도를 시행한 룰라 다 실바(Lula da Silva)는 "우리는 이런 종류의 프로그램에 회의적인 사람들을 상대로 신뢰를 구축해야 했다."라고 말했다. 〈포린 어페어스〉에 실린 볼사 파밀리아 제도에 대한 한 기사에서 세계은행 소속 경제학자인 아리엘 피츠바인(Ariel Fiszbein)과 노버트 샤디(Norbert Schady)는 이런 말을 했다.

"룰라 대통령은 볼사 파밀리아가 단순히 가난한 사람들을 달래기 위한 작은 선물 같은 게 아니라는 인상을 심어주었고, 또 수혜자들로 하여금 이 프로그램이 요구하는 '긍정적인 행동들'을 열심히 하고 있다는 명백한 증거를 보이게 함으로써 그들에게 그런 혜택을 받을 자격이 충분하다는 느낌도 주었다."

볼사 파밀리아 제도가 기본소득제도보다는 부의 소득세에 더 가깝긴 하지만, 그 제도가 시행되고 성공을 거둠으로써 보편적 기본소득(UBI)과 관련된 큰 우려 사항들을 더 잘 해결할 수 있었다. 그리고 사람들에게 각종 서비스나 현물로 지급하는 것보다 직접 돈을 지급하는 것이 빈곤을 완화하키는 데 훨씬 더 비용 효율성이 높고 직접적인 방식인 것으로 밝혀졌다. 더 중요한 것은, 사람들이 자신이 받은 현금을 절대 헛되이 낭비하지 않는다는 사실이 밝혀졌다는 것이다.

그간 보편적 기본소득에 대한 다른 실험에서도 이와 유사한 결론이 나왔다. 그중 가장 대표적인 예는 2013년 인도에서 유니세프(UNICEF)가 자금을 대면서 진행했던 실험이다. 당시 유니세프는 두 마을을 선정해, 한 마을의 경우 성인에게는 한 달에 200루피(나중에 300루피로 인상)를, 그리고 아이들에게는 150루피(나중에 200루피로 인상)를 지급했다. 그리고 다른 한 마을은 통제 집단으로 삼아 아무것도 지급하지 않았다. 당시 런던대학교의 가이 스탠딩(Guy Standing) 교수는 이 프로젝트를 자세히 관찰해 이후 폭넓은 관련 글을 썼다. 그는 당시 사람들에게 돈을 지급하면서 아무 조건도 붙이지 않았으며 누구에게나 돈을 준 보편성이 성공의 열쇠였다며 이런 말을 했다.

"조건을 붙이는 걸 좋아하는 이들은 사람들이 자신에게 가장 도움이 되는 방향으로 행동할 거라는 걸 믿지 못하고, 또 정책 입안자들이 어떻게 해야 할지 가장 잘 안다고 말하는 거나 다름없다."

그 프로젝트에 대한 자신의 보고서에서 가이 스탠딩은 자신이 알게 된 사실 11가지를 다음과 같이 열거했다.

첫 번째, 많은 사람이 자기 집과 화장실, 벽, 지붕 등을 개선하고 말라리아를 예방하는 데 돈을 썼다.

두 번째, 영양 상태가 개선됐는데…… 아마 가장 중요한 사실은 어린아이들, 특히 여자아이들의 연령별 평균 체중이(세계보건기구의 기준과 비교해) 눈에 띄게 개선됐다는 점일 것이다.

세 번째, 사람들이 식량 배급소에서 시장으로 발길을 돌리게 됐는데, 이는 물론 현금 유동성이 커졌기 때문이다. 그 결과 몇 안 되는 해묵은 정부 보조 곡식 외에 신선한 채소와 과일을 더 많이 섭취하게 돼 식생활이 개선됐고…… 식생활이 개선되면서 아이들의 건강이 더 좋아졌고, 계절병 발생이 줄어들었으며 개인 의료 서비스를 더 많이 받고 필요한 약도 더 자주 복용하게 됐다.

네 번째, 건강이 좋아지면서 아이들의 학교 출석과 성적도 좋아졌는데, 이는 각 가정에서 신발 같은 것들을 살 수 있게 되고 학교까지 가는 교통비를 낼 수 있게 되었으며, 또 이런저런 수령 조건을 충족시키려고 따로 돈 쓸 일이 없었기 때문이기도 하다. 어른 취급 받는 사람들이 어른이 되는 법을 배우는 것이다.

다섯 번째, 이 제도는 긍정적인 자기 자본 성과들을 냈다. 거의 모든 관점에서 더 신분이 낮은 계층의 가정, 여성들 그리고 장애인 등 사회적 약자들에게 더 큰 긍정적 효과를 발휘한 것이다. 그들이 자신의 돈을 갖게 됨으로써 집안에서의 처지가 더 나아진 것이다. 유감스러운 일이지만, 장애인들의 권익을 살려주는 일은 사회 정책에서도 무시되고 있는 측면이 아닌가?

여섯 번째, 정부의 기본소득 보조는 소규모 투자로 이어져, 더 많은 씨앗이나 더 좋은 씨앗을 사거나 재봉틀을 사거나 조그만 가게를 열거나 각종 장비를 수리하는 등의 일을 할 수 있었다. 그 결과 더 많은 생산을 할 수 있었고, 그 덕에 다시 더 많은 소득을 올릴 수 있었다.

일곱 번째, 회의론자들의 생각과는 반대로, 기본소득 보조로 더 많은 노동력과 일이 생겨났고…… 더 많은 사람이 임시직 노동일을 그만두고 자영 농업과 사업을 할 수 있게 되었으며, 뼈아픈 인구 유출도 줄어들었다. 그리고 여성이 남성보다 더 많은 걸 얻게 되었다.

여덟 번째, 뜻밖에도 담보 노동을 하는 사람들 수가 줄어들었다. 이는 지역 발전과 자기 자본의 형성에 아주 긍정적인 영향을 주었다.

아홉 번째, 기본소득이 생긴 사람들은 부채가 줄어드는 경우가 많았고 월 5%라는 높은 이자로 단기 목적의 대출을 받을 일이 줄어들어 부채가 더 늘어나는 경우는 적었다. 사실 이 같은 기본소득 실험에 대해 불만을 토로하는 현지인은 사채업자들뿐이었다.

열 번째, 돈은 드물고 독점적인 물품이어서, 사채업자나 관료에게 엄청난 힘을 준다. 그런 사람들을 상대하지 않아도 되니 부패를 퇴치하는 데 도움이 됐다. 각 가정은 말도 못하게 가난했지만, 많은 가정에서 돈을 조금씩 저축해 가족 중에 누가 병이 나거나 죽어 금전적 어려움이 발생할 때 큰 빚을 지지 않을 수 있었다.

열한 번째, 이 기본소득정책은 각 가정과 마을 지역 사회 전체에 큰 변화를 몰고 올 수 있다……. 식량 보조 정책들과 달리 기본소득정책은 마을 사람들에게 자신들의 삶을 스스로 통제할 기회를 더 많이 줄 뿐 아니라 유익한 자기 자본 형성 및 성장 기회도 주었다.

내가 알고 있는 한 이런 실험이 행해진 모든 사례에서, 사람들이 돈을 헛되이 낭비하리라는 생각은 완전히 잘못된 것임이 밝혀졌다. 이는 워낙 놀라운 결과여서, 기본소득에 반대하는 사람이라면 명백한 증거에도 불구하고 보통 사람들에게 자신에게 도움이 될 결정을 내릴 능력이 있다는 걸 믿지 못할 정도이다. 결론적으로, 사람들이 돈을 잘못 사용하리라는 우려가 사람들에게 기본소득을제공하는 걸 계속 반대하는 이유가 될 수는 없다. 기본소득에 대한 반대는 주로 사회의 다른 사람들, 그러니까 혜택을 받지 못하는 사람들에게서 나온다. 따라서 기본소득을 보편성 있게, 그러니까 모든 사람에게 지급하는 것도 바로 그런 이유 때문이다.

기본소득제도를 시행하는 것과 관련된 또 다른 우려 사항은 비용 문제로, 그동안 이 비용을 산정해보려는 많은 시도가 있었다.

이익 단체인 '스코틀랜드를 위한 비즈니스(Business for Scotland)의 실무 책임자 고든 매킨타이어-켐프(Gordon Macintyre-Kemp)는 연간 6,000파운드(정부에서 지급하는 연금보다 조금 높은 수준)를 기준으로 본 영국의 보편적 기본소득에 필요한 총예산은 3,000억 파운드로 추산했다. 그 자신의 말처럼 작지 않은 금액이다. 그럼에도 그는 그 예산 중 거의 750억 파운드는 연금 같은 다른 복지 비용을 낮추고 복지 관리 비용을 절약해 조달할 수 있다고 예상했다.

그리고 그 나머지 예산은 다양한 방법으로 조달할 수 있다는 것이다. 예를 들면 빈곤을 줄임으로써 나타나는 의료비 절감 등을 통해 비용 절감이 가능하다는 것이다. 그는 또 각종 세금 제도를 개선하는 방법도 생각해볼 수 있다고 말했다. 그는 보편적 기본소득제도 운용에 필요한 기금 마련을 위해 다른 여러 방법도 제안했는데, 그중 일부는 아주 급진적인 방법이었다. 그러나 이 시점에서 나는 기본소득제도 도입을 가로막는 가장 큰 걸림돌은 아마도 기술적인 문제가 아니라 정치적인 문제일 거라는 말을 다시 한번 강조하고 싶다. 그러니까 보편적 기본소득제도를 시행하기 위한 정치적 방법이 있다면, 그 길을 찾아야 한다는 것이다.

'예술, 제조, 상업을 장려하기 위한 왕실 협회(Royal Society for the Encouragement of Arts, Manufactures and Commerce)라는 영국 싱크 탱크는 더 구체적인 분석을 내놓고 있다. 그들은 국가와 개인 간의 균형은 모두 잘못돼 있으며, 그래서 기본소득이야말로 그 문제를 해결할 최선의 방법이라고 주장한다. 게다가 그들은 기본소득제도는 현행 제도보다 훨씬 더 포괄적이고 건전한 그리고 덜 왜곡된 세금 부과와 부의 재분배 방법을 제시한다고 본다. 그러면서 그들은 핵심적인 복지 분야에 보편적 기본소득방식으로 접근할 경우, 그 예산이 현행 모델보다 많은 국내총생산(GDP)의 1%에 달하게 될 거라고 추산한다. 그들은 이는 아주 큰 금액으로 보일 거라는 걸 인정하면서도, 그래도 영국 총리 고든 브라운(Gordon Brown)이 시행한 세금 공제 제도 개혁이나 영국 재무장관 조지 오스본(George

Osborne)이 긴축 정책 기조 속에도 시행한 인적 공제, 부가가치세, 상속세, 법인세 등의 개혁에 비하면 그리 큰 개혁도 아니라고 말한다. 그들은 한 발 더 나가 이런 말도 한다.

"연금 제도나 국민의료보험 제도 개혁이 그랬던 것처럼, 기본소득제도가 국민에게 제대로 받아들여지게 된다면, 국내총생산의 1% 증액은 충분히 감내할만한 수준이다. 특히 그에 필요한 총예산이 2020년경에 국내총생산의 36%에 불과하리라는 예측을 고려하면 더 그렇다."

그래서 이 시점에서 우리는 보편적인 기본소득에 대한 가장 큰 두 가지 우려, 그러니까 사람들이 기본소득을 받는 사람들이 돈을 낭비하고 더 게을러질 거라는 우려와 비용이 너무 많이 들 거라는 우려는 완전히 잘못된 것이라는 결론을 내릴 수 있다. 그렇다면 이 외에 기본소득제도 도입을 가로막는 요소들은 무엇일까?

우선 기본소득 지지자들조차 제도의 단순화와 공정성에 대해 제대로 이해하지 못할 뿐 아니라, 가장 바람직한 기본소득 시행 방법이 무엇인지에 대해, 심지어 기본소득의 궁극적인 목표가 무엇인지에 대해서도 의견이 일치되지 않는다. 그러나 어쨌든 보편적 기본소득제도는 진보주의자들에게조차 갈수록 더 훨씬 큰 목표를 이루기 위한 괜찮은 대안으로 여겨지고 있다. 닉 스르니첵(Nick Srnicek)과 알렉스 윌리엄스(Alex Williams)는 자신들의 공저 『미래 만들기(Inventing the Future)』에서 보편적 기본소득제도를 지지하는 목적은 자신들이 말하는 이른바 '완전 실업'의 초석을 놓기 위한 거라고 힘주어 말하고 있다. 그들의 말을 들어보자.

"보편적 기본소득제도는 개혁적인 경제 제도로 보일 수도 있으며, 따라서 그 속에 감춰진 정치적 함의는 아주 중요하다. 그 제도는 불안정성을 변화시키고, 사회적 노동을 인정하며, 계급 권력을 더 쉽게 집결시키고, 지역 사회와 가정을 조직화하는 방법을 실험해 볼 여지를 확대해주며…… 완전 실업은 가정과 공식적 경제 사이에서 노동의 성별 분업에 의존하지 않게 해주고, 노동자들이 계속 임금 관계에 얽매이지 않게 해주고, 또 노동자들에게 자기 삶에 대한 자주성을 갖게 해주는 등 다른 여러 장점도 있다. 이 모든 이유 때문에, 완전 고용에 대한 전통적인 사회 민주적 요구는 완전 실업에 대한 미래 지향적 요구로 바뀌어야 한다."

이제껏 말해왔듯, 일부 형태의 기본소득(내가 부의 소득세라 이름 붙인 기본소득)은 사실 현행 신자유주의 경제 제도 내에서 기존 사회 관계들을 강화할 목적으로 만들어졌으며, 여러 이유로 일자리를 찾지 못하고 있는 사람들을 위해 단순화된 복지 제도로 여겨지고 있다. 이는 닉 스르니첵이 말하는 이른바 '반(反) 이상향 자유론'을 위태롭게 한다.

반 이상향 자유론에서는 사회 안전망이 단 한 가지 현금 지급 방식으로 줄어들게 되고, 그러면 각 개인은 이를 이용해 시장 중심의 경제 안에서 각종 서비스(의료, 교육 등)를 구매하게 된다. 그러나 진정한 보편적 기본소득제도는 경제 개혁뿐 아니라 정치 개혁도 쟁취할 목적으로 행해진다. 닉 스르니첵과 알렉스 윌리엄스의 말에 따르면, 그 경우 기본소득제도는 세 가지 주요 기준을 충족시켜야 한다. 즉, 생활하는 데 필요한 충분한 소득을 제공해야 하고, 그야말로 보편적으로 모든 사람에게 조건 없이 그 혜택이 주어져야 하고, 복지 국가를 대체하기보다는 복지 국가를 보충하는 역할을 해야 하는 것이다.

이런 기본소득제도가 특히 경제에, 그리고 보다 일반적으로 정치에 어떤 변화를 주는지를 제대로 알게 되면, 임금 노동이 좌파와 우파 정치에 대한 현재의 우리 인식에, 또 선진국에서 살아간다는 게 어떤 의미인지에 대한 현재의 우리 인식에 얼마나 중심적인 역할을 하고 있는지를 알 수 있게 된다. 나는 앞서 중도 좌파 성향의 호주 싱크 탱크인 퍼 캐피타의 보고서 얘기를 한 바 있다. 그 보고서에는 이런 말이 나왔었다.

"괜찮은 소득에 안정성도 있는 질 높은 일자리는 가정의 번영과 행복에 '가장 중요한 전제 조건'이다."

가장 중요한 전제 조건이란 말에 주목할 필요가 있다. 이 보고서는 정부를 상대로 다양한 형태의 임시직 일자리, 특히 인력 고용 회사들이 제시하는 임시직 일자리들을 보다 안정되게 만들라고 촉구하고 있다. 그 보고서의 내용을 한 번 더 살펴보자.

"다른 선진국 경제와 비교하면 호주 경제에는 비 표준적인 일이 아주 많다. 그 속에는 '유연한' 시간제 일과 의존성 높은 계약직일 등 다양한 형태의 일들이 포함된다……. 상근직 노동자들을 고용하는 고용주는 치밀한 인력 계획과 사업 관리를 통해 일거리가 충분하지 않을 때의 위험에 대비해야 한다. 그러나 불안정한 임시직 노동자 등을 고용할 경우, 일거리가 없으면 노동자는 일하지 못하고 그래서 고용주는 임금 비용 부담이 전혀 없거나 상당히 줄어들다. 이 같은 위험의 '아웃소싱'은 아주 중요하고 영구적이며 의도적이다. 일과 관련된 전통적인 '사회적 계약'에 변화가 일어나고 있다."

현재 우리가 처한 경제와 정치 상황에서 퍼 캐피타의 접근방식은 더없이 합리적이어서, 그래서 나는 지금 그 접근방식이 잘못됐다는 얘기를 하려는 게 아니다. 사실 우리는 고착화된 임시직 일들이 전통적인 사회적 계약 관계를 변화시키고 있다는 퍼 캐피타의 관점을 제대로 이해해야 한다. 그러니까 모든 걸 유급 고용에 의존하고 있는 우리 모두가 갈수록 열악한 근무 조건을 강요당하고 있다는 것이다. 그러나 내가 말하고자 하는 건, 일에 대한 현재의 시장 중심적인 신자유주의 접근방식이 그대로 유지되는 한 그렇게 불안정한 형태의 고용(전통적인 풀타임 일의 안정성과 노동자 보호 대책들이 없는 고용)은 절대 사라지지 않을 거라는 것이다. 정부의 각종 규제를 통해 임시직 일과 관련된 문제를 개선하려는 노력과는 별도로, 이 같은 접근방식은 그저 겉으로 드러난 증세만 낫게 하는 일일 뿐 병 자체를 고치는 근본적인 치유책은 되지 못한다. 오히려 그 밑에 깔린 사회적·경제적 조건들을 영구화시키고, 노동자들과 고용주들 간의 갈등을 조장해 사람들을 현재 위치에서 끌어올려 주기는커녕 더 고착화하는 역할만 할 뿐이다.

자 이제, 보편적 기본소득제도가 실행되어 제 자리를 잡았다고 가정해보자. 바로 앞서 말한 세 가지 기준도 충족시키고 있다고 가정해보자. 과연 어떻게 될까?

가장 기본적인 변화는 노동자들과 고용주들 간의 관계에서 일어날 것이다. 지금도 그렇지만, 아주 간단히 말해 일자리가 필요하기 때문에, 노동자들은 임시직 일의 열악한 근무 조건을 감수할 것이다. 그러니까 노동자들은 살기 위해 그리고 가족을 부양하기 위해, 아무리 적절치 못하고 아무리 믿을 수 없다 해도 임시직 일이 제공하는 소득이 필요한 것이다. 일자리는 대개 '하든가 말든가'라는 식으로 제공되며, 현대의 노사 관계 역사를 돌이켜보건대, 언제나 일자리를 절실히 필요로 하는 노동자는 차고 넘친다. 게다가 임시직 형태의 일을 환영하는 노동자들도 있기 때문에, 모든 사람이 그런 임시직 일을 싫어한다고 생각할 수도 없다. 그리고 실제 전혀 그렇지 않다. 그러나 만일 노동자에게 보편적인 기본소득형태로 들어오는 보장된 소득이 별도로 있을 경우, 고용주들이 임시직 일을 제시하면서 보이는 '하든가 말든가' 식의 태도는 아마도 대부분 사라질 것이다. 이와 관련해 닉 스르니첵은 이런 말을 했다.

"기본소득은 프롤레타리아에게 일자리에 의존하지 않고도 생계를 해결할 수 있는 수단을 제공한다."

그렇다. 기본소득은 단순한 생계 수단이지만, 노동자와 고용주가 갖고 있는 협상력에 엄청난 변화를 주게 된다. 유명한 경제 전문 작가로 자칭 '덴마크 자유주의자'인 스티브 랜디 월드만(Steve Randy Waldman)은 이렇게 말했다.

"정부의 개인 이전 제도로 취업하지 않고도 그럭저럭 살아갈 만한 소득이 생긴다면, 아마 많은 노동자가 일자리 선택에 더 까다로워질 것이다.……. 그러나 그것은 노동자들이 취업 협상 시 더 큰 협상력을 갖게 된다는 말이나 다름없다. 그 일자리를 못 잡는다 해도 빈곤 상태에 빠지진 않을 테니 말이다."

스티브 랜디 월드만은 기본소득제도가 생겨날 경우 일반 노동자들의 위상이 어떤 식으로 높아지는지 그 흥미로운 얘기를 이렇게 이어간다.

"노동자 입장에서 보조적인 소득이 있다는 것은 노동조합에 가입한 것보다 더 큰 협상력을 갖게 된다는 의미이다. 노동조합에 가입하면 단체 교섭력을 갖게 되며, 그 결과 두루 적용되는 근무 규칙, 확고한 고용과 해고, 승진 정책, 더 높은 임금 등을 얻어낼 수 있게 된다. 만일 노동자들이 보조적인 소득이 있을 경우, 채용 협상은 개인과 기업 상황에 맞추어 이루어지게 되는데, 기댈 수 있는 소득이 없는 경우에 비해 노동자에게 더 유리한 쪽으로 결론이 나기 쉽다."

이걸 생각해보라. 고용주들은 늘 자신들이 제시하는 임시직 일자리는 노동 시장에 '유연성'을 주기 위해 생겨나는 거라고 주장하지만, 그들이 지지하는 유연성이란 대개 일방통행적인 것으로, 전적으로 고용주들에게만 유리하다. 이런 유연성은 노동자 입장에서 볼 경우 대개 환상에 불과한 것이다. 만일 당신이 경제적인 필요성 때문에 어쩔 수 없이 거의 어떤 조건에서건 일자리를 잡게 된다면, 그건 유연성보다는 착취에 더 가깝다고 봐야 한다. 앞서도 언급한 바 있는 경제학자 조엘 모키르와 크리스 비커스, 니콜라스 지에바스는 일의 미래에 대한 자신들의 논문에서 이런 말을 했다.

"더 큰 유연성은 은총이자 저주이다. 한편으로는, 일과 가정 간의 균형을 잡는 데 도움이 될 수 있다……. 그러나 다른 한편으로, 고용주들은 일자리가 필요한 노동자가 넘쳐난다는 걸 잘 알기 때문에, 유연성은 그들이 노동자들로부터 더 많은 걸 뽑아낼 수 있게 해주는 뒷문 역할을 하기도 한다. 온디맨드 경제에서 고용주들은 임시직과 계약직 노동자들을 많이 이용하는데…… 그 결과 노동자들은 대체 몇 시간이나 일하게 될지 또 언제 고용주에게 부름을 당할지 알 수 없어, 큰 불확실성을 겪게 될 수도 있다."

그러면서 세 사람은 〈이코노미스트(The Economist)〉의 커버 스토리를 인용해 언디맨드 경제에서의 이른바 유연성은 많은 새로운 문제와 모니터링 비용을 만들어낸다면서 이런 말을 했다.

"환자 때문에 대기 중인 의사, 사건 때문에 대기 중인 변호사, 학기 중의 교수 등, 많은 백인 화이트칼라 전문직이 아마 '부름에 대기해야 한다'는 게 어떤 건지 공감할 수 있을 것이다. 그러나 부름에 대기하는 일로 그 누구보다 큰 피해를 보는 것은 파티마 무하마드 같은 저소득 계층이다. 그녀는 2014년 한 잡지와의 인터뷰에서 이런 말을 했다. '매일 아침 가게에 전화해 그 날 일거리가 있는지 알아봐야 합니다. 꼼짝달싹 못하는 기분이에요. 아무 계획도 세울 수 없고.'"

당신이 설사 이런 종류의 임시직 일을 찾고 있는 노동자라고 해도, 그것이 당신이 전적으로 고용주한테 유리한 조건으로 그 일자리를 받아들여야 하는 이유는 못 된다. 앞서 말한 세 가지 전제 조건(보편적일 것, 적절할 것, 무조건적일 것)을 모두 충족시키는 보편적 기본소득제도가 있을 경우, 노동자는 그 일자리를 잡을 건지 말 건지를 선택하는 데 유연성을 가질 수 있고, 그래서 미련 없이 그 일자리를 포기할 수도 있다.

물론 바로 이 부분에서 보편적 기본소득제도 탓에 사람들이 일을 안 하고 놀려는 경향이 커지지 않겠느냐는 의문이 생겨난다. 보편적 기본소득이 있는데, 그 누가 굳이 일하고자 하겠는가? 이 시점에서 우리는 브라질과 인도 등지에서 행해진 실험과 관련해 앞서 살펴본 얘기들을 상기해볼 필요가 있다. 앞서 살펴본 사례들에 따르면, 사람들은 보편적 기본소득제도를 통해 받는 돈을 대부분 헛되이 낭비하지 않으며, 기본소득제도로 인한 안정감 속에서 더 열심히 일하려 하고 심지어 자기 사업을 시작하려 하기도 한다. 내가 앞서 얘기한 시나리오에서, 당신은 아마 이런 질문을 하게 될 것이다.

"이미 보편적 기본소득제도 덕에 돈이 들어오고 있는데, 뭣 때문에 일자리를 잡고 새로운 소득을 올리려 하겠는가?"

이는 단순히 고용 관계에서 안정성을 제공하는 걸 뛰어넘어 진정한 노동자 자유로 가는 길을 닦는 일이다. 이와 관련해 닉 스르니첵과 알렉스 윌리엄스는 다음과 같은 입장을 거듭 강조한다.

"임금 노동에 대한 의존도에서 탈피함으로써, 노동자들은 노동 시장에서 큰 힘을 갖게 되어, 얼마나 많은 노동을 제공할 것인지를 스스로 결정할 수 있게 된다……. 노동자 계급의 힘 또한 다양한 방식으로 더 커진다. 노동자들은 더는 파업 기간 중의 급여 삭감이나 파업 자금 등에 신경을 쓰지 않아도 돼 파업 등 단체 행동에 나서는 게 더 쉬워진다. 임금을 받고 일하는 시간도 자기 생각에 맞춰 조정할 수 있고, 자유 시간은 사람들과 소통을 하거나 정치에 참여하는 등의 일에 쓸 수 있다. 여유를 갖고 사색을 즐길 수도 있으며, 신자유주의의 끝없는 압력들로부터 안전하게 자신을 지킬 수도 있다. 일과 실직을 둘러싼 불안감 또한 보편적 기본소득이라는 사회 안전망 덕에 줄어들 수 있다. 게다가 보편적 기본소득은 취업한 사람들은 물론 실직한 사람들, 능력 이하의 일을 하는 사람들, 이주 노동자들, 임시직 노동자들, 장애인들 등, 모든 사람의 필요에도 부합된다. 보편적 기본소득은 모든 집단의 공동 관심사를 충족시켜주기 때문이다."

이 모든 것에는, 특히 여성과 일의 관계와 관련해서는 다른 긍정적인 측면들도 있다. 현재의 고용 시스템이 갖고 있는 오랜 불평등 요소 중 하나는 여성은 같은 일을 해도 남성보다 돈을 덜 받고(이는 현재 모든 선진국에서 볼 수 있는 현상이지만), 또한 여성은 사회적으로 급여 노동 영역에서 벗어나 있다고 여겨지는 종류의 일들을 하면서 합당한 대우를 받지 못하고 있다는 것이다. 그 일들이란 주로 집안에서 일어나는 일로, 요리에서 청소, 육아, 그리고 병약자와 노약자 간호 같은 일들이 그 좋은 예이다.

심지어 여성은 주류 노동 시장 안에서 일을 해 소득이 있어도,

돈도 못 받는 집안일에 대한 부담은 부당하게도 여전히 여성의 몫이다. 오랜 세월 페미니스트들은 이런 불평등을 바꾸기 위해 싸워왔고, 그 결과 아직 그 성과는 제한적이지만 어쨌든 집안일도 소득을 인정받아야 하는 일이라는 인식이 생기게 되었다. 여러 페미니스트 작가들이 보편적 기본소득제도를 가능한 해결책으로 권장하는 이유이기도 하다. 캐시 위크스(Kathi Weeks) 교수는 자신의 저서『일의 문제(The Problem with Work)』에서 기본소득제도야말로 최선의 접근방식이라며 이렇게 말하고 있다.

"가정은 따로 떨어진 별개의 영역이 아니라 사회 경제 조직의 일부이다. 그러나 가정과 그 이데올로기는 재생산 속에 포함된 많은 일을 사유화하고 여성화하고 자연스러운 일로 만들어버림으로써 생산적 노동의 비용을 모호하게 만드는 데 일조한다. 그 결과 개인이 가진 여러 형태의 생산성과 친밀감이 그 같은 사회 협력과 경제적 재분배라는 제한적인 제도와 조화를 이루지 못해, 임금 제도도 가정이라는 제도도 개인들의 필요를 충족시킬 수 없다는 것이 문제이다. 기본소득제도의 장점 중 하나는…… 가족 수나 가구 형태와 관계없이 모든 개인에게 분배된다는 것이다. 이런 방식을 통해, 만일 개인이 생계유지에 필요한 수단만 확보할 수 있다면, 일이나 가족에게 특혜를 주어 개인이 의존해야 하는 제도로 만들 필요가 없게 된다."

다시 강조하지만, 그 결과 사람들을 일과 사회적 관계라는 현재의 제도 내에 수용할 수 있을 뿐 아니라, 사람들을 그 제약들로부터 자유롭게 해줄 수도 있다. 그리고 그 목표는 기본소득을 이용해 구조적인 변화를 일으키고, 사람들에게 힘을 주어 신자유주의 틀에 맞춰 일에 의존하는 걸 완화하자는 것이다. 그리고 아예 다른 방법이 있을 수 있다는 생각조차 하지 못하게 가로막는 평상시의 경직된 사고 틀에서 최대한 벗어날 필요가 있다. 캐시 위크스는 "따라서 우리는 기본소득제도를 계기로 탈 노동의 가능성을 생각해볼 수 있다."라고 말했다. 뭔가를 변화시키려면, 그에 앞서 먼저 적어도 변화의 가능성에 대해 생각할 수 있어야 한다.

여기서 꼭 짚고 넘어가야 할 아주 근본적인 문제가 있다. 나도 앞서 언급한 바 있지만, 이 문제는 작가 주디스 슐레비츠(Judith Shulevitz)가 〈뉴욕 타임스〉에 올린 다음과 같은 글에 가장 잘 나타나고 있다.

"많은 사람이 집안일을 하는 여성에게 임금을 지급해야 한다는 아이디어 자체를 반대하는 것은 가정주부 입장에 있는 여성이 지나치게 자기 잇속을 차리려 한다고 생각하기 때문이다."

여성이 집안일을 하는 것은 스스로 선택한 일종의 생활 방식이며, 따라서 다른 사람들이 그런 일을 하는 여성에게 돈을 줄 필요는 없다는 것이다. 이런 관점에서 보는 여성은 다른 모든 사람의 노동에 무임승차하려 하는 '미화된 취미 생활자'나 다름없다. 그러나 주디스 슐레비츠는 이렇게 말한다.

"나는 가정주부에 대한 이런 관점은 그야말로 퇴보된 관점이라고 본다. 사실 인류의 보전을 위해 아무 대가도 받지 않고 헌신하고 있는 건 여성이며, 사회가 그런 여성의 노력에 무임승차하고 있다. 칼 마르크스는 당연히 자신의 노동 가치설에 여성의 노동 가치를 포함했어야 하는데 그러지 않았다. 그러나 '재생산 노동'(페미니스트들은 가정을 만들고 유지하는 노력을 재생산 노동이라 함)은 인적 자본을 쌓아 올리는 데 그 토대가 된다. 나는 이제 여성에게 그 보상을 해주어야 할 때가 됐다고 본다."

기본소득이 여성에게 어떤 의미가 있는지에 대한 좀 더 깊은 고찰은 2015년 말 호주 멜버른에서 열린 한 공개 포럼에서 '불안정한 일'을 주제로 강연한 가이 스탠딩 교수와 내가 나눈 대화에서도 다시 드러났다. 그는 앞서 언급된 인도에서의 기본소득실험에 대해 말했다. 그는 그 실험을 다큐멘터리 영화로 제작하는 일에 참여했고, 영화 촬영을 마무리하던 날 기본소득을 받아온 마을의 젊은 여성들을 만났다. 그는 여성 중 한 명에게 돈을 받으니 어떤 점이 가장 좋더냐고 물었다. 그녀에게 기본소득은 어떤 의미인지가 그가 알고자 한 것이었다. 그 여성은 이렇게 말했다.

"그게 어떤 의미였느냐고요? 매월 말 인근 탄광에서 일하는 사람들이 봉급을 들고 마을로 와도, 나는 그 일을 할 생각이 없다고 말할 수 있었어요."

닉 스르니첵과 캐시 위크스 두 사람 모두 보편적인 기본소득을 그들이 말하는 이른바 '완전 실업' 또는 '탈 노동'의 미래를 만드는 방법으로 보고 있다. 그러니까 기본소득제도야말로 기술의 발전과 더불어 나타나게 될 일자리의 상실과 지속적인 실업을 피할 수 없는 현실로 받아들이고, 기술을 소유하고 좌지우지하는 엘리트들뿐 아니라 대부분 사람에게 도움이 될 수 있는 방식으로 현실에 대처할 방법이라고 보는 것이다. 그런 접근방식의 실현 가능성에 대해 고찰하기에 앞서, 먼저 한 발 뒤로 물러나 우리가 지금 무얼 해결하려는지를 상기해보자.

우리는 지금 만족스러운 삶을 유지하기 위해 필요한 일자리들이(그간 선진국에서 당연시되어왔지만) 사라질지도 모른다는 가능성을 놓고 정치적인 대응책을 모색 중이다. 또한 그렇게 함으로써, 병의 근본적인 원인은 내버려 두고 겉으로 드러난 증세들만 고치려 하는 기존의 정치적 대응책들을 뛰어넘는 생각들을 하는 중이다. 그래서 우리는 지금 기술적 실업이라는 결과 밑에 감춰진 근본적인 문제들을 파고들려 하는 것이며, 또 무엇보다 먼저 일자리 상실을 큰 문제로 인식하게 하는 정치적·경제적 구조와 관계들을 깊이 들여다보려하는 것이다. 지금 많은 진보주의자 등이 미래의 기술적 실업에서 현재의 빈곤과 불평등에 이르는 모든 문제를 해결해, 사람들로 하여금 임금 제도를 통해 제대로 보상받지 못하고 있는 일(집안일과 노약자 간호 등)을 통해 사회에 기여할 수 있게 하려 애쓰고 있는데, 그런 그들에게 현재로써는 보편적인 기본소득이 가장 주목받는 유일한 대책이다.

그런데 하나의 개념으로서 기본소득은 지금 사람들로부터 많은 기대를 받고 있고 그 부담도 너무 커, 현재 사람들이 기대하는 것이 너무 과한 건 아닌지 자문해볼 필요가 있을 것 같다. 아마 그럴 것이다. 그러나 이 단계에서 기본소득이 가진 가장 큰 장점은 아마 우리에게 이제까지와는 다른 방식들로 생각할 수 있는 여지를 주고 있다는 것이다. 문학 평론가 데이비드 윈터스(David Winters)는 다음과 같이 통찰력 넘치는 말을 했다.

"이론은 정보가 아닌 영감을 준다. 생각하기에 앞서 느끼라는 것이다."

기본소득이라는 이론에 대해 우리가 취해야 할 태도가 바로 그런 것이다. 실제적인 적용이나 혜택 같은 건 나중 문제고, 기본소득이란 아이디어 자체가 우리의 존재 방식 자체를 변화시키고 있다. 기본소득은 그야말로 홀연히 나타난 아주 원대하고 멋진 대화 주제이다. 사람들이 기본소득이라는 개념에 담긴 의미들을 완전히 이해하기도 전에, 이런 게 필요하다는 걸 느낄 수 있다.

보편적인 기본소득제도는 얼마든지 실현 가능한 제도이다. 게다가, 그 제도 때문에 사람들이 게을러진다거나 일을 할 수 있는데도 하지 않는다든가 하진 않는다는 걸 보여주는 증거는 얼마든지 있다. 실제로 기본소득제도는 사람들에게 위험을 무릅쓰고 관리하는 데 필요한 안정감을 주어 경제적 활동과 기업가적 활동을 촉진해주기도 한다. 또한, 일을 기반으로 하는 경제에서, 기본소득제도는 노동자에게 '하든가 말든가' 식으로 제시되는 열악한 일을 거부할 선택권을 줌으로써 노동자와 고용주 간에 새로운 힘의 균형을 잡아주기도 한다. 그리고 현재 주로 여성들이 하는 집안일 등은 공식적인 경제가 그 덕을 보고 있으면서도 실제로는 그 영역 밖의 일로 배제

돼 제대로 인정받지 못하고 있는데, 기본소득제도는 그런 여성들에게도 소득을 보장해준다. 이렇게 기본소득제도는 여성에게 힘을 주고 또 여성에게 독립할 가능성도 준다. 남성에 비해 적은 임금을 지급하는 고용주들로부터 뿐 아니라, 경제적 의존성을 빌미로 자신들을 통제하는 남편과 연인 등으로부터 독립하게 된다는 얘기이다.

세 가지 전제 조건(보편적일 것, 적절할 것, 무조건적일 것)을 모두 충족시키는 보편적 기본소득제도 덕에 돈을 받고 하는 일과 사람들 간의 관계는 근본적으로 뒤바뀔 가능성이 있다. 또한, 보편적 기본소득제도는 일과 사람들 간의 틈새에 빠지는 사람들은 물론, 자기 자신의 사업을 가지고 사회에 뛰어드는 사람들에게도 안전망 역할을 해준다. 만일 기술 때문에 실업자가 늘어나고 고착화될 경우, 선진국들의 민주주의 기능을 미약하게나마 유지하기 위해선 유급 고용과 별도로 부를 재분배할 새로운 제도를 도입하는 수밖에 없다. 보편적 기본소득제도가 바로 그런 제도이다. 그리고 또 만일 기술 때문에 실업자가 늘어나고 고착화되는데 보편적 기본소득제도를 도입하지 않는다면, 우리는 거대한 사회적 기능 장애 사태를 피할 수 없을 것이다. 소수의 엘리트만 잘 먹고 잘 사는 가운데 나머지 대부분 사람은 흔히 말하는 '낙수 경제(trickle-down economics)' 체제에서 하루 벌어 하루 먹고 사는 신세로 전락하게 될 것이다.

다시 강조하지만, 정말로 중요한 의문은 '로봇들이 우리 일자리를 빼앗아갈 것인가?'가 아니라 '우리가 살고 싶은 사회는 과연 어떤 사회인가?'인 것이다.

미래에 이르는
세 갈래의 길

Three paths to the future

"그래서 자신이 창조된 이래 처음으로 인간은 영구적이며 실제적인 문제들, 그러니까 경제적인 근심과 걱정으로부터의 해방을 어떻게 즐길 것이며, 여가를 어떻게 보낼 것이며, 또 지혜롭게 기분 좋게 잘 살려면 어떤 은행 이자가 유리할 것인가 하는 문제들에 직면하게 될 것이다."

– 존 메이너드 케인tm(John Maynard Keynes)

지금까지 나는 우리가 과거와 현재에 일에 대해 어떤 식으로 생각해왔는가 하는 것을 설명했다. 이제 여러분은 한편으로는 기술적 실업의 실제 가능성을 가늠해보더라도, 예전과는 다른 관점에서 미래를 보게 됐을 것이다. 나는 이제 우리가 그 미래에 걷게 될 가능성이 가장 높은 길들을 소개하고 각 길의 장단점을 살펴보려 한다.

나는 우리가 취할 수 있는 접근방식은 세 가지라고 생각한다. 세 가지라는 숫자가 다소 독단적이라는 건 인정하지만, 이야기를 분명하게 끌어가는 데는 도움이 될 것이다. 각 접근방식은 일의 미래에 대한 방대하고 복잡한 논의를 요약해주는 기본적인 주장의 정수이다. 세 가지 접근방식 모두 점점 심해지는 자동화의 그늘에 가려 있으며, 세 가지 접근방식 모두 기술을 위협으로 보느냐 아니면 약속으로 보느냐 하는 우리 생각들에 의해 뒷받침된다. 또한, 세 가지 접근방식은 서로 동떨어져 있는 것이 아니라 서로 긴밀히 연결되어 있다. 여러 시점에서는 서로 겹치기도 하며, 때로는 아주 심하게 겹친다.

나는 세 가지 접근방식을 편의상 '평상시와 다름없는(business-as-usual)' 접근방식, '미래로 돌아가는(back-to-the-future)' 접근방식, '탈 노동(postwork)' 접근방식이라 부른다. 앞의 두 접근방식은 비교적 이해하기 쉬우며, 우리 사회에서 일이 하는 역할에 대한 현재의 우리 인식과도 편하게 맞아떨어진다. 그러나 세 번째 접근방식은 다소 복잡해서 더 자세히 살펴볼 필요가 있다. 자, 이제 세 가지 접근방식을 하나하나 살펴보도록 하자.

'평상시와 다름없는' 접근방식의 핵심은 우리는 앞으로도 현재의 우리와 같을 것이며 '시장' 역시 현재와 다름없이 돌아갈 거라는 것이다. 이는 로봇은 급여 노동의 미래에 심각한 위협이 되지 않을 것이며, 기술적 실업은 쓸데없는 '불안'이며 과장된 두려움이라고 확신하는 경제학자와 일부 다른 사람들의 주장이다. 이 접근방식을 믿는 사람들은 기술은 많은 일자리를 없애면서 또 동시에 그만큼 많은 일자리를 만든다고 생각하며, 또 하늘이 무너질 듯 난리를 친 그간의 예언들이 모두 잘못된 것처럼 앞으로도 그럴 것으로 생각한다. 그러면서 그들은 우리 인간은 소비와 새로운 것들 그리고 발명 능력에 대한 욕구가 워낙 강해, 미래에는 지금은 상상도 할 수 없는 일자리들이 나타날 것으로 생각한다.

'평상시와 다름없는' 접근방식에서는 우리는 시장 경제 속에 살고 있으며, 신자유주의 질서는 앞으로도 계속 유지될 것이고, 정부의 역할은 시장 활동을 촉진하는 것이라고 추정한다. 이는 이 접근방식이 반드시 더 작은 정부를 지향한다는 뜻이 아니라, 균형 예산과 낮은 인플레이션, 그리고 기타 기업에 유리하다고 믿어지는 여건들 내에서 움직이는 정부를 지향한다는 뜻이다. 이는 대부분 선진국 정부가 암묵적으로 취하고 있는 자세로, 어떤 정치적 신조를 지닌 선진국 정부든 늘 실업을 줄이려 애쓰고 '일거리 창출' 정책들을 지지한다. 이는 신자유주의로부터 많은 이득을 얻고 있으며, 각국 정부에 자신들의 정책 입장을 조언하거나 제시하는 역할을 하는 전세계 정치 세력의 입장이기도 하다.

내가 이런 접근방식을 '평상시와 다름없는' 접근방식이라고 부르는 것은 그 지지자들이 아무것도 변하지 않는다고 생각한다거나 또는 자동화가 그리는 궤적에 대처할 수 없다고 생각하고 있기 때문이 아니다. 그보다는 이 접근방식이 신자유주의 질서의 연속성을 잘 보여주고 있기 때문이다. 이 접근방식은 정치에 무관심하거나 아예

'비정치적인' 접근방식으로 제시되는데, 실은 그렇지 않다(참고로 여기서 '정치적'이라 함은 정부가 국민 대신 각종 시장 활동에 다양한 수준으로 개입한다는 의미이다). 실은 국가가 그런 개입을 하지 않는 것(신자유주의의 교리문답에 나오는 것처럼)이 아주 정치적인 일이다. 그리고 정부가 후한 실업 수당을 지급하는 것과 마찬가지로 그렇게 하지 않는 것도 정치적인 일이다. 다시 말해 '평상시와 다름없는' 접근방식은 각종 정책을 평가절하 내지 무시하거나 '정치적 개입'을 '좋은' 정책의 원활한 시행을 방해하는 장애물로 보는 접근방식이다. 자신의 처방을 정치적인 것이라기보다는 기술적인 것으로 이해하기 때문이다.

이런 점들 때문에, '평상시와 다름없는' 접근방식에서는 너무 과한 시장 경제에 대한 다양한 수정을 지지하기도 한다. 심지어 또 다른 형태의 기본소득제도, 그러니까 실현 가능한 기본소득제도들 가운데 하나인 부의 소득세 제도를 지지하기도 한다. 이는 물론 고용주들보다 노동자들에게 힘을 실어줄 물질적 여건을 마련해주기 위해서가 아니고, 국민에게 직접 금전적 지원을 해주기 위해서도 아니며, 다른 형태의 복지들을 대체하고 그 복지 관련 이행 비용을 없애는 데 사용될 것이다. 그리고 그것이 경제적 효율성이라는 이름 아래 정당화될 것이다.

어떤 지지자들은 거기서 더 나아가고 싶어 하는데, 실제로 메리 그레이(Mary Gray)는 자신이 보기에 갈수록 불안정한 일에 지배되는 경제 체제 안에서 현재 기업들이 가진 힘을 노동자들에게 이전해줄 것을 제안하고 있다. 메리 그레이는 마이크로소프트(Microsoft)

에서 선임 연구원으로 일하고 있는 인류학자로, 공유 경제와 긱 경제의 여러 측면에 대한 연구를 해오고 있다. 그녀는 '크라우드워커(crowdworker. 그녀가 다양한 애플리케이션을 활용해 일자리를 구하는 사람들을 일컫는 말)들'은 공유 경제와 긱 경제라는 새로운 경제 체제 안에서 간접 비용들을 부당하게 나눠서 지고 있다고 말한다. 그녀의 말을 들어보자.

"미케니컬 터크(Mechanical Turk)와 태스크래빗 같은 애플리케이션 기업들은 인재를 찾고 훈련하고 재훈련하는 데 들어가는 비용을 슬그머니 노동자들에게 전가하는 경향이 있으며, 그래서 우리는 노동자들에게 기본소득과 의료 혜택 등을 제공해줄 범세계적인 사회 안전망을 다시 생각해내야 한다."

그러면서 그녀는 이런 제안도 했다.

"우리는 요청만 하면 낮이든 밤이든 경제 발전에 이바지할 준비가 되어 있고 또 이바지할 능력도 있는 노동자들에게 재정적 지원을 해야 한다…… 우리는 또 크라우드워커들이 자신의 이력과 평판을 쌓아 다음에 어떤 일자리를 얻게 되든 그때 써먹을 수 있게 해줄 제삼자 등록 제도도 갖추어야 한다. 마지막으로…… 우리는 개인들이 '온디맨드 경제'에서 사기를 치지 못하게 할 강력한 메커니즘을 개발해야 하며, 마찬가지로 감시를 철저히 해 노동자들에 대한 임금 지급을 늦추거나 아예 하지 않는 고용주들을 처벌해야 한다. 임금을 제때 지급하지 않는 것은 오늘날 프리랜서 일로 생계를 이어가는 노동자들이 직면한 가장 큰 어려움 중 하나이기 때문이다."

그녀는 이렇게 결론짓는다.

"우리는 주 40시간 근무라는 안정된 근무를 절대 하지 못할 많은 사람을 지원해야 하며, 이것이야말로 온디맨드 공유 경제에 대한 논의에서 가장 중요한 대목 중 하나가 되어야 할 것이다."

메리 그레이의 접근방식은 '평상시와 다름없는' 접근방식의 아주 매력적인 버전이지만, 그래도 여전히 그녀 자신이 불안정할 수밖에 없다고 믿는 신자유주의 틀 안에서의 애플리케이션 중심 일자리 문제들에 대한 개선책, 그것도 아주 느긋한 개선책에 지나지 않는다. 엄밀하게 말하자면, 그녀의 접근방식은 전 세계 중도 좌파 정부들로부터 환영받을 만한 접근방식이며, 따라서 상당한 정치적 지지를 얻을 수도 있다.

그녀의 접근방식은 이를테면 앞서 호주 노동당 당수가 당 차원에서 긱 경제를 적극적으로 도입하려 하면서 언급했던 원칙들과 유사하다. 그러나 그 원칙들을 면밀히 살펴본 결과도 그랬지만, 긱 경제에서 가장 부정적인 측면들은 제대로 해결하지 못한 채 방치돼 있다는 게 문제이다. 그러니까 그런 부정적 측면들이 나타나게 하는 구조적인 문제들은 아예 건들지도 못하고 있다.

두 번째 접근방식은 '미래로 돌아가는' 접근방식이다. 어떤 면에서 보면 이 접근방식은 반동적이고 보수적이지만, 사실 이 접근방식이 요구하는 것들은 급진적이다. 이 접근방식의 지지자들로는 미국 상원의원 버니 샌더스(Bernie Sanders), 영국 노동당 당수 제레미 코빈(Jeremy Corbyn), 그리고 호주 노동당 내의 일부 당원 등을 꼽을 수 있다. 여러 노동조합 조직도 이 접근방식의 지지자로 볼 수 있을 것이다.

'미래로 돌아가는' 접근방식이라는 말은 내가 지지자로 꼽는 많은 사람이 거부감을 가질지도 모르는 말이지만, 그들이 갖고 있는 입장과 '평상시와 다름없는' 접근방식의 지지자들이 갖고 있는 입장의 주요 차이점을 보여주는 데는 아주 그만이라고 생각한다. 이 두 접근방식 간에는 분명 서로 중복되는 부분이 있지만, '미래로 돌아가는' 접근방식은 신자유주의의 가장 부정적인 측면들을 개선하는 일 이상을 추구하고 있다는 점에서 차이가 있다. 그러니까 이 접근방식은 신자유주의 국가의 부정적인 측면들을 적극적으로 제거하려 하는 것이다.

'미래로 돌아가는' 접근방식은 모든 사람이 원하는 일자리를 갖는 완전 고용과 풀타임 고용을 실현하기 위한 노력에 그 근거를 두고 있다. 그래서 노동자들의 임시직화와 거기에서 비롯되는 불안정성에 특히 반대한다. 또한, 이 접근방식의 목표들은 다양한 형태의 복지와 모든 사람에게 혜택이 돌아가는 정부 서비스들, 보육과 교육, 의료, 실업 급여, 그리고 장애인들처럼 고용의 테두리 밖에 놓여 있는 사람들에 대한 다양한 보호 정책 등에 의해 뒷받침된다. 그래서 이 접근방식의 캐치프레이즈는 '우리는 경제가 아닌 사회 안에 살고 있다'라고 할 수 있으며, 이는 앞으로 살펴보게 될 이 접근방식 지지자 중 한 사람이 쓴 책의 실제 제목이기도 하다.

'미래로 돌아가는' 접근방식의 입장을 가장 잘 엿보는 방법은 그런 입장을 가진 몇몇 사람의 말을 들어보는 것이다. 호주 노동당이 추구하는 가치들을 규정지은 한 컨퍼런스에서 행한 연설을 통해, 전 노동조합 고위 간부 팀 라이언스(Tim Lyons)는 자신이 가장 중요하다고 생각하는 가치 열 가지를 열거했는데, 그중 제일 먼저 나오는 가치 두 개가 바로 일자리와 관련된 것이었다. 이런 가치를 추구하려면 정부의 적극적인 역할이 필요하다는 그의 말에도 주목할 필요가 있다.

"첫 번째, 완전 고용…… 일자리 그 자체도 중요하지만, 일자리의 질과 양도 중요하다는 걸 이해하고 노력하는 것 역시 중요하다. 일자리들은 거시적 경제 정책의 핵심이 되어야 한다. 그러려면 국가재정 및 통화 수단들은 물론 신중한 산업 정책과 적극적인 노동 시장 정책들도 잘 활용해야 한다. 두 번째, 시장 소득…… 노동 운동에는 한 국가와 그 국민을 위한 거의 무한한 포부가 담겨 있다. 그러나 시장 소득을 가지고 우리가 늘 주장해온 것들을 국민에게 제공할 수 있는 경제, 그러니까 안전한 일자리들을 통해 국민의 실질적인 생활 수준을 높여줄 수 있는 경제를 만들어내는 노동 운동은 거의 없다. 그리고 우리는 그것이 기본적으로 조직화된 일자리들을 의미한다는 걸 잘 안다."

호주 디킨대학교의 정치 및 정책학 부교수 앤드류 스콧(Andrew Scott)도 이와 비슷한 입장을 견지하고 있는데, 그는 북유럽 국가들의 접근방식을 오늘날 민주주의 국가들이 본받아야 할 접근방식의 모델로 제시하고 있다. 그는 북유럽 국가들은 근무 시간 단축과 무료 보육, 육아 휴직, 높은 수준의 교육을 위해 전력투구하고 있으며, 또 기본적으로 신자유주의의 요구 사항들을 무시하려 한다고 강조한다. 〈대화(The Conversation)〉라는 논문에서 그는 이렇게 주장하고 있다.

"지금 스웨덴을 비롯한 주요 북유럽 국가는 경제적 번영은 사회적 평등에, 환경에 대한 책임감이 더해질 때 가능하다는 걸 보여주는 산 증거 역할을 해오고 있다."

그의 이런 주장은 '미래로 돌아가는' 접근방식은 다분히 정치적인 것으로, 국가가 추구하는 그 어떤 경제적 처방 중 불가피한 처방이란 건 없으며, 따라서 강력한 정치적 의지만 있다면 얼마든지 다른 경제적 처방을 내릴 수 있다는 생각을 토대로 삼고 있다. 그러니까 북유럽 국가들은 중도 좌파 정당들이 어떻게 분명한 목표를 가지고 선진국의 정책 의제를 설정하는지를 보여주는 증거라는 것이다.

내가 '미래로 돌아가는' 접근방식을 또 다른 대표 주자로 꼽는 사람은 호주 노동당 정부의 장관으로, 현재 장애인 문제 개혁을 위한 예비 장관인 제니 맥클린(Jenny Macklin)이다. 〈래버 헤럴드(The Labor Herald. 호주 노동당의 공식 간행물)〉에 실린 글에서 그녀는 이렇게 말했다.

"내 경우, 적절한 사회적 보호 제도를 이루는 주요 요소는 두 가지이다. 첫째는 가장 근본적인 보호 대책인 일자리이다."

여기서 우리는 다시 급여 노동이 모든 것의 중심이라는 걸 보게 된다. 그러나 그녀는 이렇게 말을 잇는다.

"그러나 그 일자리는 아무 일자리나 뜻하는 건 아니며, 최저 임금과 법에 따른 지급과 근무 조건이 보장된 일자리로…… 모두가 인간다운 삶을 살 수 있어야 한다…… 그러자면 병가와 육아 휴직, 자유 근무 시간제, 유급 공휴일을 보장받아 가족과 함께 시간을 보낼 수 있어야 한다."

제니 맥클린은 앞서 언급한 바 있는 전직 호주 노동당 연설 원고 작성자 데니스 글로버(Dennis Glover)의 책 『경제는 사회가 아니다(An Econom Is Not a Society)』도 인용하고 있는데, 그 책에서 데니스 글로버는 신자유주의 시대 이전의 노동 조건과 사회 조건들로 되돌아갈 것을 주장하고 있으며, 또 빅토리아 시대의 도시 도브튼을 그 모델로 내세우고 있다. 그가 말한 그런 지역 사회와 노동자들은 모두 사라졌다면서, 제니 맥클린은 '미래로 돌아가는' 접근방식 철학을 빌어 이렇게 말한다.

"우리는 도브튼 같은 지역 사회들을 재건해야 한다…… 우리는 개인과 가정 그리고 지역 사회들이 괜찮은 일자리를 잡아 괜찮은 삶을 살고 오늘날 번성할 기회를 가질 수 있게 해야 한다."

그녀는 또 과거 그 어느 때보다 빠른 변화가 일어나고 있다는 점은 인정하지만, 우리에게 정치적인 의지만 있다면 그 변화는 피할 수 있고 또 피해야 하며, 그래야 도드튼 같은 도시들을 재건할 수 있다는 입장을 견지하고 있다. 디보튼은 호주 멜버른 외곽에 위치한 도시로, 데니스 글로버는 그 도시에 대해 이렇게 말했다.

"이 도시는 전혀 부유하지 않았지만, 그곳에서 자동차와 트럭,

열차, 디젤 엔진, 냉장고, 가공식품 등이 만들어졌고, 엄마와 아빠들 모두가 괜찮은 급여를 받는 일자리를 가졌고, 학교들은 대학 교육이 보편화되기도 전에 이미 똑똑한 학생들을 대학에 보냈고, 거리는 깨끗하고 쇼핑 구역은 북적댔고, 노동자 계층은 아마 경제의 역사가 시작된 이래 가장 높은 수준의 상대적 번영을 누렸다."

디보튼에는 하인츠 식품 공장과 홀든 자동차 공장이 있었으나, 두 공장 모두 문을 닫았다. 미국 시카고와 디트로이트, 영국 맨체스터, 호주 질롱시 같은 산업 도시들과 비슷한 운명을 맞은 것이다. 데니스 글로버의 책은 신자유주의적 '발전'의 제단에 희생물로 바쳐진 노동자 계층의 자긍심과 번영을 추억하게 한다. 공장 문이 닫히고 일자리가 사라지면서 디보튼 같은 도시들은 모두 폐허나 다름없이 변했고, 분노에 찬 눈으로 지켜본 그는 이 모든 걸 원상 복귀시키겠다는 단호한 계획들을 제시하고 있다. 그는 자신이 옹호하고 있는 노동자들이나 그 자신이 취하고 있는 입장이 반동적이라는 주장을 일축하고 있지만, 그럼에도 다음과 같은 그의 이야기를 들으면 내가 왜 그의 접근방식을 '미래로 돌아가는' 접근방식이라 부르는지 그 이유를 알 것이다.

"과거에도 그랬듯, 우리는 호주의 일부 국민이 아닌 모든 국민에게 혜택이 돌아갈 수 있는 그런 미래를 선택해야 할 것이다. 지난 30년간의 불행한 혁명적 변화들 때문에 그 방향이 틀어지기는 했지만, 실은 그 이전까지 우리가 꿈꾸던 미래가 그런 미래였다. 그 시대는 아직 중년층의 기억 속에 살아 있는데, 그때까지만 해도 우리는 우리의 미래 경제가 뭔가를 만드는 데 있고, 우리의 미래 사회가 지역 사회들을 지원하는 데 있다고 믿었다. 그 당시 우리는 우리 자신을 단순한 개별 소비자들의 집합체를 초월해 자립해야 할 인격체들로 보았다. 도브튼시의 주민들 경우, 이는 자동차와 트럭, 열차, 가공식품 등을 만드는 걸 뜻했고, 일자리 창출과 관련해 만들어진 이웃을 지원하는 걸 뜻했고, 또 보통 사람들에게 진정한 기회들을 주는 걸 뜻했다. 그러니까 결국 국가의 구성원 모두를 위한 국가를 건설하는 것을 뜻했다."

내 경우 성향상으로는 절대적으로 '미래로 돌아가는' 접근방식이 맞는데, 그건 아마 이 접근방식이 살아오면서 지금까지 견지해온 내 정치적 입장에 가장 가깝기 때문일 것이다. 나는 또 노동자들의 현 상황을 타개하기 위한 당면 전략으로, 이 접근방식이 요구하는 것들(육아 시간 단축, 유급 육아 휴직, 교육, 의료 등)을 반드시 실현해야 한다고 생각한다. 나는 지금 투명성을 위해 이 얘기를 하고 있지만, 또한 이 접근방식을 비판하거나 거부하면서 적대적인 입장에서가 아니라 깊은 동질성에서 그러는 것이라는 걸 분명히 하고 싶기 때문이기도 하다.

그럼에도 나는 이 접근방식에 함축된 일부 요소 때문에 혼란을 느낀다. 이를테면 나는 이 접근방식 속에는 예로부터 일에 대한 논의를 가로막아온 성별을 둘러싼 문제들이 잠복해 있다고 생각한다. 노동조합이 중시되는 완전 고용 모델은 기본적으로 남성이 생계비를 벌어오고 여성은 집안일과 육아, 노인 및 장애인 간호를 책임지던 시대를 연상케 하는 면이 있다. 그래서 이 접근방식이 분명 여성을 노동 인력의 일원으로 인정하고 남녀의 동등한 임금을 강조하고는 있지만, 집안일이라는 보이지 않는 노동에 대한 임금 지급은 전혀 고려하지 않고, 여성에게 편중된 집안일 특유의 문제를 해결하려는 그 어떤 지속적인 노력도 보이지 않는다.

여기서 짚고 넘어가야 할 점이 또 하나 있는데, 그것은 이 접근방식의 지지자들이 말하는 '가장 좋은 시절'에도 일자리는 경기 사이클에 따라 늘어나기도 하고 줄어들기도 하는 등 계속 변화한다는 점이다. 그래서 그들의 제안대로 일자리를 창출하려 해도, 경제는 경기 사이클에 직접적인 영향을 받을 수밖에 없고, 그래서 경기 침체기에는 늘 사람들의 일자리가 위협받을 수밖에 없다. 그게 그나마 일자리가 늘 위협받는 불안정한 현재 상태보다는 나은지 모르지만, 여전히 이상적인 것과는 거리가 멀다. 닉 스르니첵과 알렉스 윌리엄스는 자신들의 저서 『미래 만들기』에서 이렇게 말했다.

"생산과 분배 기술 같은 것들에 대한 새로운 접근방식을 만들어내지 못할 경우, 모든 사회 운동은 자본주의 관행들로 되돌아가게 될 수밖에 없을 것이다."

'미래로 돌아가는' 접근방식의 지지자들이 보이는 또 다른 큰 문제는 자신들이 극복하려 하는 편견들을 직업윤리라는 개념을 통해 그대로 고수하고 있다는 것이다. 그러니까 신자유주의 국가는 사람들이 일자리를 갖고 있어야 한다는 자신의 주장을 정당화하기 위해 직업윤리를 들먹이는데, '미래로 돌아가는' 접근방식의 지지자들 역시 그렇게 하는 것이다. 예들 들어 그들은 사람들이 실업 급여를 받기 위해 각종 정부 제도를 따를 수밖에 없다며 정부를 비판하면서도, 자신들 역시 쓸모 있는 시민을 결정짓는 것이 일이라는 입장을 견지함으로써 결과적으로 신자유주의 국가의 직업윤리를 뒷받침하고 있다. 이는 전 세계적으로 볼 수 있는 모순이다. 인종차별 정책 종식 이후의 남아프리카공화국과 그 나라의 새로운 정부가 어떤 식으로 일을(심지어 일이 늘 부족한 상황에서) 국가의 핵심 정책으로 삼아오고 있는지에 대해 설명하면서 프랑코 바르치에시(Franco Barchiesi) 교수는 이렇게 말하고 있다.

"좌파와 노동조합들은 그간 임금 노동을 중시하면서 법률적 권한들과 사회적 안정, 그리고 개인적 자질들이 서로 보완되게 해왔다."

'미래로 돌아가는' 접근방식의 지지자들이 토로하는 불만을 들어보면, 직업윤리 그 자체의 기원을 연상케 하는 데가 있다. 1905년 막스 베버는 신교도적 직업윤리를 발전할 수 있게 하는 주요 원칙에 관해 설명하면서 이런 말을 했다.

"일반 노동자들이 종종 어쩔 수 없이 받아들이게 되는 비정규직 일은 불가피한 경우가 많지만, 늘 달갑지 않은 과도기적 상태이다. 따라서 직업이 없는 사람은 금욕주의에서 요구되는 조직적이고 체계적인 성격이 결여된 것이다."

그래서 임시직 일에 대한 비판은 단순히 부적절한 임금과 근무 여건에 대한 우려가 아니라, 직업윤리 그 자체의 기원과 직업의 개넘 속에 그 뿌리를 두고 있다. 이렇게 신자유주의자들처럼 일을 높은 윤리 수준으로 끌어올림으로써, '미래로 돌아가는' 접근방식의 지지자들은 결국 스스로 자신들이 해결하고자 하는 문제의 일부가 되어버리고 있다. 그리고 이는 훨씬 더 근본적인 문제로 이어지게 된다. 즉, '미래로 돌아가는' 접근방식의 지지자들은 '평상시와 다름 없는' 접근방식의 지지자들과 마찬가지로 미래에는 충분한 일자리가 있어 자신들이 바라는 결과를 성취할 수 있다고 추정하고 있다는 것이다.

그러나 지금까지 살펴본 바에 따르면, 그것은 정확한 추정이 아닐 가능성이 높다. 만일 정확한 추정이 아니라면, '미래로 돌아가는' 접근방식을 떠받치는 모든 근거가 무너지게 된다. 더욱이 이 접근방식에는 플랜 B도 없고 일이 없는 미래에 대한 대책도 없다. 이는 단순히 상상력 부족에서 비롯된 결과가 아니라, 현재의 경제 그 자체를 제대로 받아들이지 못한 결과이다. 경제학자 존 퀴긴(John Quiggin)은 경제 성장의 전체적인 기반은 '미래로 돌아가는' 접근방식을 뒷받침하는 산업계, 특히 정유업계와 석탄업계로부터 분리된다면서 이렇게 말했다.

"불필요한 불안감을 조성하는 사람들의 주장과는 반대로, 이런 상황 진전은 생활 수준의 저하를 나타내는 것도 아니고 경제 발전 과정의 끝을 의미하는 것도 아니다."

그러면서 이렇게 말을 이었다.

"현재 살아가고 있는 정보 경제 사회에서 우리는 생활 수준 향상과 지속 불가능한 성장 간의 연결을 끊을 수 있다……. 또한 성인들이 자신의 거의 모든 시간을 조직화된 직장 내에서 보내야 하는 20세기 사회 모델을 포기할 수도 있다. 사실 정보 경제의 가치 중 상당 부분은 다양한 형태의 소셜 미디어를 통한 비공식적 교류로 만들어진다. 이런 상황에 생산성까지 꾸준히 높아져 가고 있어, 공식적인 근무 시간을 대폭(거의 1세기 전에 케인즈가 상상한 주당 15시간까지) 줄이는 걸 상상하는 것도 가능해지고 있다."

이 점에 대해선 좀 더 생각해볼 가치가 있다. 우리는 '지식 경제'와 '정보 경제' 같은 것에 별 관심이 없다. 그런 발전들에 워낙 익숙해지다 보니 이미 상당히 진행 중인 그 혁명적인 변화들을 제대로 알아채질 못하고 있다. 그러나 이런 발전들은 우리가 늘 해온 일들을 단순히 더 현대적으로 또는 더 효율적으로 하게 됐다는 뜻일 뿐 아니라, 부가 창출되는 방식에 근본적인 변화가 일어나고 있다는 뜻이기도 하다. 존 퀴긴이 강조하고 있으며, '미래로 돌아가는' 접근 방식이 간과하고 있는 점이다. 또한, 이제 와서 우리가 현대판 도브튼시를 재현할 수도 없는데, 그것은 과거 도브튼시에서의 부 창출에 기여했던 물질적 조건들이 더는 존재하지 않거나 하나하나 다 사라져가고 있기 때문이다. 제라드 발렌둑(Gerard Valenduc)과 패트리샤 벤드라민(Patricia Vendramin)은 자신들의 논문 〈디지털 경제에서의 일: 새로운 것에서 낡은 것 가려내기(Work in the Digital Economy: Sorting the old from the new)〉에서 이렇게 말하고 있다.

"디지털화된 정보는 그 자체로 또 자연스레 하나의 전략적인 자원이 되었다. 그것은 단순히 어떤 목적을 달성하기 위한 수단이 아니다. 따라서 네트워크는 경제와 사회의 중요한 조직화 원칙이 되었고, 새로운 세대의 디지털 기술들은 이제 사상 유례없이 많은 데이터를 만들어내고 있으며 또 그 자산을 이용하고 가치를 높이는 데 필요한 수단들을 제공해주고 있다."

2014년에 발표한 자신들의 논문 〈새로운 게임들, 새로운 규칙들: 빅 데이터와 변화하는 전략의 맥락(New Games, New Rules: Big data and the changing context of strategy)〉에서 조안나 콘스타니오우(Ioanna Constantiou)와 자니스 칼리니코스(Jannis Kallinikos)도 같은 취지의 말을 했다. 정보 경제(그들은 빅 데이터라고 했지만)의 발전은 곧 오늘날 일어나고 있는 '경제 및 사회의 변화'에 다가가고 있다는 걸 의미한다고 주장한 것이다. 그러면서 그들은 그 변화가 오래전부터 내려오는 사회적·제도적 구분들(기업과 조직들의 본질을 변화시키고 또 그들과 사용자이자 고객이자 시민인 개인들과 그들의 관계를 변화시키는)을 모호하게 만들고 있다고 말한다. 쇼샤나 주보프(Shoshana Zuboff)는 거기서 한 걸음 더 나아가 더욱 불길하지만 나름 흥미로운 주장을 폈다. 자신의 논문 〈빅 아더: 감시 자본주의와 정보 문명의 전망(Big Other: surveillance capitalism and the prospects of an information civilization)〉에서 그녀는 이렇게 주장했다.

"지금 전 세계 70억 인구 가운데 30억 명이 전통적인 직장의 경계를 훨씬 벗어난 아주 다양한 일상적 활동에서 컴퓨터를 활용하고 있으며, 그래서 이제 모든 것을 컴퓨터화한다는 오랜 꿈은 너무도 뻔한 소리가 되었다. 그러니까 각종 사건과 대상과 과정과 사람들이 새로운 방식으로 보게 되고 알게 되고 공유하게 되면서, 거의 세상 모든 것이 새로운 상징적 규모로 제공되고 있다. 세상은 데이터로 재탄생되고 있으며…… 그 규모와 범위 면에서 보편적이다."

간단히 말해, 일의 과거는 그야말로 별세계의 일이라는 것이다. 그 세계에서 사람들은 모든 일을 전혀 다른 방식으로 한다. 그리고 우리는 이제 그 세계로 되돌아갈 수도 없다. 만일 평등과 공정성, 번영, 안정성 등의 문제에 대한 기본적인 답이 급여 노동인데 더 이상 급여 노동이 없다면, '평상시와 다름없는' 접근방식과 '미래로 돌아가는' 접근방식은 둘 다 충분치 않다. 그렇다면 이제 우리에게 남은 건 무엇인가?

이제 우리에겐 내가 '탈 노동' 접근방식이라 부르는 세 번째 접근방식이 남아 있다. 유급 고용은 신자유주의의 특징인 자유의 결여 및 불평등과 워낙 긴밀히 연결되어 있고, 그래서 일 자체가 우리가 직면한 많은 문제의 근원이 된다. 그리고 이 접근방식에서는 일을 절망적인 여성들의 문제로 인식한다. 우선 여성은 똑같은 일을 하고도 남성보다 임금을 덜 받는다. 또한, 자본주의 경제를 뒷받침하는 일들을 하면서도 돈 한 푼 받지 못할 뿐 아니라, 인정과 보수라는 측면에서도 철저히 소외당하고 있다. 극단적인 입장이긴 하지만, '탈 노동' 접근방식에서는 '완전 실업'을 공식 정책으로 채택할 것을 요구하며, 인류가 번영하려면 사회의 생산적인 일은 거의 다 기술(로봇, 인공 지능 등)에 떠넘기고 인간은 자유롭게 다른 활동을 추구할 수 있어야 한다고 주장한다. 그리고 이제 일에 대해 생각할 때 더 견딜 만하고 더 많은 돈을 받고 더 많은 일자리를 만들어야 한다는 식으로 생각해선 안 되며, 일이 인간다운 삶의 중심이라는 생각 자체를 재고해야 한다고 주장한다.

'탈 노동' 접근방식을 이해할 수 있는 가장 좋은 방법은 유급 고용의 논리를 이런 관점에서 생각해보는 것이다. 우리에겐 대체 왜 노동 시장이 있는가? 브루킹스 연구소에 몸담고 있는 경제학자 리처드 V 리브스(Richard V Reeves)는 노동 시장은 전통적으로 다음과 같은 세 가지 역할을 해왔다고 말한다.

첫 번째, 경제적인 생산을 위해 노동을 자본에 할당한다.

두 번째, 조직화하고 사회적 지지를 받는 활동들을 통해 복지를 증진한다.

세 번째, 임금을 통해 소득을 분배한다.

그러니까, 자본주의(신자유주의) 체제에서 우리가 필요로 하는 것들을 만들어내기 위해, 노동자들에게 일자리가 주어진다는 것이다. 그리고 일에 대한 대가로 노동자들은 임금을 받고, 또 그들이 임금을 받는 그 일자리들을 통해 보너스처럼 일정 수준의 복지와 사회 질서가 만들어지게 된다. 리처드 V 리브스는 이렇게 주장했다.

"거의 모든 선진국에서 자유노동 시장은 이런 기능들을 잘 수행해왔다. 그리고 급여를 받는 일자리는 남성에게(그리고 이젠 여성에게도) 사회적 기반을 제공해주었다. 그리고 최근까지만 해도 임금은 성장 과정들을 공유하는 데 성공적인 메커니즘을 제공해왔다."

그러나 그는 이런 조건들이 더는 지속되지 않는다는 점에 우려를 표명하면서, 노동 시장의 문제들은 일시적으로 나타나는 증상들이 아니라 근본적인 변화라고 말한다. 그는 기술적 실업과 관련된 문제들에 대해서도 어느 정도 언급하고는 있지만, 그의 가장 큰 관심사는 앞서 말한 노동 시장의 세 가지 역할 중 세 번째 역할이다. 그러니까 유급 고용이 임금을 통해 국가의 소득을 분배하는 방식에 관심이 많은 것이다. 리처드 V 리브스가 볼 때 노동 시장은 더 이상 그 세 번째 역할을 제대로 하지 못하고 있고, 그래서 그는 기본소득 제도가 한 가지 치유책일 수 있다고 말한다.

'탈 노동' 접근방식은 이 문제를 리처드 V 리브스와 같은 관점에서 접근하며, 그가 말한 노동 시장의 세 가지 역할론도 그대로 받아들인다. 단지 그와 다른 것은 관심의 범위이다. 그러니까 단순히 노동 시장의 세 번째 역할에 관심이 있는 게 아니라, 노동 시장(또는 유급 고용에서의 일이라는 개념 자체)이 그 세 가지 역할에서 모두 실패하고 있다고 보는 것이다. '탈 노동' 접근방식의 지지자들은 사람들이 더 이상 일을 통해 생계를 해결하지 않는 그런 체제를 중심으로 우리 경제를 근본적으로 재구축해야 하며, 또 완전히 자동화된 탈 노동 경제(일자리 감소를 개선하려고 애쓰는 게 아니라 그냥 그대로 받아들이는 경제)로 옮아가야 한다고 말한다.

표면상 현재까지는 '탈 노동' 접근방식으로 본 일의 미래가 가장 급진적으로 느껴진다. 이 접근방식은 우리 삶에서 일이 하는 역할에 대한 우리 인식과 워낙 상반돼, 정규직 일 형태의 일이 없는 세계를 상상한다는 건 다소 미친 생각이거나 아니면 너무 유토피안적인 생각으로 보일 수 있다. 그러나 다른 각도에서 생각해보면(고려 대상에서 아예 제외하지 말고 조심스레 생각해 보라는 게 내 바람이기도 하지만), 상식적으로 생각해볼 때, 또 부인할 수 없는 일련의 요소를 고려해볼 때 '탈 노동' 형태의 미래는 그리될 수밖에 없는 면이 있다. 그러니까 우리는 정보 경제에서 생활 수준 향상과 지속 불가능한 성장 간의 연결을 끊을 수 있고, 활용 가능한 노동 인력의 일부만으로도 사회를 끌어가는 데 필요한 모든 걸 만들어낼 수 있어, 경제는 점차 결핍 문제보다는 과잉 문제를 해결하는 데 집중하게 될 것이고, 따라서 우리가 직면하는 가장 큰 문제는 생산도 심지어 소비도 아닌 분배이다. 간단히 말해, 만일 일자리들이 정말 사라지지 않는다면, '탈 노동' 접근방식은 그 급진적인 면을 잃고 그저 필요한 접근방식이 될 것이다.

'탈 노동' 접근방식은 서문에서 말한 식으로 보자면 가히 신화적인 생각이다. 이 접근방식에 따르면 우리의 논의는 더 보수적인 접근방식에선 무시해버릴 영역들까지 파고들 수밖에 없다. 너무 지나치게 정치적인 사고는 어떤 일들은 한도를 벗어났다는 생각에 의해, 또 그런 일들은 절대 일어나지 않는다거나 현재의 제도 외엔 대안이 없다는 생각에 의해 제약을 받는다. 많은 사람이 불가능하다고 생각할 '일자리 없는 미래'에 관심을 집중함으로써, 우리는 자칫 그냥 묻어버리고 지나칠지도 모를 창의적인 대책들을 살릴 수도 있다. 더 이상 유급 고용을 중심으로 돌아가지 않는 세상, 그리고 보편적 기본소득으로 뒷받침되는 세상은 이를테면 보다 활발한 사회 참여와 지역 사회 참여도 가능케 해주는 세상이 될 것이다.

우리의 재능을 소득을 올리거나 이익을 내는 데 쏟지 않고 개인적 만족을 위해 쓸 수 있는 세상, 또 급여나 각종 수당을 못 받게 되거나 일자리 자체를 잃게 될까 두려워 늘 시간 맞춰 출퇴근하고 온종일 뼈 빠지게 일하는 게 아니라 가족 및 친구들과 더 많은 시간을 보낼 수 있는 세상 말이다. 앞서 말했듯, 고대 그리스 시민들은 예술과 교육에 많은 시간을 쏟았고, 뭔가를 배우는 데 큰 성취감을 느꼈으며, 사회와 정치 참여에 몰두했고, 모든 노동은 노예들에게 맡겼다. 21세기의 시민인 우리는 그런 삶을 살 수 없는 것일까? 모든 노동은 로봇들에게 맡기고 인간은 평등하게 생산적인 일을 하며 사는 삶은 상상할 수 없는 것일까?

이 모든 얘기는 완전 실업이라는 것이 순전히 하나의 가설로 제시된 게 아니라는 걸 뒷받침해준다. 이런 얘기들은 새로운 형태의 분배 방식들이, 특히 기본소득형태의 분배 방식이 이미 시험적으로 시행되고 있는 개발도상국들의 사례를 연구한 학자나 그밖에 다른 전문가들의 연구에서 나온 것이다. 아프리카 복지 제도를 연구하고 있는 교수 랠프 칼레버트(Ralph Callebert)는 이렇게 말했다.

"불평등에 대해 논의할 때, 우리는 대개 고용과 생산 얘기에 집중한다. 그러나 세계 인구의 상당수는 일자리를 갖게 될 가능성이 거의 없고, 우리는 이미 지속 가능한 것보다 더 많은 걸 생산하고 있다……. 그러나 아프리카의 노동에 대해 연구해본 결과 나는 임금 노동은 더 큰 그림의 아주 작은 부분에 지나지 않는다는 걸 알게 됐다."

"남반구 개발도상국들의 경우, 모든 세대가 고용에 대한 전망이 거의 없는 상태에서 살고 있으며, 전 세계적인 생산 시스템 효율성이 점점 더 높아지면서 거의 모든 사람의 노동력이 더는 쓸 데가 없게 되는 게 작금의 뼈아픈 현실이다."

"경제적인 측면에서 보면, 세계 인구의 상당수는 자본이 필요로 하는 것보다 많은 과잉 인구이다……. 따라서 일자리나 경제적 성장이 이 같은 전 세계적 빈곤 문제를 해결해줄 거라 믿는다면, 그건 순진한 생각이 아닐 수 없다."

기술 때문에 십중팔구 일자리들이 사라지게 되거나 아니면 적어도 불안정한 고용 문제가 발생하게 될 세상에서, 사람들이 사회 참여를 통해 더욱 인간적인 삶을 살기 위해 일자리를 가져야 한다는 생각은 점점 가당찮은 생각이 되어가고 있다. 현재의 우리 직업 윤리를, 그러니까 일자리를 갖는 것을 인간의 품위나 도덕적 정직성과 연결 짓는 윤리를 계속 유지한다는 건 시대착오적이고 또 잔인한 짓이다. 경제가 필요로 하는 것보다 많아 남아도는 잉여 인구인 상황에서, 우리는 근본적인 분배 방식을 바꾸거나 아니면 인구의 상당수는 열악하고 불안정한 삶을 살고 극소수의 사람들만 말로 다 못할 만큼 호화로운 삶을 사는 세상을 만들 수밖에 없다.

자신의 책 『사람에게 물고기를 줘라(Give a Man a Fish)』에서 제임스 퍼거슨(James Ferguson)은 이렇게 주장했다.

"남반구 전역에는 많은 저소득층 사람에게 소액의 현금을 직접 나눠주는 대규모 사회 복지 제도를 시행하고 있는 지역이 많다."

그는 좌파와 우파 정치인들이 공유하고 있는 신자유주의자들의 생각(임금을 받고 일하는 노동자들만 사회적 생산 결과들을 나눠 가질 권리가 있다는 생각)에 반대하며 다음과 같이 급진적인 민주주의적 전통을 보여주는 입장을 취한다.

"사회의 모든 구성원은 한 기업 집단의 주주들로 여겨져야 하며, 따라서 모든 사람은 사회적 생산 결과 전체를 나눠 가질 권리가 갖는다."

그의 말을 좀 더 들어보자.

"지금 소액 대출이나 소액 금융 제도 같은 전형적인 '신자유주의적' 제도들에 대한 학계의 관심이 폭발적으로 높아지고 있다…… 그러나 이제 연기가 가시고 나자, 지난 20년간의 아주 거대한 '발전' 이야기가 실은 소액 대출 제도의 발전 이야기가 아니라…… '사회적 보호 제도의 발전' 이야기라는 게 분명해지고 있다……. 그리고 새로운 빈곤 퇴치 프로그램들의 핵심 메커니즘은 융자나 금융의 증권화 또는 그 밖의 다른 신자유주의적 약탈 방법들이 아니라, 소액의 돈을 필요로 하는 모든 사람에게 나눠준다는 놀랄 만큼 단순한 방법이다."

제임스 퍼거슨이 말하는 일이란 이미 일자리가 부족한 세상에서 생겨나는 일이거나 아니면 그야말로 가까스로 생존 수단을 제공하는 생계비 조달 수준의 일이다. 이런 상황이 생겨난 것은 기술 발달 탓도 있지만(특히 농업 분야에서는), 그보다는 국제통화기금(IMF)이나 세계은행(World Bank) 같은 기구가 도입한 신자유주의적 시장 규율 탓이 더 크다. 이는 아프리카, 아시아, 남아메리카의 개발도상국들 사이에서 일어난 대규모 도시화와 깊은 관계가 있다. 이 도시화 규모는 정말 놀라운데, 마이크 데이비스(Mike Davis)의 책 『빈민촌들의 지구(Planet of Slums)』에서는 이렇게 설명되고 있다.

"1950년에 전 세계적으로 인구 100만이 넘는 도시는 86개였는데, 현재는 400개, 그리고 2015년에 이르면 최소한 550개에 이를 것이다. 마찬가지로 1950년 이후 전 세계 인구는 폭발적으로 늘어났는데, 그 중 거의 3분의 2에 달하는 인구가 도시로 흡수되었으며, 현재 신생아와 이민자들로 도시 인구는 매주 100만 명씩 늘어나고 있다. 또한, 전 세계의 도시 노동자 수는 1980년 이후 두 배 이상 늘었으며, 현재의 도시 인구(약 32억 명)는 존 F. 케네디(John F. Kennedy)가 대통령에 취임한 때의 전 세계 인구보다 더 많다. 반면에 전 세계의 시골 지역은 이미 최대 인구를 기록했으며 2020년 이후에는 줄어들기 시작할 것이다. 그 결과 미래의 세계 인구 증가는 사실상 전부 도시에서 늘어날 것이며, 그 수가 2050년이면 약 100억 명까지 치솟을 거로 예측된다."

마이크 데이비스도 말하고 있지만, 아마 훨씬 더 놀라운 것은 도시화가 일자리 창출과 무관하게 진행되고 있다는 것이다. 그 결과 개발도상국들에서는 빈민가가 급증하게 되었는데, 그는 〈빈민가 도전(Challenge of Slums)〉이라는 제목의 유엔 보고서를 인용해 이렇게 말했다.

"도시들은 성장과 번영의 중심지가 되기는커녕, 아무 보호도 받지 못하는 비공식적인 비숙련 저임금 서비스 산업 등에 종사하는 과잉 인구를 내다 버리는 쓰레기처리장처럼 되어버렸다."

그러면서 그 보고서는 딱 잘라 이렇게 말한다.

"이 같은 비공식 일자리들의 출현은 자유화의 직접적인 결과이다."

마이크 데이비스는 일의 미래에 대해 연구하는 사람들은 다음과 같은 점에서 기본적인 의견 일치를 보고 있다고 말한다.

"1980년대의 위기로 비공식적인 일자리들이 공식적인 일자리들보다 2배에서 5배 정도 더 빨리 늘어났고, 많은 제3세계 도시에서는 비공식적인 일자리를 통한 삶이 새로운 주요 '생존' 형태로 등장하게 됐으며, 그러면서 노동자들의 위치가 상대적으로 더 비참해졌다."

그리고 심지어 이같은 '생존' 환경 속에서도 직업윤리의 논리는 그대로 유지되고 있으며, 이 같은 도시 이주와 발전이라는 대규모 변화에 대한 모든 대책에서 일을 중심에 놓는 구조 조정 프로그램들을 통해 직업윤리의 논리가 새로 도입되기도 한다. 그의 책 제목『사람에게 물고기를 줘라』만 봐도 짐작할 수 있겠지만, 제임스 퍼거슨은 '사람에게 물고기를 주면 하루를 배부르게 해줄 것이고, 물고기 잡는 법을 가르쳐주면 평생 먹고 살 수 있게 해줄 것이다.'라는 진부한 격언을 들먹이는 개발 기관이나 정부에 대해 특히 비판적이다. 그는 이렇게 주장했다.

"그 격언은 가난 문제는 근본적으로 생산 문제(충분한 물고기를 잡지 못하는)이며, 더 많은 사람을 생산적인 노동을 하게 만드는 것이(훈련을 통해 더 많은 어부를 추가해) 해결책이라는 걸 전제로 한다. 그러니까 은근히 분배(사람에게 물고기를 주는 것)의 중요성을 비웃고, 또 배고픈 사람을 생산의 세계로 데려가는 것이(단순히 물고기를 먹는 게 아니라 물고기를 잡음으로써) 지속성 있는 해결책이라는 걸 암시하고 있다."

문제의 핵심은 그야말로 당혹스러울 만큼 분명하다면서 그는 이렇게 말을 잇는다.

"가장 필요한 것은 더 많은 물고기도 아니고 더 많은 어부(여성 어부 포함)도 아니며, 전 세계적인 생산을 통해 거둬들이는 풍성한 수확물을 자기 몫을 갖지 못하고 있는 사람들에게 적절히 나눠줄 더 나은 방법을 찾아내는 것이다."

여기 당혹스러울 만큼 분명한 일이 또 하나 있다. 우리의 옛 친구인 직업윤리는 여전히 작동 중이라는 것이다. 경제적인 생존 및 발전과 관련된 모든 문제의 궁극적인 해결책이 일이라고 믿는 사회와 조직들은 아무 대가도 요구하지 않고 사람들을 돕는다는 생각 자체에 적극 반대하기 때문이다. 복지에 대한 물질적 토대가 유급 고용이라는 인식이 있는 한, 우리는 사람들에게 필요한 물질적 지원을 해주지 않기로 한 결정을 정당화하기 위해 계속 직업윤리의 도덕적 강제에 의존할 것이며, 아마 모든 사람이 일을 해야 하는 상황이든 그렇지 않은 상황이든 계속 그렇게 할 것이다. 일을 최우선 목표로 삼는 상황에서는 계속 신교도적 직업윤리를 조금씩 변형시켜가며 적용할 수밖에 없는데, 그건 그렇게 하지 않을 경우 일 우선주의 체제가 살아남을 수 없기 때문이다.

물론 사람에게 물고기 잡는 법을 가르치라는 표현은 누군가에게 물고기 잡는 법을 가르치는 것은 일종의 자선 행위이며 어떤 일자리에 필요한 기술 부족이 가난의 근본 원인이라는 걸 주장하기 위해 얘기되는 경우가 많다. (그리고 사람에게 물고기 잡는 법을 가르친다는 표현은 특히 물고기를 잡는 것, 그러니까 더 열심히 일하는 것을 비유하는 뜻으로 쓰이기도 한다). 그러나 제임스 퍼거슨은 그건 잘못된 거라면서 다음과 같이 말했다.

"사실 물고기를 잡는다는 비유를 통해 우리는 지역을 초월해 많은 사람이 이미 알고 있는 사실, 즉 요즘 같은 때에 훈련이나 교육은 더 이상 일자리를 보장해주지 못하며 또 일자리를 갖는다고 괜찮은 삶이 보장되지도 않는다는 사실을 알 수 있다."

이는 선진국들의 경우에도 마찬가지이며, 긱 경제와 관련해 제기되고 있는 여러 우려의 원인이기도 하다. 제임스 퍼거슨의 말을 좀 더 들어보자.

"이런 상황에서, 우리는 노동력 외엔 팔 게 없는 사람들이 박탈감을 느끼게 되는 근본적인 원인은 그들이 아직 준비가 덜 되어서가(물고기 잡는 법을 몰라서가) 아니라, 그들이 이전까지 계속 포함되던 분배 체제에서 갑자기 배제되었기 때문이 아닌가 하는 생각을 해보지 않을 수 없다. 그런 관점에서 보면, 그들을 다시 분배 체제로 되돌아가게 해주는 것은 단순히 겉으로 드러난 '증상'을 고치는 게 아니라…… 병의 근본적인 원인을 치유하는 것이다. 결국, 분배 자격을 박탈당한 것이 근본 원인이기 때문이다. 실제로 분배주의자들(생산주의자들이 아니라)이라면 아마 '물고기' 비유를 다음과 같이 수정할 것이다. 만일 물고기 비유에 나오는 사람이 물고기를 받는 것도 아니고 물고기 잡는 법을 배우는 것도 아니며 지구촌 전체에서 나오는 수확물의 일정 몫을 받을 수 있는 법적 권리를 부여받게 된다면, 그때(그리고 그때 비로소) 그는 정말 평생을 먹고 살 수 있게 될 것이다."

완전 실업을 향해 나아가야 한다는 최근의 주장들 밑에 깔는 것이 바로 이 같은 분배 모델로, 이것이 바로 내가 말하는 '탈 노동' 접근방식이기도 하다.

요는 우리가 이미 일자리(평생 한 사람을 뒷받침해줄 수 있는 고용을 통해 지속적이고 적절한 소득을 보장해주는 일자리) 전망이 점점 어두워지는 시대로 접어들었고, 그런 상황이 기술 때문에 더 악화할 가능성이 높다는 것이다. 그런데 정책 입안자들은 이 문제를 해결할 혁신적인 방법을 찾으려 하진 않고, 기존과 같은 기본적인 매개 변수 안에서 모든 걸 재정의하려 한다. 그러니까 문제의 심각성을 숨기려하는 것이다. 예를 들면 2차 세계대전 이후 선진국에서 용인될 수 있는 실업 수준은 약 2%였으나, 미국 연방준비위원회는 지금 5.5%를 적절한 수준으로 보고 있다. 잉여 인구, 즉 실업자와 취업 불가능한 사람들이 제대로 기능하는 경제를 묘사하는 데 쓰이는 다양한 정책과 정의들로부터 배제되고 있는 것이 그 이유 가운데 하나이다. 사회학자 사스키아 사센은 다음과 같은 점을 힘주어 강조한다.

"실업자들은 일자리와 집과 의료보험 등 모든 것을 잃으면서 곧장 '경제'라고 정의되는 체제 밖으로 추방된다……. 모든 것을 잃고 스스로 목숨까지 끊는 영세한 가게 주인과 공장 소유주들도 마찬가지이다. 고등교육을 받은 학생과 전문가 중에 이민을 가거나 유럽을 떠나는 이들이 많아지는데, 그들 역시 마찬가지이다. 이런 흐름 때문에 경제 공간을 재정의하지 않을 수 없게 된다. 이런 흐름은 경제 공간을 축소하고 표준적인 정책들을 통해 받는 실업자와 가난한 사람들의 몫을 박탈해버리기 때문이다."

그 결과 이런 재정의를 통해 '경제'는 받아들여질 만하게 변하지만, 그런 경제는 사실 골칫거리로 여겨지는 사람들을 제거해버리는 인종 청소 방식의 경제나 다름없다. 사스키아 사센은 이렇게 말한다.

"국제통화기금과 유럽중앙은행은 위축되는 경제의 언어가 아니라 전체주의를 연상케 하는 'GDP 성장으로의 회귀'의 언어를 사용한다. 그러니까 추방된 사람들은 공식적인 정책들에서 수치로 나타나지 않으며, 그래서 성장률에 미치는 그들의 부정적인 영향력은 무력화된다."

이것에도 역시 더 비공식적인 특징이 있으며, 그래서 우리는 그것을 노동 시장의 불공정성을 위장하기 위해 일상적인 언어를 사용하는 방식으로 본다. 우리는 '근로 빈곤층 사람들'과 '능력 이하의 일을 하는 사람들', '취업 의욕을 잃은 사람들', '취업 준비 중인 사람들' 등에 대해 아주 쉽게 얘기한다. '기업가'는 자영업을 하면서 근근이 먹고 사는 사람에게 허식에 불과한 존경심을 표한다. 우리는 이 모든 일에는 선택의 여지가 거의 없고 안정성도 거의 없다는 사실을 조심스레 인정하면서도, '민첩성'과 '유연성'의 가치를 높이 평가한다. 제 기능을 잘 하는 사회에서는 '근로 빈곤층'이란 표현에 해당하는 개념 자체가 없어야 하며, 그래서 우리는 우리가 그런 표현을 얼마나 당연시하고 있는지에 대해 부끄러움을 느껴야 한다.

그렇다. 지금껏 살펴본 대로, 미래에는 기술이 아주 빠른 속도로 우리의 일을 대체할 것이라는 주장들이 있지만, 우리는 이미 전 세계적으로 많은 생산 가능 인구가 생산에 필요한 선을 넘어 과잉인구 취급을 받는 시대에 와 있으며, 심지어 선진국에서도 기술 발전은 완전 고용에 도움을 주기는커녕 가장 큰 걸림돌이 되고 있다. 우리는 일자리를 가진 사람의 상당수가 인내력을 시험당하고 있고, 또 많은 사람이 그야말로 '먹고 살기 위해' 하고 있는 현재의 일을 싫어하고 있다. 2013년에 갤럽(Gallup)에서 실시한 전 세계적인 한 여론조사에 따르면, 겨우 13%의 사람만이 자신이 하는 일을 좋아한다고 했다. 그런 상황에서, 이제 유급 일자리를 계속 풀타임 형태의 일자리로 인식한다는 건 분명 더 나은 삶에 대한 현실성 있는 약속이라기보다는 아주 잔인한 착각으로 보인다. 또 갈수록 잘 준비된 어떤 술책처럼 보이기도 한다. 계속 사람들을 통제 아래에 두고 또 사람들의 관심을 분배(분배 측면에서 보면, 부가 갈수록 소수의 사람에게 집중되고 있다는 게 보이므로)와 관련된 구조적인 문제들에서 다른 데로 돌리려는 술책 말이다. 단기적으로 보면, 분명 더 많은 일자리와 더 나은 일자리들이 해결책이며, 그래서 지금 당장 그런 접근방식을 버려야 한다고 주장하는 사람은 아무도 없다. 그러나 앞으로 지속적인 기술적 실업이 발생할 가능성이 높고, 많은 사람의 경우 현재 하고 있는 유급 일이 기본적인 필요를 제대로 충족시켜주지 못하는 데다 온갖 정신적·육체적 질병만 유발하고 있는 상황에서, 이제 완전 실업을 대안으로 생각해봐야 한다는 주장이 설득력을 얻고 있다.

여기서 이 점을 다시 강조하고 싶다. 일의 미래와 관련된 문제에서 기술적인 해결책이란 없다. 애플리케이션을 통한 해결책도 없다. 모든 것은 정치적인 문제인데, 현재 상태에선 정치적인 의사 결정이 모두 신자유주의 관점 내에서 이루어지고 있다. 신자유주의 관점에서 집단행동은 억제되고 구조적이고 제도적인 문제들은 개인의 도덕성 문제로 왜곡되며, 기업 입장에서 국민은 기동성과 자기계발이 요구되는 경쟁 시장에서 발전과 의미를 추구하는 일개 개인들로 간주된다. 이 같은 신자유주의 틀은 눈에 띄지도 않으며, 워낙 당연한 것처럼 여겨져 정책 입안자들에 의해 제대로 검증되지도 못한 채 거의 자동으로 채택되고 있다. 따라서 '탈 노동' 미래에 대한 우려 사항들에 제대로 대처하려면 보이지 않는 이 신자유주의 틀을 가시화되게 만들어야 한다. 그러자면 미래를 향해 의식적으로 조금씩 다가가는 전략이 필요할 것이다. 급여 고용 형태로서의 일이 더 이상 모든 것의 중심이 되지 않는 미래, 그리고 다양한 기술 발전을 통한 생산성 증대로 만들어지는 부가 단순히 시장의 힘에 의해서가 아니라 민주적인 방식으로 분배되는 미래를 향해 다가가는 장기적인 전략 말이다.

이처럼, '탈 노동' 접근방식은 까마득히 먼 미래의 어느 시점에 필요한 이론적인 목표가 아니라, 지금 당장 중요한 조치들을 취해 나가야 하는 정치적 프로젝트이다. 어떻게 하면 '탈 노동' 미래를 만들 수 있을까 하는 문제를 놓고 이런저런 주장이 나왔는데, 예를 들어 프랑스 경제학자 앙드레 고르(Andre Gorz)와 캐시 위크스, 닉 스르니첵, 알렉스 윌리엄스, 가이 런들, 폴 메이슨 같은 이들은 '탈 노동' 미래를 떠받치는 기둥을 크게 3~4가지로 꼽고 있다. 그런데 사람에 따라 주안점은 조금씩 다를지 몰라도 공통점이 있다.

내 관점에서 볼 때, '탈 노동' 미래를 떠받치는 첫 번째 기둥은 일 자체를 가장 중시하는 직업윤리 개념에 정면 도전하는 생각이다. 직업윤리는 좌파와 우파의 세계관을 서로 연결하고 통합시켜주는 황금 실로, 양 진영이 신자유주의적 관점 속에 서로 반목하면서도 하나가 되게 해준다. 정치적 좌파와 우파 모두가 일이 개념 앞에 머리를 조아린 채 모든 보상은 유급 일자리를 통한 사회 기여를 토대로 주어져야 한다고 믿는 한, 우리는 계속 거대한 불평등 사회를 만들게 될 것이다. 일을 단순히 부를 창조하는 수단이 아니라 극소수 엘리트의 이해에 맞춰 국민을 통제하려는 수단으로 이용하게 될 것이다. 평생 인간답게 살아가는 걸 뒷받침해줄 풀타임 일자리들이 갈수록 귀해지는 사회에서, 또 점점 적은 수의 노동 인력만으로도 우리가 살아가는 데 필요한 모든 걸 만들어낼 수 있는 사회에서, 일의 필요성은 통제의 필요성이나 다름없다. 그러니까 일이 필요한 것은 필요한 물건들을 만들어내기 위한 합리적인 필요성 때문이 아니라, 일에서 해방된 사람들이 통제 불능이 될 거라는 뿌리 깊은 두려움 때문이다. 사람들이 통치 불능 상태가 되는 것이 두려운 것이다. 일자리가 없는 세상 또는 사람보다 일자리가 적은 세상에서의 직업윤리는(직업윤리 속에선 일은 주로 유급 일자리로 이해되지만) 억압의 수단 외엔 아무것도 아니다.

'탈 노동' 미래를 떠받치는 두 번째 기둥은 기술을 받아들이고 그 기술이 한때 인간들이 했던 일을 대신하게 허용하는 것이다. 어쨌든 생산 수단들을 소유한 고용주들은 사람이 할 수 있는 일들에도 십중팔구 대규모로 기계를 투입하기 때문이다. 그러나 수 세기 동안 운용되어온 기계 중심의 이 같은 접근방식은 결국 노동자들에게 강압적인 접근방식으로, 인간의 행복보다 생산과 생산성을 중시하는 제도 형태로 선택의 여지없이 일방적으로 노동자들에게 제시된다. '기술은 뺏어가는 일자리만큼이나 많은 일자리를 새로 창출해낸다'는 생각은 최근까지도 아주 많이 받아들여져 왔는데, 그렇다고 해서 기계가 사람의 일을 대신하는 바람에 많은 사람이 큰 타격을 입고 궁핍해지며 심한 경우 스스로 목숨까지 끊게 된다는 사실이 달라지는 건 아니다. '탈 노동' 정치적 프로젝트는 이런 일을 제어하려 하며, 그것을 일로부터의 해방으로 해결하려 한다.

그러나 부의 분배 문제를 제대로 해결하지 않고서는 기술에 의해 일로부터의 해방을 이끌어낼 가능성은 적으며, 그래서 '탈 노동'

미래의 세 번째 기둥은 기본소득이다. 그간 살펴본 대로, 기본소득은 사람들이 떨어지지 않게 발밑에 바닥을 깔아주는 역할을 한다. 기본소득은 일자리 상실 시 입을 물질적 고통을 완화해줄 뿐 아니라, 현재 노동자와 고용주들 간에 존재하는 힘의 불균형 상태를 바로잡아주기도 한다.

이 모든 것은 국가의 역할을 전면적으로 재구상하지 않고는 성취할 수 없다. 이는 국가 통제주의나 '큰 정부' 식 접근방법을 택하라는 뜻은 아니다. 그보다는 신자유주의 각본을 본 따 국가가 모든 일과 기술 발전이 일어날 수 있는 환경을 조성해줄 수 있다는 걸 인정하라는 뜻이며, 따라서 정부에 영향력을 행사하는 것이 더 나은 버전의 미래를 만드는 데 중심이 되어야 한다는 뜻이기도 하다.

그러면 국가의 역할에 대한 이런 재구상은 어떻게 시작해야 할까? 만일 직업윤리라는 것이 사람들을 통제하기 위한 신자유주의적 통치 사고에서 나온 것이라면, 정부가 굼뜨고 낭비적이고 비효율적인 괴물이어서 시장의 자연스러운 기능들을 둔화시키고 방해한다는 믿음이야말로 신자유주의적 통제의 신화이며, 그것이 모든 것의 시장화를 촉진해왔다. 신자유주의의 큰 거짓말은 작은 국가를 원한다는 것이다. 실은 고분고분한 국가를 원하는 것이다. 그리고 현재 상황으로 볼 때, 그것은 할 만한 일이 있든 없든, 사람들에게 일할 것을 강요하는 국가를 의미한다.

그래서 국가의 역할을 재구상하는 일에는 특별한 개혁이 필요한데, 작가이자 평론가인 가이 런들(Guy Rundle)은 이렇게 말했다.

"이 새로운 기술 혁명은 동시에 대대적인 제도적 변화를 꾀할 때 비로소 일로부터의 해방으로 이어질 수 있다."

그러면서 그는 이렇게 말을 잇는다.

"그 대대적인 제도적 변화 속에는 국가 보조금 또는 보장된 최저 소득, 사람들이 직장생활을 하는 동안 내내 재훈련을 받을 수 있는 평생 학습 계좌, 기업이 독점하지 않는 집단 연구와 개발을 촉진하는 새로운 특허 유형들, 해외 조세 피난지에 감출 수 있는 이익이 아닌 금융 거래와 소매 매출액, 판매 등에 대한 세금 등이 포함될 수 있다."

그러나 이 같은 개혁들에 앞서 선행되어야 할 일이 있다. 국가의 역할을 재구상하는 일은 원래 경제학자 마리아나 마주카토(Mariana Mazzucato)가 말하는 '산만한 전투', 즉 국가의 개념을 둘러싼 언어나 의미를 통제하려는 전투이다. 마리아나 마주카토의 책 『기업 국가(The Entrepreneurial State)』의 서문에서 카를로타 페레즈(Carlota Perez)는 이런 말을 했다.

"세계의 거의 모든 곳에서 기업은 혁신적인 힘으로 여겨지고, 국가는 무기력한 힘으로 여겨진다. 그러니까 국가는 '기본적인 것들'을 위해선 필요하지만, 너무 크고 무거워 다이내믹한 엔진이 될 수는 없다는 것이다."

일단 국가를 이런 식으로 인식할 경우, 그 비효율성을 이유로 여러 가지 복지 정책에 대한 자금 지원이 비교적 쉽게 철회되게 되고, 경쟁력을 높이고 혁신을 도모한다는 명목으로 그 자금을 민간 업체들로 돌리게 된다. 이처럼 굼뜨고 비효율적인 국가 이미지가 굳어지게 되면, 그걸 이용해 기업들은 세금을 최대한 덜 내려 한다. 우리가 왜 돈을 낭비할 게 뻔한 국가에 돈을 대야 하는가 하면서 말이다. 게다가 국가는 굼뜨고 무기력하다는 잘못된 인식 때문에, 정부는 나중에 결국 민간 기업들이 활용해 이익을 보게 될 기술 개발에 자금을 대고도 그 공로를 제대로 인정받지도 못한다. 마리아나 마주카토는 현재 국가는 대개 혁신을 가로막는 장애물로 묘사되지만, 그게 아니라 오히려 주도적으로 혁신을 이끄는 경우가 많다며 다음과 같은 식으로 표현했다.

"그렇다. 철도와 인터넷, 첨단 나노 기술, 제약 기술 등, 자본주의 체제의 역동성을 살리는 데 가장 큰 기여를 한 급진적이고 혁명적인 혁신들의 뿌리를 따라가 보면 그 끝에는 초기에 더없이 큰 용기를 가지고 과감하게 자본 집약적인 투자를 한 국가가 있다……. 스티브 잡스의 아이폰(iPhone)을 그렇게 '스마트하게' 만들어준 기술들(인터넷, 헨, 터치스크린 디스플레이, 음성 인식 개인 비서 SIRI 등)의 개발 자금은 모두 정부에서 댄 것이다."

"성공 가능성이 극도로 불확실한 그런 기술들에 대한 과감한 투자는 벤처 자본가들이 있다고 해서 이루어질 투자가 아니었다. 이런 혁명적 혁신을 가능하게 만든 건 국가의 '보이는 손'이었다."

"우리가 만일 가만히 앉아 '시장'이나 기업이 단독으로 착수하길 기다리기만 했다면, 아니면 정부로 하여금 한쪽에 비켜서서 '기본적인 것'들만 제공하게 했다면, 아마 그런 혁신들은 일어나지 못했을 것이다.”

경제학자 제임스 로빈슨(James Robinson)과 다론 아케모글루
(Daron Acemoglu)가 역사적인 맥락에서 이와 비슷한 주장을 폈다.
그들의 말을 들어보자.

“‘미국의 기술 예외주의’는 미국이 아주 유능하고 효율적인 국
가를 창조했기 때문에 존재할 수 있었다. 미국이 19세기에 다른 그
어떤 국가보다 혁신적인 국가가 될 수 있었고, 또 기술 분야를 지배
하면서 2차 산업 혁명의 길을 닦을 수 있었던 것도 그 모든 걸 떠받
치는 정부의 정책과 제도 덕이었다.”

그러면서 그들은 이런 주장도 했다.

“우체국의 발전은 이를 가능하게 해준 핵심적인 국가 관료주의
적 혁신이었다.”

호주의 경우 농업에서 인터넷에 이르는 모든 분야에서의 각종
기술 발전을 통해 현대적인 국가로 발돋움하는 데 일조한 정부 기
구 영연방 과학·산업연구기구(CSIRO)가 그런 역할을 했다. 데이비
드 하비(David Harvey)는 자신의 책 『17가지 모순과 자본주의의 종
말(Seventeen Contradictions and the End of Capitalism)』에서 국가는
늘 혁신의 원천이었다면서 이렇게 말하고 있다.

“과거와 현재를 통틀어 기술적 이점들을 추구하는 데 관여하는
것은 비단 자본뿐만이 아니다. 국가의 여러 부문이 늘 깊이 개입했
다. 대표적인 부문은 물론 뛰어난 무기 개발과 조직 형태를 만들려
고 애써온 군대이다……. 그러나 세금 징수와 지급, 토지와 재산권

의 정의, 계약의 법적 형태들은 물론, 통치와 돈 관리, 지도 제작, 감시, 치안 유지 등의 기술 구축, 전 국민의 통제를 위한 다른 과정들 등에 관심을 가진 국가 행정부의 다른 여러 부문 역시 자본주의 기업들만큼은 아니더라도 새로운 기술들의 개발에 관여해왔다."

마리아나 마주카토는 이렇게 말한다.

"사람들이 흔히 생각하는 국가의 이미지와는 정반대로, 사실 국가는 앞장서 혁신과 변화를 이끄는 힘의 역할을 하고 있다. 따라서 우리는 신자유주의자들의 주장을 무시하거나 아니면 그 주장에 이의를 제기해야 한다. 그리고 또 국가는 '간섭 꾼'도 아니고 단순한 경제 성장의 '조력자'도 아니며, 민간 부문의 중요한 파트너로 기업들도 꺼리는 일들에 더 과감히 뛰어들어 위험을 감수한다는 걸 알아야 한다."

이 모든 점으로 미루어볼 때, 신자유주의자들은 어떻게든 국가의 역할을 평가절하하려 하며, 민간 기업들은 자신들의 목적을 위해 은근히 국가의 힘을 이용하려 든다. 예를 들어 구글 같은 기업들은 무인 자동차나 드론 같은 첨단 기술 개발을 통해 미래를 바꾸려 할 뿐 아니라, 정부로 하여금 자신들의 새로운 장난감들이 제대로 자리 잡는 데 도움이 될 법률을 제정하거나 인프라를 구축하게 하려고 적극적인 로비 활동을 벌이고 있다. 신문 기자 올리버 버크먼(Oliver Burkeman)은 〈가디언(Guardian)〉 지에 올린 한 기사에서 이런 말을 했다.

"지난 7월 이후, 워싱턴 DC의 매사추세츠 애비뉴 25번지는 구글의 광범위한 정치 로비 활동의 근거지 역할을 하고 있다. 현재 110명의 직원이 전직 뉴욕 출신 공화당 하원의원 수잔 몰리나리(Susan Molinari)의 지휘 아래 움직이고 있다. 구글은 처음 주식 상장을 한 10년 전에는 겨우 18만 달러의 돈을 로비에 썼다. 그런데 〈월스트리트 저널〉에 따르면 올 8월 현재, 구글은 2014년에만 930만 달러의 돈을 로비에 썼다……. 그러나 구글의 로비는 이 정도 수준을 훨씬 뛰어넘는다. 예를 들어 당신이 운전 중에 구글 글래스 같은 걸 착용하는 걸 금지하는 법안을 놓고 고민 중인 일리노이 주 주의원이라면, 구글 로비스트들이 다가와 토론을 벌이자고 할 것이다. 또 당신이 무인 자동차 관련 법안에 영향력을 가진 인물이라면, 십중팔구 무인 자동차를 직접 시험 운전해볼 기회를 얻게 될 것이다. 프라이버시 보장 문제를 놓고 독일 정부와 많은 전투를 치르고 있는 베를린 브뤼셀에는 아예 구글 정책팀이 상주한다. 토니 블레어(Tony Blair) 영국 총리의 수석 고문이었던 사라 헌터(Sarah Hunter)가 이끄는 로비팀이 활동 중인 런던을 비롯해 다른 많은 도시에서도 구글 로비팀이 활동 중이다."

정부의 규정들을 무시하고 사업 확장에 대한 이런저런 제약도 무시하는 걸로 유명세를 타고 있는 기업 우버는 아주 적극적인 로비 활동을 벌이는 거로도 유명하다. 로비 활동은 주로 주 단위로 이루어지지만, 미국 정치 전문 잡지 〈폴리티고(Politico)〉의 한 기사에 따르면 우버는 최근 워싱턴 정가를 활동 무대로 하는 이익 단체를 가동하기 시작했다고 한다. 그 기사에서 우버의 대변인은 이처럼 정부를 상대로 싸우고 영향력을 행사하려 하는 시도들을 대수롭지 않다는 듯 말했다. 그 대변인의 말을 들어보자.

"물론 우리에겐 40개의 시장에서 일어나는 문제를 해결하기 위해 함께 일하는 지역 파트너들이 있습니다. 그리고 각 지역 시장에서 일어나고 있는 일들에 대해서는 모두 다 밝혀졌으니 여러분도 잘 아실 겁니다……. 그런데 그건 사실 우리가 에너지를 집중하는 일은 아닙니다. 우리가 집중하는 건 우버와 우버 이용자들의 적극적인 참여 이야기를 들려드리는 겁니다."

정부 정책을 자신들의 입맛에 맞게 바꾸려 하는 또 다른 기업일 뿐이라는 얘기인데, 어쨌든 실리콘 밸리의 혁신 기업이라는 이미지와는 잘 안 어울리는 것 같지 않은가.

만일 우리가 뒤처지기를 원하지 않는다면, 또 기업들이 우리가 뽑은 대표들의 도움을 받아 이미 자기들 입맛에 맞게 바꿔나가고 있는 미래에 들어맞는 일개 부품처럼 되길 원치 않는다면, 우리는 이제 우리 자신을 위해 정부를 상대로 로비를 벌여야 한다. 런던경제학대학의 경제학 교수 AB 앳킨슨(AB Atkinson)은 이런 말을 했다.

"우리는 이런 결정들을 시장에만 맡겨둘 순 없다. 이제 기술을 어떤 쪽으로 변화시킬 건가 하는 문제는 정부가 적극적으로 관심을 쏟는 문제가 되어야 한다. 어쨌든 아주 중요한 많은 연구에 자금을 대온 건 정부이기 때문이다."

그런 다음 '탈 노동' 미래를 만드는 일은 사회가 근본적으로 어떻게 조직되어야 하는지를 재고할 수 있게 해주는 장기적인 정치 프로젝트로 인식되어야 한다. 그건 야심만만하고 당당한 유토피아적 미래이다. 일자리가 자꾸 불안정해져 가고 개인과 그 가족이 평생 적절한 생활수준을 유지하며 사는 게 점점 힘들어져 가고 있는 상황에선 사람들이 임금 노예처럼 일하며 살 수밖에 없으므로, '탈 노동' 미래를 만드는 추진력은 사람들이 기술적 실업의 두려움에서 벗어나 일에서 해방될 기회를 잡겠다는 적극적이고 긍정적인 자세에서 나오게 될 것이다.

아마 이렇게 말해도 좋을 것이다. 어떤 사람에게 물고기를 주면 하루를 배불리 보내게 해줄 수 있을 것이다. 어떤 사람에게 자기 대신 물고기 잡는 일을 해줄 로봇을 주면, 그 사람은 보다 중요하고 흥미로운 일들에 더 많은 시간과 에너지를 쏟을 수 있게 될 것이다.

일이 없는 것과
일을 덜 한다는 것

Workless and Work less

"희망을 갖는다는 것은 미래에 대해 확신이 없고 온갖 가능성을 받아들이며 온 마음을 바쳐 변화에 올인한다는 뜻이다."

– 레베카 솔니트(Rebecca Solnit)

기술은 그 기술이 존재하는 사회에 의해 변화되고 또 그 사회를 변화시킨다. 그리고 그 변화는 워낙 곳곳에서 일어나 제대로 눈에 들어오지 않을 정도이다. 우리가 생각하는 방식은 우리가 만드는 것들에 영향을 준다. 거꾸로 우리가 만드는 것들은 우리가 생각하는 방식에 영향을 준다. 적어도 1차 산업혁명이 시작된 뒤부터 한참 20세기에 들어와서까지, 기술에 대한 우리의 인식은 기계론적이었다. 그러니까 베틀에서 증기 기관 그리고 컴퓨터에 이르는 기계들(그리고 그에 따르는 관료주의와 같이 비물질적인 조직 기술들)을 합리적이고 예측 가능한 원인과 결과의 조합이라고 생각하는 것이다. 그리고 이런 기계론적 사고는 다시 인간 본성에 대한 우리 생각에 영향을 주고, 이는 또 심리학, 정신 의학, 철학, 경제학 같은 학문에 반영된다. 심지어 종교에도 반영된다. 그러니까 이 모든 것을 통합 조정할 설계자나 숙련공이 있어야 하는데, 그게 바로 신이라는 것이다. 우리는 인간 모델과 경제 행동들을 만들고, 아웃풋을 예측하기 위해 인풋들을 조정한다.

우리의 정치 제도들 역시 이런 기계론적 관점에서 작동되어왔다. 즉 공산주의나 파시즘, 신자유주의 등은 결국 여론 조사에서 정부 부처, 그리고 죽음의 수용소에 이르는 기술들을 토대로 작동되는 기계론적 제도들이다. 모든 게 인풋과 아웃풋, 원인과 결과의 산물인 것이다. 호주가 신자유주의의 길을 걸어가는 데 그 누구보다 많은 영향을 준 호주의 전직 재무장관 폴 키팅(Paul Keating)은 경제의 '레버'에 대한 얘기를 즐겨 했다. 그런 그가 언젠가 한 저널리스트에게 이런 말을 한 적이 있다.

"난 고의로 잘못된 레버를 당긴 적은 전혀 없습니다……. 그리고 이 얘기는 할 수 있는데…… 만일 레버를 좀 더 당길 필요가 있다고 생각되면, 좀 더 당길 겁니다."

그러니까 우리가 이쪽은 좀 더 밀고 저쪽은 좀 더 당겨 모든 걸 제대로 세팅하기만 한다면, 장기적으로 모든 게 잘될 거라는 영원한 꿈 얘기인 것이다. 언젠가 존 메이너드 케인스가 말했듯, 그 누구도 결국에는 모두 죽는다는 걸 인정하고 싶지 않은 것이다.

자연 역시 기술의 이 같은 기술론적 특성에 아주 큰 영향을 받고 있다. W 브라이언 아서(W Brian Arthur)가 자신의 책『기술의 본성(The Nature of Technology)』에서 설명한 것처럼, 기술은 '자연을 보는 방식', 그러니까 자연 스스로 인류가 사용할 잠재적인 자원이라는 걸 드러내게 하는 방식이라는 것이다.

　　기술은 또 '자연을 프로그래밍하는 것'이다. 기술은 각종 현상을 포착해 그것들을 인간의 목적을 위해 이용하는 것이기도 하다. W 브라이언 아서는 철학자 마르틴 하이데거(Martin Heidegger)의 말을 인용해 자연은 거대한 주유소가 되어버렸다고 말한다. 우리는 자연을 우리 맘대로 착취해도 좋은 자원 정도로 보고 있다는 것이다.

　　우리는 그에 따른 여러 가지 문제점을 잘 알아 갈등은 하면서도, 종종 기술 그 자체의 논리에 따라 계속 그러고 있다. 자동차에 맞춰 만들어진 세상에서 다시 마차를 선택하기는 어렵기 때문이다. 다가올 세계의 종말을 그린 자신의 노래 〈Before the Deluge(홍수가 나기 전에)〉에서, 미국의 싱어송라이터 잭슨 브라운(Jackson Browne)은 우리에게 '곧 자연으로 하여금 그 비밀을 드러내게 하자'고 호소하고 있다. 기술에 대해 아니면 적어도 기술과 관련된 인간의 오만함에 대해 경종을 울리는 것이다.

　　아, 히피들도 마찬가지다. 그리고 물론 기계론적 기술이 지배하는 합리적인 세상에서, 일 그 자체나 인간의 노동은 경제라는 거대한 기계 안에 집어넣는 또 다른 인풋, 그리고 당겨야 할 또 다른 레버에 불과하다. (우리는 심지어 1주일에 6일만 일하는 신을 상상한다). 기술의 역사에 대한 자신의 두 권짜리 책에서, 문명 비평가이자 철학가인 루이스 멈포드(Lewis Mumford)는 우리가 세계를 거대한 기계로, 또 인류를 그 기계의 일부로 보고 있다는 것을 그 누구보다 적나라하게 파헤쳐 보인다. 그는 그 거대한 기계를 조작하는 사람들은 자신들의 힘과 권위를 천국의 원천에서 끌어왔으며, 우주 질서가 이같은 새로운 인간질서의 토대였다면서 이렇게 말했다.

"측정의 정밀성, 추상적인 기계 시스템, 이처럼 '거대한 기계 같은 세상'의 강박적인 규칙성 등은 모두 천체 관측과 과학적 계산으로부터 직접 생겨난 것이다. 나중에 달력 제작에 적용된 이 융통성 없고 예측 가능한 질서는 인간 부품들의 조직화에 적용되게 된다……. 신성한 명령과 무자비한 군사적 강압에 못 이겨, 수많은 사람은 뼈를 깎는 가난 속에서 끝없이 반복되는 단순한 일을 하지 않을 수 없게 되었는데, 그 모든 게 신성한 지배자와 그 추종자들을 위해 '삶과 번영과 건강'을 계속 유지하기 위함이었다."

결국, 우리는 자동 조작될 수 있게 고안된, 모든 걸 뒤덮고 획일적이고 초(超)지구적인 거대한 조직을 만들어낸다. 그리고 우리가 하는 기계적인 일 속에서 우리의 정체성을 만들어내고 다시 그 정체성을 잃는다. 가수 조니 미첼(Joni Mitchell)은 그녀의 노래 〈Woodstock〉에서 우리는 모두 돌아가는 거대한 톱니바퀴 속의 톱니들 같다고 노래했다. 그렇게 함으로써 졸지에 이미 사라진 모든 것의 추정과 규범들에 이의를 제기해야 할 입장에 놓인 세대의 심정, 또 피하고 싶은 거대한 기계의 존재를 통해서만 무언가를 성취할 수 있는 입장에 놓인 세대의 심정을 대변한 것이다.

결국, 일을 도덕적 의무처럼 인식되게 만드는 직업윤리의 논리로 생각하게 될 경우, 우리의 기술들이 가진 기계론적인 특성 때문에 일에 대한 우리의 생각마저 기계론적인 방향으로 흘러가게 되며, 돌아가는 거대한 기계의 톱니가 되는 것이 불가피하다거나 아니면 심지어 바람직해 보이게까지 된다. 그래서 우리는 심지어 기계론적인 일의 세계에 착취당하는 것보다 더 안 좋은 일은 단 하나, 그런 착취를 당하지 않고 아예 배제되어 생계를 이어갈 수 없게 되는 것이라는 생각까지 하게 된다. 이 모든 게 불가피해 보이며, 우리는 실제 그런 지경까지 와 있다.

기술은 변화한다. 원한다면 진화한다고 해도 좋다. 그리고 실제 세계에서도 그렇고 은유적으로 말해도 그렇고, 기술과 우리의 관계 역시 진화한다. W 브라이언 아서는 이 같은 진화에는 두 가지 측면이 있다고 말한다. 첫 번째 측면은 기술이 또 다른 기술을 불러온다는 것이다. 그의 말을 들어보자.

"일단 새로운 기술들이 존재하면, 그 기술들은 또 다른 새로운 기술들을 건축하는 데 필요한 블록들이 되고, 그 결과 다시 또 새로운 형태의 진화가 가능해진다. 얼마 안 되는 블록들이 많은 블록으로, 단순한 요소들이 더욱 복잡한 요소들로 발전되는 것이다."

진화의 두 번째 측면은 기술 그 자체가 새로운 필요들을 낳고, 그래서 우리는 그 필요들을 충족시키기 위해 새로운 기술들을 개발하게 된다는 것이다. 예를 들어 증기 기관은 철도망을 만들어낸다.

자동차는 급유 펌프와 도로, 모텔, 도로변 작은 식당 등을 만들어낸다. 컴퓨터는 프린터를 만들어낸다. 스마트폰은 각종 애플리케이션을 만들어낸다. 이런 식으로 끊임없이 꼬리에 꼬리를 물고 계속 뭔가 새로운 것들이 만들어지는 것이다. 이 모든 것이 경제와 그 경제에 필요한 노동자들을 만들어낸다.

현재 기술 분야에 일어나고 있는 변화는 디지털화와 함께 시작되었으며, 그 디지털화가 이제 모든 기능을 쉽고 값싸게 조작 가능한 데이터로 줄여놓고 있다. 일단 이렇게 되면, 단순한 인풋과 아웃풋의 기계론적인 세계가 상호연결 및 교류의 세계로 변하게 된다. 이제 세계를 기계에 비유하는 것보다는 네트워크에 비유하는 게 적절하다. 물론 또 다른 관점에서 보면, 기술은 여전히 기계론적인 면을 갖고 있고 여전히 논리적으로 움직이며, 톱니들이 서로 맞물려 돌아가듯 한 기능이 다른 기능에 영향을 준다. 그러나 네트워크의 영향력은 이 모든 기계론적 시스템에 유기적인 통일성을 주고, 그 복잡성이 거의 생물을 연상케 하는 환경을 만들어낸다. W 브라이언 아서는 이렇게 말한다.

"네트워크로 대변되는 기술은 더 이상 고정된 구조를 가지고 고정된 기능을 수행하는 기계가 아니다. 그건 하나의 시스템이며 온갖 기능들이 합쳐진 네트워크로, 자신을 둘러싼 환경을 감지해 그에 맞춰 자신의 행동을 변경하기도 한다."

그는 이 모든 것을 다음과 같이 항공에 비유해 설명했다.

"오늘날의 여객기 조정에는 기내 자이로 시스템, GPS 시스템,

항행 위성과 지상국들, 원자시계, 자동 조정 장치와 전기 신호식 비행 조정 제어 장치. 액추에이터 등 많은 기능과 장치가 동원되며, 이 모든 것이 마치 컴퓨터 알고리즘 속의 서브루틴(subroutine. 한 프로그램 내에서 필요할 때마다 되풀이해서 사용할 수 있는 부분적 프로그램 – 역자 주)들이 서로 질문하고 촉발하고 작동시키듯 그런 일을 그대로 재현한다……. 우리는 지금 바야흐로 '스마트' 시스템 시대를 목전에 두고 있다. 유전체학과 나노 기술의 등장으로 그 시기는 더 앞당겨질 것이다. 사실 미래에는 이런 시스템들이 스스로 환경 설정을 하고 스스로 최적화하고 인지 기능을 갖게 될 뿐 아니라, 스스로 조립하고 스스로 치유하고 스스로 보호하는 일까지 하게 될 것이다."

우리는 이처럼 스스로 환경 설정을 하고 스스로 최적화하고 스스로 조립하고 스스로 치유하고 스스로 보호하는 기계들이 언제 나올 것인지를 놓고 갑론을박을 벌일 수는 있어도, 그런 기계들이 절대 나오지 않을 거라고 결론지을 수는 없을 거로 생각한다. 일단 그런 기계들이 나올 거라는 사실을 인정하게 된다면, 식품 공장과 자동차 공장 등을 통해 많은 주민에게 평생 안정된 일자리와 안정된 정부 서비스를 제공해주던 도브튼시의 영광을 되찾겠다는 식의 생각은 더 이상 할 수 없게 될 것이다.

또한, 기술이 빼앗아가는 일자리만큼이나 많은 일자리를 새로 만들어줄 것이며, 따라서 일의 미래에 대한 모든 두려움은 쓸데없는 불안감에 지나지 않는다는 주장도 더 이상 하기 힘들 것이다. 또한, 이런 입장들을 뒷받침하는 물질적 여건들이 워낙 급격히 변할 것이기 때문데, 그들이 꿈꾸는 세상, 즉 '미래로 돌아가는' 미래나 '평상시나 다름없는' 미래도 더 이상 설득력이 없을 것이다. 그렇다고 우리가 단기적으로 사람들의 근무 여건을 개선할 수 없다거나 아니면 괜찮은 일자리들을 창출하는 데 도움이 될 정책들을 도입할 수 없다는 뜻은 아니며, 그런 접근방식이 결국 위기에 봉착하게 될 거라는 뜻이다.

W 브라이언 아서는 이런 말을 했다.

"경제는 그 기술들의 표현이다. 그리고 네트워크화되고 유기적인 이 새로운 기술이 만들어내는 경제는 물질적인 제품들보다 정보를 더 중시하는 경제이다. 이 경제는 부를 창출하는 방식을 생산 라인을 통해 물질을 대량 생산하는 방식에서 기술과 문제 해결의 조합 쪽으로 옮겨가고 있다."

W 브라이언 아서는 이런 경제를 '생성 경제'라 부르고 있으며, 이 경제에서는 원자재를 가지고 '완성품'으로 만드는 능력보다는 깊이 있는 전문 지식을 가지고 새로운 전략적 조합들을 만들어내는 능력에서 경쟁 우위가 생겨난다고 말한다. 애플, 마이크로소프트, 구글 같은 많은 첨단 기술 기업이 이미 이런 방식으로 운영되고 있으며, 이들의 성공 비결은 자원을 소유하는 데 있는 것이 아니라 '과학적·기술적 전문 지식'을 제대로 활용하고 있다는 데 있다. 이 같은 부의 창출을 극대화하기 위해, 기업들은 필요한 전문 지식을 확보해야 하며, 아니면 필요한 전문 지식을 가진 다른 기업들과 단기적인 협력 관계를 이루어야 한다. 예를 들어 구글은 새로운 기술 네트

워크를 확장하는 과정에서 로봇 공학과 인공 지능 분야의 많은 신생 기업을 인수했다.

그래서 로봇이 우리 일자리를 빼앗아갈 것인가 아닌가 하는 문제는 사실 기술의 본질이 변화하면 필히 일의 본질도 변화할 거라는 사실만큼 중요하지는 않다. 네트워크화 되고 유기적인 세상에서는 산업 시대처럼 대규모 공장이 필요치 않으며, 모든 일을 기계가 대신하게 될 것이다. 그 세상에서는 산업화된 세상의 '9시 출근-6시 퇴근' 논리의 틀에는 잘 맞지 않는 인지적인 작업이 더 시급하다. 이는 곧 더 많은 교육을 받은 인력들이 필요해지게 된다는 얘기지만, 그렇다고 해서 꼭 기술적인 능력들만 필요해지게 된다는 얘기는 아니다. 인간이 장점을 발휘할 수 있는 일의 영역은 아마 관계와 윤리의 영역, 보살핌과 창의성의 영역일 것이다.

그렇다. 우리는 무인 자동차를 만들 수 있는 엔지니어들을 필요로 하겠지만, 프로그래머들이 비상 상황에서 무인 자동차가 어떻게 반응해야 할지를 결정하는 데 도움을 줄 수 있는 사람들도 필요로 할 것이다. 예를 들어 무인 자동차가 횡단보도를 건너는 한 남자를 향해 달릴지 아니면 정류장에 서 있는 아이들을 향해 운전대를 돌릴지 둘 중 하나를 선택해야 하는 상황에 처한다면 무인 자동차는 어떻게 해야 할까 하는 건 기술적인 결정이 아니라 윤리적인 결정의 문제이다.

정치인들은 대개 STEM 기술들, 즉 science(과학), technology(기술), engineering(엔지니어링), maths(수학) 기술들의 필요성에 관해 얘기하지만, 지금 그 STEM이란 두 문자어에 arts(예술)를 추가한 STEAM도 필요하다는 인식이 점점 커지고 있다. 컨설턴트이자 교수인 존 탄오프(John Tarnoff)는 〈허핑턴 포스트(The Huffington Post)〉에 올린 글에서 이 A 기술들이 STEM 기술들보다 더 폭넓은 노동자에게 적용된다고 지적했다. 그에 따르면, 미국의 경우 과학과 엔지니어링 분야에서 일하는 노동자가 10%에서 12%인데 반해, 사회학자 리처드 플로리다(Richard Florida)가 말한 이른바 '창의적인 계층(Creative Class)'은 미국 전체 노동자의 약 30%라고 한다. 그의 말을 좀 더 들어보자.

"경쟁력은 창조적인 산업의 생산성과 수출로 알 수 있다. 영화와 TV, 게임(전통적으로 미국에서 가장 높은 비율의 수출 산업임), 건축, 많은 유명 작가와 디자이너, 그래픽 디자이너, 그 밖에 자신의 상상력을 이용해 새로운 제품과 서비스를 만들어내는 사람들, 그리고 그들의 기업들을 지원하고 운영하는 창조적인 기업 관리자들(프로듀서, 편집자, 금융 전문가, 마케팅 전문가) 등등 말이다."

따라서 각국 정부는 위험을 무릅쓰고 이런 창의적인 노력을 평가 절하하려 하는데, 이는 신자유주의자와 다른 '현실주의자'들이 거의 반사적으로 이런 능력들을 개인적인 탐닉과 비현실성에 연결 짓는 걸 심각하게 재고해야 한다는 걸 보여준다. 이런 관점에서 볼 때, 예를 들어 맬컴 턴불(Malcolm Turnbull) 총리가 이끄는 호주 정부는 2016년도 예산에서 각종 예술과 문화 단체에 대한 자금 지원을 대폭 삭감하기로 한 것은 그야말로 최악의 근시안적인 결정으로,

혁신가와 기업가들을 위한 나라를 건설하고 싶다는 호주 정부의 거듭된 바람과도 정면 배치되는 것이다.

이런 능력들은, 즉 예술적 능력들뿐 아니라 이런 특정 산업 분야를 운영하는 데 필요한 조직 능력들은 기계들이 따라 할 수 없는 능력들이다. 따라서 경제학자들이 앞으로도 계속 인간이 기계보다 '경쟁 우위'에 있을 거라고 말하는 능력이 바로 그런 창조적인 능력이다. 그렇지만, 그렇게 창조적인 능력이 필요한 일에 모든 사람을 고용하진 못할 것이다. 어떻게 그럴 수 있겠는가? 결국, 우리는 아예 일이 없거나 일을 더 적게 하는 미래를 맞을 가능성이 높다는 얘기이다.

내가 하고 싶은 말은 우리가 이를 좋은 일로, 아니면 심지어 필요한 일로 봐야 한다는 것이다. 그러니까 지금 경제의 본질이 앞서 얘기한 방향으로 변하고 있을 뿐 아니라, 우리는 지금 우리를 지탱해주고 있는(그러나 불평등하게) 뭔가를 뽑아내는 '추출적 경제' 한계의 직전까지 와 있는 것이다. 우리 경제는 끝없는 성장의 논리 위에 쌓아 올려져 있고, 우리는 이미 우리가 쓸 수 있는 것보다 더 많은 걸 생산하고 있다. 사회 이론가인 더글러스 러시코프(Douglas Rushkoff)은 이렇게 말한다.

"우리의 문제는 치약이 부족한 데 있는 게 아니라, 계속 그걸 쓸 소비자들을 찾아내 모든 치약 노동자를 계속 고용할 수 있어야 한다는 데 있다."

그런데 끝없는 성장에 집착하는 것은 광업과 제조업 같은 전통적인 산업 분야뿐 아니라 첨단 기술 분야도 마찬가지이다. 우버 같은 기업을 순수한 공유 경제에서 벗어나 시장 중심 착취의 세계로 들어가게 한 것도 끝없이 성장해야 한다는 요구였다. 우버에 수십억 달러를 투자해온 벤처 투자가들은 상당한 투자 수익을 요구한다. 그래서 우버는 시장을 전 세계로 확대하지 않을 수 없고, 또 주요 수입원인 운전자들로부터 더 많은 이익을 뽑아내기 위해 급여 수준과 근무 조건을 계속 떨어뜨리지 않을 수 없다. 우버는 개인들이 소유한 자동차들, 그러니까 우리가 소유하고 있는 자동차들의 잉여 능력을 활용해 자동차 소유주에겐 소득을 안겨주고 고객들에겐 서비스를 제공한다는 기막힌 아이디어로 출발했지만, 그 아이디어가 시장 성장의 필요성에 의해 빛을 잃고 있는 것이다. 게다가 이 모든 것의 결말이 십중팔구 운전자를 완전히 없앤다는 쪽으로 가고 있으니, 그야말로 기가 찰 노릇이 아닐 수 없다.

　우버는 이미 피츠버그 거리에서 무인 자동차를 시험 운행하고 있으며, 그런 무인 자동차 기술이 인명과 환경을 구하는데 크게 기여할 거라는 보도 자료를 내놓고 있다. 다 좋은데, 그건 일자리가 느는 게 아니라 오히려 줄어들게 된다는 뜻이며, 결국 임금을 통해 분배되는 부가 줄어들게 된다는 뜻이다. 이는 곧 뭔가 필요한 정치적 변화를 주지 않을 경우, 부의 집중 현상이 더 심화되면서 하층 계급이 늘어나게 된다는 얘기이다. 더글러스 러시코프는 이렇게 말했다.

　"더 많은 일자리를 만들어내기 위해 끝없이 경제를 성장시켜야 한다는 부담을 갖지 않아도 된다면, 우리는 좀 더 자유롭게 정말로 중요한 문제들, 그러니까 필수 자원들을 가난한 지구촌에 분배하는 문제나 개발도상국들의 부채를 탕감해주는 문제 등에 집중할 수 있을 것이다.

정말로 그렇게 되어야 할 것이다. 그러나 이 같은 '탈 노동' 미래를 지향하는 우버 같은 기업들이 스스로 변신해 선행을 베푸는 기업이 될 가능성은 없어 보인다. 그래서 나는 이런 기술 혁신들이 적어도 1970년대 이래 대부분의 정책 입안자와 정치 지도자의 마음을 지배해온 시장 중심의 사회관에서 우리를 해방시켜줄 사회적·정치적 대안들을 제시해줄 수 있을지 모르나, 그렇게 변화되기까지의 과정이 절대 순탄치는 않을 거라 생각한다.

우리는 그런 미래로 가기 위해 근무 시간 단축과 기본소득이라는 디딤돌을 놓아야 하는데, 그러자면 현재 대부분 선진국의 통치 방식과는 다른 통치 방식이 필요할 것이다. 우리가 일자리들이 모두 사라질 때까지 기다릴 게 아니라 지금 당장 '탈 노동' 미래에 대한 논의를 시작해야 하는 게 바로 이 때문이다. 기후 변화 문제와 관련해 겪었던 시행착오를 또다시 겪지 말자. 또다시 회의론자(반대자)와 지지자로 나뉘어 싸우는 무지한 짓은 하지 말자. 더는 로봇이 우리 일자리를 빼앗아갈 것인가 아닌가 하는 문제를 놓고 쓸모없는 논쟁을 벌이지 말고, 함께 상상력을 발휘해 우리 모두를 해방시켜줄 일이 없는 미래 속으로 뛰어들어보자.

여기서 한 가지 더 눈여겨봐야 할 것이 있다. 이건 마치 닭이 먼저냐 달걀이 먼저냐 하는 문제 같은 건데, '탈 노동' 접근방식은 신자유주의의 지배에 도전하는 한 방법으로, 즉 신자유주의를 대체할 수 있는 일종의 정치 강령으로 제시되는 경우가 많다는 것이다. 이와 관련해 닉 스르니첵은 이렇게 말했다.

"탈 노동 정치 강령은 우리가 목표로 삼아야 할 새로운 균형점을 제시해, 사회 민주주의에서 신자유주의로, 거기서 다시 새로운 탈 노동 주의로 전환하는 걸 가능하게 해준다."

일종의 단계적인 진화인 셈이다. 나는 신자유주의는 그 영향력 면에서 이미 정점에 도달해, 이제 돌이킬 수 없는 사양길에 접어들었으며, 그래서 이제 탈 노동의 미래는 얼마든지 실현 가능하다고 생각한다. 그러니까 신자유주의가 끝나면서 탈 노동의 미래로 이어지는 것이지, 탈 노동의 미래가 신자유주의의 몰락으로 이어지는 건 아니란 뜻이다.

스페인에선 대안 정당 뽀데모스(Podemos)가 그리고 그리스에선 급진 좌파 정당 시리자(Syriza)가 등장했고, 미국에선 버니 샌더스(Bernie Sanders)가 그리고 영국에선 제레미 코빈(Jeremy Corbyn) 같은 정치 지도자들이 급부상했는데, 이는 시민이 신자유주의의 전횡에 불만이 많은 데다 뭔가 다른 걸 찾고 쟁취하기 위해 싸울 준비가 됐음을 보여준 증거이기도 하다. 이런 움직임이 가진 힘과 가시성은 놀랄 만큼 강력하며 또 비교적 새롭다. 예를 들어 미국의 도널드 트럼프(Donald Trump) 같은 우파 정치인조차 국내에서의 일자리 창출을 이유로 관세 장벽의 재도입을 주장하고 있는데, 이는 예전 같으면 상상조차 할 수 없었을 주장이다. 뭔가 근본적인 변화가 일어나는 것이다.

이 점 역시 잊지 말아야 한다. 신자유주의가 큰 성공을 거둔 이유로는 그것이 대학에서 경제학자들이 가르치는 표준 규범 같은 게되어버렸다는 점을 꼽을 수 있다. 그래서 대학생들이 졸업 후 공직이나 민간 기업, 정당, 싱크 탱크, 그밖에 다른 기관에 들어가 영향력 있는 자리에 오르면서, 신자유주의가 온 세상의 상식처럼 되어버린 것이다. 이런 점을 고려하면, 신경제사고연구소(Institute for New Economic Thinking)의 후원 아래 시행 중인 새로운 3단계 경제 과정의 출현은 주목해볼 만한 가치가 크다.

월간지 〈프로스펙트(Prospect)〉에 실린 한 논의에 따르면, 이과정은 역사, 현실 세계의 사례들, 직장 내의 힘과 독점, 윤리 같은정치 경제학 문제 등에 관한 경제적 분석의 기본적인 툴을 제공한다. 보스턴대학교의 줄리엣 쇼(Juliet Schor) 교수는 새로운 과정은환경적 요소들에 대해서도 고찰한다는 사실을 강조하며 이런 말을했다.

"인류는 생물권(생물이 살 수 있는 지구 표면과 대기권 - 역자 주)을공유하고 있으며, 그래서 사람들이 지구의 반대편 사람들에게 막대한 피해를 주는 경우는 얼마든지 가능하다……. 그래서 우리는 국내총생산(GDP) 외에 환경과 탄소 발자국 평가도 해야 한다."

이런 움직임은 이제 막 시작됐지만, 옛날 옛적에 신자유주의도그랬다. 호주의 경우 정치권에서는 1980년대 초의 신자유주의 도입을 위대한 정치적 업적으로 보고 있는데, 조지 메갈로게니스(George

Megalogenis) 같은 주류 저널리스트 겸 작가는 정부가 경제에 좀 더 적극적으로 개입해야 한다면서 다음과 같은 말을 했다.

"우리는 경제에서 정부가 해야 할 역할에 대해 논의해야 한다. 21세기의 시장 실패 때문에 그런 논의를 하지 않을 수 없다. 좌파나 우파 모두 개방 경제 모델을 적극적으로 옹호하고 있는데, 그것은 그런 경제 모델이 호주의 성공 스토리를 보장해준다고 믿기 때문이다. 그러나 이런 개방 경제 모델은 자본주의가 계속 위기를 겪고 광산 붐이 끝나면서 추동력이 소진됐다. 이제 적극적인 국가의 개입 없이는 미래의 번영을 보장해주지 못하게 된 것이다. 정치인들은 이런 상황을 제대로 이해할 때 비로소 자신들이 원한 지도자 폴 키팅 (Paul Keating. 호주의 24대 총리 - 역자 주)이 자신들에게 씌운 주문에서 벗어날 수 있게 될 것이다."

"나는 지금 자본주의가 자신의 위기를 스스로 해결할 때까지 어떻게든 잘 버텨보자는 얘기를 하는 게 아니라, 국가와 시장의 관계에 영구적인 변화를 주어야 한다는 얘기를 하는 것이다. 정부는 우리 미래를 위해 대비해야 하는 공공 정책 분야들, 특히 교육과 사회 기반 시설에 대한 자신의 책임을 되찾아야 한다."

"정치 제도는 정부가 더 적극적으로 대응하지 않으면 국민의 신뢰를 되찾을 수 없다."

이런 얘기는 5년 전만 하더라도 생각도 할 수 없던 얘기이다. 더욱 놀라운 것은 신자유주의가 전 세계를 지배하는 데 가장 큰 역할을 하는 기구 중 하나인 국제통화기금(IMF)의 사람들이 마침내 신자유주의의 결함들을 인정하는 말을 하고 있다는 것이다. 〈신자유주의: 너무 나갔나?(Neoliberalism: Oversold?)〉라는 논문에서 그들은 이런 말을 했다.

"기대한 것 같은 효과를 내지 못하는 신자유주의의 측면들이 있다."

그러면서 이런 말까지 했다.

"많은 나라의 경우를 살펴보면, 지속적인 성장의 이점들이 제대로 구현되는 게 아주 힘든 거 같다."

그러니까 신자유주의가 만들어온 불평등과 그 불평등이 성장에 미치는 영향(경제적 불안정성과 빈번한 경제 위기 등)에 관해 얘기하는 것이다. 그들은 이렇게 결론지었다.

"요컨대, 신자유주의에서 중요하게 여겨지는 일부 정책의 이점들은 다소 과장된 측면이 있다."

이는 코믹 영화 〈몬티 파이튼과 성배(Monty Python and the Holy Grail)〉에서 원탁의 기사 란셀롯 경(Sir Lancelot) 역을 맡았던 존 클리스(John Cleese)가 내뱉은 말만큼이나 절제된 말이다. 란셀롯 경은 성을 기습해 눈에 보이는 대로 다 살육한 뒤에야 자신이 뭔가 큰 실수를 했다는 걸 깨닫게 된다. 자신이 구하려고 한 처녀가 알고 보니 왕의 망나니 아들이었던 것. 그때 그는 이런 말을 내뱉는다.

"오, 이런!…… 정말 죄송합니다. 모든 걸 설명해 드릴 수 있습니다."

우리가 아무리 닭이 먼저냐 달걀이 먼저냐 하는 문제에 직면해 있다 해도, 한 가지 분명한 사실은 있다. 만일 소수가 원하는 것들보다는 다수가 필요로 하는 것들에 응하는 정부를 재창조하지 못한다면, 우리는 모든 걸 포기한 채 새로운 로봇 지배자들을 환영하고, 남부럽지 않은 중산층의 삶을 살 기회가 싹 사라져버린 세상, 그리고 그들과 우리로 갈라져 대립해야 하는 세상에 적응하는 수밖에 없다. 미국의 수학자 노버트 위너(Norbert Wiener)가 1950년대에 한 말은 오늘날에도 그대로 통한다. 그가 컴퓨터와 기술 혁명의 초기에 대해 했던 말이 오늘날의 상황에까지 그대로 들어맞고 있다. 자신의 책 『인간을 이용하는 인간(The Human Use of Human Beings)』에서 그는 이런 말을 했다.

"자동화 기계는 그야말로 경제 분야에서 노동을 하는 노예나 다름없다. 그런 노예와 경쟁을 벌이는 노동자라면 그 노예의 노동 조건들을 그대로 받아들이지 않을 수 없다."

일을 하는 것이 여전히 정상적이고 윤리적인 걸로 여겨지는 미래는 우리 자신이 불가피하게 기계의 수준으로 전락할 수밖에 없는 미래이다. 우리가 결국 기계와 비교되어 평가될 것이기 때문이다. 우리 스스로 기계 수준으로 전락하고 싶지 않다면, 기계와 경쟁하려는 일은 중단해야 한다. 우리는 노동 시장에서 기계와 경쟁하려 해선 안 되며, 또 기계와 비교해 우위도 없는 면들에서 경쟁하며 똑같은 혜택을 받으려 해서도 안 된다. 그보다는 기계와 비교해 우위를 가진 면들을 부각시켜야 할 것이다.

여기서 다시 과거는 그런 변화가 가능하다는 것을 상기시켜준다. 레베카 솔니트(Rebecca Slonit)의 책 『그림자들의 강(River of Shadows)』은 19세기 중엽에 대륙 횡단 철도가 등장하고 고속 사진 촬영술이 개발되면서 일어난 시간과 공간과 일의 변화를 기록하고 있다. 그 책의 장점은 사진작가 에드워드 머이브리지(Eadweard Muybridge)와 철도 건설업자 릴랜드 스탠퍼드(Leland Stanford)의 눈을 통해 그 모든 변화를 자세히 관찰했다는 것이다. 그녀는 현대의 세계는 같은 시기에 고속 사진 촬영과 대륙 횡단 철도 여행이 가능해지면서 시작됐고, 그 결과 시간과 공간에 대한 우리의 인식을 급격히 바꿔놓았다면서 이렇게 말했다.

"19세기에 들어와, 시간은 더 이상 인간과 우주를 연결해주는 현상이 아니었으며, 기술자들에 의해 산업 활동과 서로를 연결하는 데 이용되는 현상이 되었다……. 먼저 철도가, 그다음에 에너지와 식량, 기본 물품을 유통시킬 네트워크가 점점 더 많은 사람을 그 시스템 안으로 끌어들였고, 그들 중 점점 더 많은 사람이 그런 시스템의 고용인이 되었다. 국경의 독립성과 자급 농민들은 점점 더 줄어들었다. 많은 미국인이 처음으로 거대한 기계의 톱니 같이 느끼기 시작한 게 바로 그때였다."

그녀의 얘기에서 특히 내 관심을 끄는 부분은 그것이 산업화 이후의 미래의 가능성이 아니라 일자리가 더 이상 인간 정체성의 판단 기준이 되지 못하는 미래의 가능성에 대해 지금 내가 여기서 하는 얘기와 어떤 관련이 있는지다. 만일 3D 인쇄와 로봇 공학, 인공지능 같은 새로운 기술 때문에 일없는 미래가 오게 되고 그래서 우리가 일자리를 모두 잃거나 일에서 해방되게 된다면, 그거야말로 우리가 시간을 거슬러 올라가 다시 한 번 우주와 연결되게 되는 건 아닐까? 다시 에덴동산으로 되돌아가게 되거나 아니면 적어도 "직접 사냥꾼이나 어부나 목동 또는 비평가가 되지 않고도…… 아침에 사냥하고 오후엔 물고기를 잡고 저녁엔 가축을 기르고 저녁 식사 이후엔 비평하고 싶다"던 칼 마르크스의 바람이 실현되게 되는 건 아닐까?

기술적인 꿈은 결국 기술을 초월하는 것이며, 또 힘들고 단조로운 일과 반복적인 일에서 해방되어 대신 본질적으로 인간적인 것들을 실현하는 것이다. 유기물에 비유되는 네트워크는 우리를 다시 자연에 연결해주고 있다. 그런 가능성을 엿본 사람 중 한 사람인 가이 런들은 이런 말을 했다.

"새로운 기술들을 통해, 그리고 그 기술들의 조화로운 통제와 응용을 통해 우리는 이 시대의(또한 모든 시대의) 가장 근본적인 두 가지 도전 과제에 대해 역사적이고 획기적인 변화를 줄 수도 있고, 삶을 위협하는 자연의 가장 무서운 힘들(굶주림, 극한 기후, 질병 등)에 지배당하고 있는 인류 전체를 해방시킬 수도 있지만, 그렇게 하려면 먼저 일로 인한 삶의 낭비와 틀에 박힌 무료한 생활을 끝내줄 방법을 찾아내야 한다."

이때 생겨나는 의문은 정말 그런 세계가 가능하냐 하는 게 아니라 우리가 그런 세상에서 살 수 있느냐 하는 것이다. 기계의 시대에 태어나서 자란 우리의 경우, 일이 없는 미래에서는 작업 일정도

조력자도 노동 분업도 없는 상태에서 지리멸렬할 가능성은 없을까? 유럽인들이 몰려와 자신들의 땅을 모두 뺏어갈 때 대초원의 아메리카 인디언들이나 숲속의 호주 원주민들이 지리멸렬했듯이 말이다. 새로운 기술 발전이 가진 변화의 힘은 싸고 멋진 방법으로 좋은 물건들을 만드는 데 있는 게 아니라 바람직한 삶의 물질적 조건들을 재창조해내는 데 있다. 그러니까 생산의 물질적 토대를 완전히 뒤흔들어놓을 탈 시장, 한계비용 제로 환경을 만들어내고, 사람들을 힘들고 단조로운 일들과 임금 노동의 불확실성에서는 물론, 살기 위해 일하는 게 아니라 일하기 위해 사는 삶의 불확실성에서도 해방시켜주는 것이다.

오랜 세월 우리는 자본주의는 워낙 필연적이고 거의 당연한 제도라는 말을 들어왔다. 또한, 우리는 이제 역사의 끝에 와 있으며, 결국 자유 시장이 승리했고, 경제를 통제하려는 정부의 개입과 사람들의 시도는 필연적으로 역효과를 낳는 농노 제도로 가는 길이라는 말도 들어왔다. 일에 관한 한 대안이 없다는 말도 들어왔다. 그러나 이 새로운 기술들은 지금 일의 대안이 있을 수도 있다는 걸 보여주고 있다.

감사의 글

이 책을 출판하는 데 동의해줬을 뿐만 아니라 이 책의 구상을 설명했을 때 진심으로 받아들여 준 필리파 맥키네스에게 고마움을 전하고 싶다. 의기투합하는 출판사를 만난 것도 더없이 멋진 일인데, 뉴사우스 출판사 도서 목록에 내 책이 들어가 더 자랑스럽다. 풍링 콩이 없었다면 이 책은 나오지 못했을 것이다. 여러 해 동안 나를 밀어준 그녀에게도 고마움 전한다.

이 책 카피에 '일을 하지 않아도 되는'이라는 말을 넣자는 건 마크 데이비스의 아이디어로, 나는 그 말을 듣는 순간 '바로 이거야!' 하는 생각을 했다. 고마워요, 마크. 고마움을 전하고픈 마크가 또 한 사람 있다. 마크 컬리. 그는 일의 미래에 대한 학계 최고의 논문과 책 등을 내게 소개해주었다.

늘 그렇듯, 이 모든 건 내 가족의 도움 없이는 불가능했을 것이다. 이 책의 대략적인 내용은 부모님 댁에 머무는 동안 써졌다. 아버지가 편찮으시다는 걸 처음 안 것도 그 무렵이었다. 아, 아버지가 아직 살아 계셔 이 책이 나오는 걸 보셨다면 얼마나 좋을까. 어머니는 정말 대단한 분이다. 어머니가 주신 사랑은 헤아릴 수 없을 지경이다. 어머니에게 3D 프린터니 인공 지능이니 하는 것들을 말씀드리는 건 정말 재미있었다. 내 아들 노아는 내 영감의 샘으로, 그 아이의 모든 것이 그야말로 경이로움 그 자체이다. 마지막으로 말로 표현 할 수 없을 정도로 사랑하는 내 아내 타냐에게 고마움을 전한다.

노동 없는 미래

초판 1쇄 발행 | 2016년 12월 23일
초판 7쇄 발행 | 2019년 8월 1일

지은이 | 팀 던럽
옮긴이 | 엄성수

주소 | 경기도 파주시 회동길 354
전화 | 031-839-6804(마케팅), 031-839-6812(편집)
팩스 | 031-839-6828

발행처 | (사)한국물가정보
등록 | 1980년 3월 29일
이메일 | booksonwed@gmail.com
홈페이지 | www.daybybook.com